经济管理学术文库 • 经济类

农业类上市公司股票价格特征研究

Study on Characteristics of Price Movements for Listed Companies in Agricultural Sector

孙志红 / 著

经济管理出版社
ECONOMY & MANAGEMENT PUBLISHING HOUSE

图书在版编目（CIP）数据

农业类上市公司股票价格特征研究/孙志红著．—北京：经济管理出版社，2012.12
ISBN 978-7-5096-2145-5

Ⅰ.①农…　Ⅱ.①孙…　Ⅲ.①农业公司—上市公司—股票价格—研究—中国　Ⅳ.①F324

中国版本图书馆CIP数据核字(2012)第250704号

组稿编辑：曹　靖
责任编辑：张　马
责任印制：黄　铄
责任校对：蒋　方

出版发行：经济管理出版社
（北京市海淀区北蜂窝8号中雅大厦A座11层　100038）
网　　址：www. E-mp. com. cn
电　　话：（010）51915602
印　　刷：北京广益印刷有限公司
经　　销：新华书店
开　　本：720mm×1000mm/16
印　　张：12.75
字　　数：242千字
版　　次：2012年12月第1版　　2012年12月第1次印刷
书　　号：ISBN 978-7-5096-2145-5
定　　价：38.00元

目　　录

第一章　导论

第一节　选题背景

随着经济的发展，我国资本市场也在不断地发展壮大，和市场配套的相应法律法规和规章制度不断完善，证券市场的规模也不断扩大，投融资中介机构的积极介入、壮大的投资者队伍、多样化的投资品种等现状显示了证券市场已经进入了全面规范的发展阶段。作为一个农业大国，农业是我国国民经济的基础，农业类上市公司则是农业经济发展的引领者，也是中国证券市场上的一个重要行业板块。现代农业与农业类上市公司之间存在天然的紧密联系。从产业角度看，涉农上市公司联结了农业、工业、流通三大产业，因而涉农供应链中相关因素是呈全方位性的，自然、社会、制度、市场、组织、价格、行为等各种因素交互发生影响和作用，呈现很强的不确定性。农业类上市公司是借助现代农业发展起来的，没有现代农业就没有农业类上市公司。农业类上市公司是农业产业化的龙头企业，是实现农业产业化经营的载体。农业类上市公司为农业更好地利用现代生产要素搭建了桥梁。股票和中长期债券融资等的证券特性能够适应农业投资规模大且投资期较长的要求。而且，我国农业产业化发展已有十多年的历程，这也为农业与资本市场的结合打下了牢固的基础。

农业类上市公司第一家企业在我国最早于 1992 年上市，大量后续农业类公司上市发展扩大了我国证券市场的规模，丰富了股票市场的品种。优质的农业股票对长期投资者来说是一个好的选择，从理论上分析，长期投资对稳定股市应该是有利的，可以减少由投机者炒作所带来的价格波动频率。由于资本市场汇集了市场经济最先进的核心要素，农业类上市公司如果能够作为资本市场中理性经济人，那么对于我国农业市场化和农业产业结构升级将起到重要的推动和龙头作用。因此，农业类上市公司作为我国当前农业企业先进农业生产力的代表，它的产生和壮大是我国农业市场化和资本市场发展的必然结果，同时可以说它体现了农业与资本市场共同促进、相互影响的发展关系。

长期以来，我国农业企业要么没有形成自己的核心竞争力，要么所培育的根本不是独特的竞争优势，种种因素叠加，使我国农业企业在市场竞争中根本无法掌控主动，赢得竞争。反观国外的农业企业，如美国的卡吉尔、大陆、邦奇、达孚、安德烈5家公司控制着世界绝大部分谷物的加工和分配，并控制着美国谷物出口量的90%，“五大谷物巨人”的品牌效应由此可见一斑。

然而综观我国农业类上市公司，市值占总市值的比重远低于应有的水平。与发达国家人少地多的规模农业相比，从总体上看，我国农业不仅在国际竞争中处于相对弱势地位，而且在国内工业化、城镇化大潮不断推进的形势下，农业自身的弱势地位也日渐突出。在新的形势下农业方面越来越多难以解决的问题相继暴露，目前农业发展状况已经日趋显得与经济发展不相适应（李炳坤，2006）。因此，近年来，政府高度关注农村、农业和农民即“三农”问题，连续7年（2004~2010年）的中央一号文件都以“三农”问题为主题，反映出我国在发展战略及政策思路方面的重大变化。从农业中提取积累转向工业反哺农业。这些政策转向也同时给农业类上市公司带来一定的积极影响，这些政策的公布和执行对于改善宏观发展环境，提升农业类上市公司的投资价值；促动农产品价格合理上行起到了积极的作用，其惠农作用带来农业类上市公司业绩回升；有助于涉农企业上市引资。显然，这些重大的惠农政策的执行对于促进农业类上市公司的发展应该有很大的作用。在农业政策持续利好的背景下，研究农业类上市公司股票价格特征，把握农业类上市公司股票价格运行规律，剖析农业类上市公司在资本市场上存在的问题，具有重要理论意义和实践意义。

第二节　研究目的和意义

一、研究目的

本书基于资料收集和数据处理的考虑，以及对“三农”问题的关注，研究集中在农业类上市公司股票价格特征层面。通过对揭示我国农业类上市公司这一特殊行业自证券市场建立开始，其股票价格的全貌和全过程，以中国农业类上市公司股票价格的纵向分析为切入点，考察分析农业类上市公司股票收益率的统计特征；从股票价格波动同步性方面重点分析行业政策的出台，对股票价格影响的程度有多大以及影响期限有多长。

基于国内外的研究现状，选取高频日内收益数据样本，从微观的角度，进一步考察农业类上市公司股价表现的非对称性特征，检验其是否具有 ARCH 效应。同时通过对农业类上市公司股价与具体微观变量关系的分析，力图发现影响农业类上市公司股票价格特征的因素，为降低农业类上市公司的行业风险及政府政策支持提供参考。

二、研究意义

有效市场理论是股票的价格行为理论的基础，以该理论为基础刻画研究上市公司股票价格行为一直是金融领域关注的话题之一。上市公司股票市场价格含有大量丰富的信息，股票市场价格行为涉及股票市场运行的方方面面。我国的股票市场发展相对较晚，属于新兴资本市场，投资者不太理性；上市公司的发展也受外部环境的影响较大，本书试图把握金融理论发展的方向，丰富股票价格行为的研究内涵，从农业行业板块入手探讨新兴股票市场股票价格行为特征，进而提出一定的政策建议。

现代农业的发展离不开证券市场的支持。农业类上市公司通过资本市场的运作，发展成农业产业化的领头羊和带动农业产业链纵向延伸和横向扩张的龙头，它们在带动本地区农业和经济发展及增加农民收入方面发挥了主力军作用。因此，对农业类上市公司股票价格特征进行深入的研究，有重要的理论和现实意义。

从理论来讲，通过对我国农业类上市公司股票价格分析，找出其存在的特性，进一步验证以西方发达国家股票市场为背景的有效市场理论、分形理论能否适应于我国的股票市场研究。

从现实来讲，研究农业类上市公司股票价格特征有利于广大投资者在考虑农业类上市公司时做出更理性的选择。股票价格变动的规律集中地体现了整个市场乃至整个经济的状况。行业的状况、公司特有的状况、制度的变迁与投资者行为的改变都将在股票价格上得到清晰的反映。

总之，将农业发展与证券市场联系起来，从农业视角研究股票价格，这对于完善股票价格机制、分析我国股票市场效率，促进证券市场稳定健康发展、进一步发挥证券市场对农业发展的支持作用具有重要的现实意义。同时，可以丰富和完善对上市公司股票价格问题的研究，从投资者的角度看问题，能够帮助投资者更加深入准确地了解行业板块的多方信息，大大降低信息不对称带来的风险，有助于一国证券市场的稳健发展，提高市场效率。

第三节 国内外研究动态

股票的价格特征主要涉及收益、波动性、波动的同步性和股票价格表现的非对称性、季节性以及分形结构等方面的内容。目前，国内外学者在此方面进行了很多研究并取得了许多成果：高峰厚尾现象、价格过分波动现象、交易量偏大现象、波动率持久性、价格的短期可预测性和价格的长期可预测性等。1953 年 Maurice Kendall 对股价波动进行了研究，试图探讨股票价格波动的规律性，结果发现，股票价格没有任何模式可言，是随机游走的；股票市场价格行为一词最早由 Fama（1965）提出，其核心含义是指股票价格的行为方式，即变动规律。Fama 对股票市场价格行为的界定主要着眼于对股票价格行为的计量描述，因为要用动态模型来描述股票价格变动，模型的形式与随机变量的分布是不可或缺的成分。Fama 和 French（1988）检验了股票价格之间的长期相关关系后得出结论：在股票价格存在均值回复成分的情况下，股票价格之间存在长期的自相关关系，在滞后期较短的情况下，这种自相关关系可能不太明显，但滞后期越长，这种自相关关系就越强。Poon 和 Taylor（1992）、Santis 和 Imrohorglu（1997）分别探讨了英国和新兴股票市场上的同类问题。他们在这些市场都发现了条件波动的聚集效应、可预测性和持续性特征。

一、国外研究

自“有效市场假说”提出之后，引发了大量关于反映在证券交易价格中信息质量和数量的相关研究。这些研究主要采取事件研究的方法利用相应的模型进行实证检验。即列举几个股票市场上的重要事件，观测股票价格对这些重要事件的反映从而来验证股票市场的有效。

1. 价格信息效率的研究

Scholes（1972）、Keim 和 Madhavan（1996）等研究了如果市场不存在信息不对称时，发现股票的需求弹性非常大。Grossman 和 Stiglitz（1980）扩展的带噪声的理性预期模型，证明了价格只能反映知情交易者（套利者）所拥有的一部分信息，所以期望市场完全有效是不可能的。French 和 Roll（1986）验证了个股存在自相关。Lo 和 Mackinlay（1999）用精确的证据证实个股存在自相关。Shiller（1984）、Fama 和 French（1988）以及 Poterba 和 Summers（1988）分别报告在一定的时间序列中收益存在显著负相关，Lo 和 Mackinlay（1999）的论文集，运用经验研究，明确拒绝随机游走假设。

新古典金融以超常收益作为判断市场有效的标准。Barberis 和 Thaler（2002）提出“正确价格”与“没有免费的午餐”不是等价命题，“没有免费的午餐”在无效市场也成立，因为价格偏离基本价值不意味着可获得超常收益。

检验有效市场假说的研究认为，股票价格表现是随机游走的观点至今已持续40 多年。关于有效市场检验的最早研究都在检验历史上股票价格的关系。他们提出，现在和过去的股票价格之间是正相关还是负相关的问题。不过相关文献的研究结果并不一致，同意和反对市场有效的观点都有实证研究。

2. 股票价格行为特征的研究

股票价格行为，就个股而言，是指市场参与主体在经济和非经济因素的影响下，采取相关行为，引起股票价格变化和波动的现象和过程；就市场整体而言，是指参与主体在经济和非经济因素的影响下，采取相关行为，引起市场代表性指数变化和波动的现象和过程。市场整体的价格行为是个股价格行为的集中表现和综合反映。

针对股票价格行为特征方面，国外学者们主要从股票收益率的特征方面及股票收益率的影响因素方面进行了很多研究。

研究股票收益率特征的经典文献主要有 Fama（1965）的研究，作者研究观察到投机性价格的变化和收益率的变化具有稳定时期和易变时期，即价格波动呈现集群性，方差随时间变化。Summers（1986）、Poterba 和 Summers（1988）、Fama 和 French（1988）、Andrew W. Lo 和 Mackinlay（1988）等学者发现了美国股票市场股票收益不服从随机游走的证据。

Keim 和 Stambaugh（1986）、Fama 和 French（1988）以及 Campbell 和 Shiller（1998、2001）等把红利收益率、市盈率、违约溢价和期间溢价作为预测变量，用统计学上值得信赖的证据，研究了收益是否具有短期和长期预测性。Engle（1982）提出的 ARCH 模型假定收益率误差项服从以条件期望为零，条件方差为以前若干期收益率误差平方的函数的条件正态分布能够很好地刻画金融时间序列的波动集群性和异方差特征，但是由于传统的 ARCH 族模型基于残差项服从正态分布的假设，因而无法刻画金融时间序列的另一特征是“尖峰厚尾”。Rozeff 和 Kinney（1976）研究了纽约股票交易所 1904 ~ 1974 年的股价指数，结果发现 1 月的收益率显著高于其他月的收益率。Gultekin 等（1983）研究了 17 个国家 1959 ~ 1979 年共 20 年的股票收益率，结果显示，有 13 个国家 1 月的股票收益率要高于其他月的收益率。从 20 世纪 80 年代后期以来，很多股票价格异常现象相继出现，吸引了学者们运用 R/S 分析法来实证研究股票收益率的长相关性，但是不同文献的研究结果有很大的差异性。如 Aydogan 和 Booth（1988）、Lo（1991）

等研究发现股票价格存在长相关性，但是证据比较微弱，而 Petors（1991、1994）等的研究充分表明了股票价格的长相关性不但存在而且显著。

Jones（2000）分析研究了纽约证券交易所的股票收益率，以 1898 ~ 1998 年为样本期间，选取买卖价差和换手率作为流动性指标考察，发现买卖价差越高，其越有可能出现高的股票收益率，而且换手率越高预示着股票收益率越低。

Banz 的研究显示了股票收益表现出规模效应，即指上市公司股票收益率与公司规模大小存在相关性。他在 1981 年以美国市场为对象，研究发现，股票总收益率和股票风险调节后的收益率与企业的大小存在负相关关系，股票收益率与公司规模和研究样本期间都有关，即股票收益的季节效应，Banz 的研究反映了股票价格特征表现的影响因素。Chen 等（1986）、Chan 和 Chen（1991）以及 Fama 和 French（1991）研究认为，多因子模型比单因子模型能更好地刻画市场均衡的期望收益，产生负的异常收益的结果比产生正的异常收益的结果更值得信赖。Poterba 和 Summer（1988）把股票收益序列的均值回归归咎于部分投资者对特定市场信息的过于乐观或悲观引起的过度反应。Roll（1988）首先注意到特质波动对股票价格变化的解释能力，他运用多因素定价模型把股票收益率分解为来自系统风险因子影响的市场共同收益和来自公司层面的，不能被系统风险因子解释的特有收益（回归残差部分）两部分，其中特有收益部分捕捉了市场信息无法解释的收益率，也就是公司特质信息对股票收益的冲击。

Fama 和 French（1992）利用横截面回归分析检验了几个财务变量与 β 系数对股票收益的联合解释。他们发现，公司规模和账面权益/市值是股票收益率的重要解释因素，账面权益/市值较高的公司股票收益率高于账面权益/市值较低的公司股票收益率，市值较小的公司股票收益率高于市值较大的公司股票收益率。

3. 关于股票价格波动同步性方面的研究

股票价格的波动性是指股票回报偏离其预期回报的程度。波动性是股票市场最为重要的特性之一。

Roll（1988）指出，较高水平公司层面的收益波动（较低的 R^2 或股价波动同步性）要么反映私人信息的存在，要么表明与公司价值无关的噪声交易，而这需要未来的研究加以验证。Bollerslev 等（1992）把股票交易作为影响股价波动性的重要因素，同时他们还设想了其他导致股票收益 ARCH 效应的因素。Wurgler（2000）从产业角度考察了 65 个国家的资源配置效率，发现相对于发展中国家，发达国家行业投资增减对于行业效益变动更加灵敏，即资本更快地实现由低效率领域向高效率领域的转移，显示出更高水平的资源配置效率。Wurgler 认为，当股价波动同步性越低时，股票价格包含更多的公司特质信息，价格作为信号传递机制的作用将得以强化，进而有助于资源配置效率的改善。Campbell 等（2001）提出了将总波动分解为市场波动、行业波动和个股波动的模型，并进而在 1962～1997 年美国股票市场历史数据基础上，分析美国股票市场不同波动成分的演变趋势及波动结构的特征。

Angela 等（2002）对英国 1968～2000 年的股票市场波动结构进行了类似的结构分析，结果表明英国总波动的增大绝大部分归功于行业波动的增大，而市场波动、个股波动的推动作用不明显。Kirbas-Kasman 和 Kasman（2002）实证研究了 1992～1999 年土耳其伊斯坦布尔股票交易所 15 个行业的波动结构不同组成部分的动态趋势，研究结果表明不同行业的波动结构的趋势不一样，有的行业波动有确定的上升趋势，有的行业有确定的下降趋势，有的行业没有明显的趋势。Durnev 等（2003）最先对 Roll（1988）提出的两个竞争性对立假说进行检验。他们建立了股票收益对公司未来会计盈余的回归模型，并采用未来盈余反应系数和未来盈余解释力两个指标作为判断依据，其含义在于：如果较低水平的股价波动同步性意味着股票价格所反映的有关公司基本面的信息越丰富，那么，相应地，公司未来盈余对股价的反应系数就越高，解释力度也应越大。Li 等（2004）发现，如果一个国家存在健全的监管制度，则资本市场开放程度越高，公司生产经营基本状况越体现出多样化的特点，股票价格波动的同步性越低。

4. 关于股票价格波动的非对称性的研究

国外学者对股票价格波动的非对称性研究很多，主要有关于股票价格波动的非对称性表现及表现特征的原因两个方面的成果。Black（1976）最先发现了股价波动的杠杆效应，即未预期的价格下降（利空消息）与未预期的价格上升（利好消息）对波动率的影响是非对称的。同时，人们发现 GARCH 模型在刻画收益率分布的异常点、厚尾和偏态等方面很不成功。Nelson（1991）以美国股市为对象，运用 EGARCH 模型研究发现其股票收益率的波动表现出不对称的现象。Cheung 和 Ng（1992）、Koutmos（1992）、Poon 和 Taylor（1992）等分别对加拿大、美国、英国、法国、日本等国家的股票市场进行过研究，结果发现这些国家的股票市场均存在对“好消息”和“坏消息”不对称的反应。

Koutmos 和 Booth（1995）在研究东京、伦敦和纽约的股票市场之间的波动传导机制时，发现收益波动存在潜在的非对称性。Koutmos（1996）研究发现欧洲各国主要股票常见股价指数报酬率波动也存在不对称的特性。Fornari 和 Mele（1997）对英国、日本、南非、美国、中国香港地区、新加坡、意大利的股票市场进行了实证研究，他们利用波动转换 GARCH 模型与 GJR－GARCH 模型发现 7 个国家和地区的股票市场均存在 Rabemananjara 和 Zakolin（1993）所指的股价波动不对称性的反转现象，也就是说符合在一定条件下正向冲击导致的波动大于负向冲击导致的波动。该现象对“负向冲击导致的波动大于正向冲击导致的波动”提出了挑战。Andersen 等（2000）研究了道琼斯工业指数所含 30 只股票的不对称性，他们的结论均表明不对称性虽然在统计上是显著的，但其程度很小。

Rabemananjara 和 Zakolin（1993）在研究法国股票市场波动不对称现象时，利用 TGARCH 模型实证研究，结果认为波动的不对称性可能是因为冲击的大小而反转。Andersen 等（2000）的研究表明，道琼斯工业指数的即期收益率对波动率几乎没有不对称性影响，但是上期收益率对波动率有较显著的不对称性影响。Ferreira 和 Gama（2005）拓展了 CAMPBELL 的模型，将总波动分为全球波动、国家波动和产业波动，样本期为 1974 年 1 月 ~2001 年 12 月。分析了 21 个发达国家的国际股市波动结构。研究表明，全球波动在样本期内占总波动的比重最小，产业波动相对全球波动有显著的上升，产业波动相对国家波动也有明显的上升。

Jin（2006）从减少股价波动的角度研究表明，增加透明度可以使公司信息被较多外部投资者拥有，通过交易反映在股票特质波动中，而公司透明度较低导致信息集中在公司内部，并有可能被内部人利用牟取私利，降低了外部投资者搜集私人信息进行套利交易的动力，进而会减少股价波动中包含的特质信息。

二、国内研究

1. 价格信息效率的研究

我国关于价格信息效率直到 1994 年才有人开始研究这一问题。其中有检验方法的研究和对我国股市的有效性进行实证的研究。典型的文献为：俞乔（1994）对中国股票市场及市场有效化、股票收益的周期异常现象、股价波动等方面的分析表明，中国股票市场是非有效的市场。过去的股价变动与预期之外的价格振荡对股价的未来变化有强烈的影响，股票收益的周期异常现象显著存在，并对未来股价波动有一定的解释作用。在深层次上上海与深圳的股市价格波动特征均可用自回归异方差过程描述，说明中国股价波动在很大程度上由过去价格振荡和过去误差所决定。宋颂兴和金伟根（1995）对沪市 1993 年 1 月 1 日以前上市的所有的 29 只股票的平均收益率的正态分布和随机游走性质的检验，样本分成了 1992 年以前和 1993 年以后两个阶段，研究发现第二阶段表现了明显的弱式有效市场；同时验证了明显的小公司效应，证明小公司效应的普遍性。陈小悦等（1997）采用随机游走模型和迪克—弗勒检验的方法，选取了 1991 ~1996 年 11 月和 1993 年 1 月 ~1996 年 11 月的两个样本期间，对沪深两市股票指数进行了实证研究，得出了与宋颂兴等人的一致结论。

根据已有的研究，沪市 1993 年以后逐渐成为一个弱有效的市场，深市则自建立以来就是一个弱式有效的市场。刘志新（2000）运用马尔可夫链对上海股市上证综指以1990年12月~1998年10月为样本期间对其有效性进行了检验，发现1994年以前上证指数拒绝了随机游走假设，但是收益率序列表现了相关性；1994年以后上证指数接受了随机游走假设，当前的价格能够反映出历史价格的信息，市场可以认为是弱式有效的。周爱民和张友兰（2001）、张宗新等（2002）、张兵和李晓明（2003）都研究了中国股市是否弱式有效。张福等（2004）对中美股市的长期均衡特征进行了研究，发现在2001年以前，中美股市各自相对独立，且上海股市振幅明显，表现出了不成熟的特征；在2001年2月以后，中美股市具有了趋同的趋势，即可以认为具有长期均衡关系。同时研究发现B股市场向我国境内投资者开放前，中美股市的股票收益率和价格波动不具有显著的共同点，两者之间没有协整关系；B股市场向我国境内投资者开放后，中美股市的收益率和波动特征相近，进一步协整检验后，验证了中美股市具有长期均衡关系。

何诚颖和程兴华（2005）基于中国证券市场低效率问题，研究发现1993年以前市场是无效的，1993~2004年大多是弱式有效。高账面价值/市场价值类上市公司能够获得更多的超额投资报酬。

孟庆斌等（2008）利用协整检验方法从上证指数1996年1月~2007年12月的时间段进行分析。运用马氏域变模型对其泡沫情况进行研究，检验了该时间段我国沪深两市价格泡沫的联动性，并给出了政策建议。陆磊和刘思峰（2008）以上证综合指数和深证指数收益率为样本，运用加权最小二乘法，研究了中国股市是否存在节日效应，研究发现中国股市存在国外资本市场已有的节前效应，而且还发现我国股票市场存在节后效应（在国外很多股票市场上没有发现此效应），再次证明了我国资本市场存在异常现象，经典的有效市场假说再次受到了挑战。

2. 股票价格行为特征的研究

国内关于股票价格行为特征方面较早的研究，主要有吴世农（1996）研究了沪深两市的股票价格，发现股票的前后价格之间存在依赖关系，选取两市20种股票日收益率作为研究对象，结果显示样本股票日收益率时间序列并不存在显著的系统性变动趋势，显然，这样的结论与弱式有效是矛盾的。杨朝军和蔡明超（1998）以沪市1991~1996年的收益率进行了检验，结果显示了不同阶段的股票收益率表现出不同的统计特征，同时证明了1993年以后我国股市呈现了弱式有效。吴文峰等（2000）以收益率分布角度提出了股票价格异常波动的定量化定义。他们认为股价异常波动就是股票收益率的一个“跳跃”，收益率分布偏离正态分布的原因就是“跳跃”造成的，他们认为存在显著的“跳跃”，就意味着异常波动。史永东（2000）和王明涛（2002）运用经典的 R/S 分析方法论证了沪深两市股价指数的周收益率与月收益率序列存在持久性特征和分形结构。

楼小飞等（2005）以周收益率为指标，运用随机等权重有效回抽样方法，选取沪深 A 股为样本股，实证研究了组合收益率时间序列的统计分布特征，结果显示组合收益率序列不是呈现正态分布的特征，无论怎样改变组合数的数量，组合收益率序列的尖峰厚尾特征都比较显著，验证说明方差并不适合刻画组合收益率风险特征，继而用 GARCH 模型模拟了组合收益率时间序列。何宜庆等（2005）研究分析了我国上证指数和深证指数收益率的 EGARCH 效应，研究发现沪市和深市价格波动存在非对称性、集群性，投机因素占很大比例，将量进行比较，虽然制度一致，但波动仍然存在一定的差异。屈文州（2006）运用高频数据对我国股票市场的委托报价指令、收益率的变动、买卖价差和市场深度进行实证研究发现，我国股票市场的相对买卖价差没有像纽约股票交易所和美国证券交易所那样呈现出巨大的"U"形模式。

随着金融研究的深入，大量经验证据表明金融资产收益的波动性在一段时间内并不是相对稳定的，更多地呈现出随时间变化而变化的异方差特性。

在研究股票收益率影响因素方面，靳云汇和刘霖（2001）利用双因子模型研究发现中国股市的股票收益率与总市值、流通市值和股本之间的负相关关系。陈信元等（2001）对股票收益率的相关因素进行了截面分析，发现规模、B/P、（在控制了规模以后）流通股比例等对收益率有显著的解释能力。朱宝宪和何治国（2002）以股票的周收益率为研究对象，发现股票收益率与 β 及账面市值比因子有较强的正相关性，但后者的解释能力强于前者。陈千里和周少甫（2002）以上证指数收益的波动性为对象，运用 GARCH 类模型进行了实证研究，发现我国股市收益同发达国家股市收益具有相似性，即具有尖峰厚尾性、波动的集聚性和波动的杠杆效应等基本特征。刘金全和崔畅（2002）还对我国沪深股市收益率和波动性之间的相互关系进行了实证研究，也得出了类似的结论。

佘坚和陈晓红（2005）采用 GARCH 类模型，研究了我国中小股本的上市公司收益率的波动状况，以三个不同股本规模的指数为研究对象，结果发现中小股本的上市公司收益率具有较高的波动性。郑方镳等（2007）以沪深两市 255 只股票为样本，选取研究期间为 1996 年 1 月 1 日 ~2003 年 12 月 31 日，对成交量与收益率序列相关性进行了研究，继而研究了股票信息不对称对成交量与收益率关系的影响。结果表明：市场无论处于何种态势下（牛市、熊市和平衡市）高成交量交易日的股票收益率在随后交易日中都将表现出"反转"；牛市和熊市中，在高成交量的交易日之后，股票表现的信息不对称性越高，表现的反转现象更显著。他们又从投资者自身的原因角度解释了这一现象。

3. 关于股票价格波动同步性方面的研究

国内股票市场的同步性研究多数是从探讨股票价格信息含量的角度出发，分析研究股票价格中所含有的公司和行业信息的多少。金德环等（2002）通过实证方法描述性统计分析了我国资本市场上市公司信息披露和公司股价的异常波动相关性。分析结果表明，我国上市公司所披露信息含量不高，不同板块的上市公司在公司信息披露上引起异常波动方面差异不显著，上市公司信息披露所引起股价异常波动比较频繁等，但是从总体上看，发展趋势比较好。刘俊山和张陶伟（2004）以上证综合股价指数为例，建立了增广 GARCH－M 模型，实证研究了我国股票市场 1998 年 1 月 5 日～2004 年 2 月 26 日的股价波动性、股票成交量之间的关系。研究发现，我国股票市场波动性与成交量呈正相关关系，成交量影响了波动的持续性，同时成交量含有市场波动的信息，成交量不是影响股价波动 ARCH 效应的唯一因素。

游家兴等（2007）承袭 Morck（2000）的思想及研究方法，从我国证券市场制度环境的发展过程角度，研究股票信息含量与市场 R^2 的关系。发现伴随着制度建设的逐步推进、不断完善的历史过程，市场的平均 R^2 逐渐降低，股价波动的同步性趋向减弱，股票价格所反映出的公司特质信息越来越丰富。朱红军等（2007）发现证券分析师通过信息搜集使股票价格的信息含量得到显著提高，股价里能够更多地容纳个股公司基本面的信息，从而可以降低股价的同步性，继而有助于提高我国资本市场的效率。

4. 关于股票价格波动的非对称性的研究

许多学者在研究国内股票市场中发现了股票市场波动的不对称现象不是固定不变的，在不同时期有显著变化，还发现市场存在好消息产生的效应大于坏消息的现象。

陈浪南和黄杰混（2002）采用 Tgarch 模型实证研究了我国股票市场 1993～2000 年收益率的波动，目的是验证利好消息对收益率波动是否是非对称性的，研究发现从总样本期间来看，我国股票市场存在“杠杆效应”在统计是显著水平的，笔者同时分时段进行考察，在前两个时段（1993～1997 年），利空消息对市场波动性的影响要弱于利好消息的影响，他们解释的理由是股市供求关系和投资者的原因所致。在 1997～2000 年，存在的“杠杆效应”更显著。陆蓉和徐龙炳（2004）根据一定的标准将我国股票市场分成“牛市”和“熊市”两个阶段，采用 EGARCH 模型实证研究。研究了不同阶段对“利好”与“利空”的反应特征，并从投资者的角度给出了建议。张维等（2005）以上证综指为样本，用不同的模型捕捉了波动的不对称性，从交易规则和投资者心理方面进行了解释沪市好消息引发的波动大于坏消息。

张兵（2006）从动态的角度，通过运用滚动的样本检验中国股市波动的不对称性。发现我国股票市场的波动不对称性具有时变性，即 1997 年以后中国股市波动的不对称与成熟市场相比有相似性，杠杆效应逐渐表现显著，同时发现波动的不对称性与市场是牛市还是熊市是没有关系的。但是，何晓光和朱永军（2007）发现我国沪深两市 A 股样本股票收益率波动的非对称性具有阶段性的特征，在 1996 年 12 月 16 日以前，上证 A 股指数收益率波动的非对称性并不明显，但是在之后即文章研究样本期间的第二阶段，股市收益率的波动表现了非对称性。

以上研究者主要从非对称性特征方面进行了研究，关于股票价格非对称性特征的原因研究主要有杨朝军等（2002）利用日内交易的高频数据，对上海股票市场的报价深度的日内特征进行了研究，同时对其影响因素进行回归分析，发现我国股市中除交易量、波动性和价格水平外，信息的非对称性是影响流动性水平的重要因素。陈守东等（2006）根据涨跌幅限制政策将市场分成三个阶段，发现 1990 年 12 月 20 日 ~1992 年 5 月 20 日和 1992 年 5 月 21 日 ~1996 年 12 月 15 日不存在显著的“杠杆效应”，1996 年 12 月 1 日 ~2003 年 12 月 31 日股票价格则存在波动的“杠杆效应”，利空消息比相同程度的利好消息会使市场产生更大的波动。

吴毅芳和彭丹（2007）用 EGARCH 模型系统研究了包括我国上证和深证在内的 7 个国家的综合指数，分别比较了我国股票市场上价格波动与国外样本市场的差别，进而发现我国股票市场上价格波动的非对称性与成熟的股票市场相比较弱。作者分析其原因可能是样本期间我国股票市场缺乏做空机制、上市公司的地位使得贷款利率缺乏刚性等因素。何兴强和李涛（2007）以上证综合日收盘指数为例，考察牛、熊市场态势下收益和波动的非对称反应，不同态势下上证综合指数的收益均值回归特征有很大的差异，和理性预期假设不一致：牛市态势的负收益均值回归呈反转趋势，其速度和幅度较大，而正收益具有持续性的特征。熊市态势正收益不具有持续性，而是比负收益的反转趋势更明显。牛市态势下对“好消息”不如在熊市下反应程度，对“坏消息”则比熊市态势下反应过度。

三、文献评述

以上针对有关股票价格信息效率的研究、股票价格行为特征的研究进行了简略回顾，综合分析相关研究的状况，发现已有的研究主要表现为以下三个特点：

（1）现有的以有效市场为理论基础的研究都是以整个资本市场为研究对象，采用综合市场数据研究为多，系统的行业板块相关研究不多，没有揭示行业板块股票价格行为特征与规律。不同行业的生产经营等都有相互不同的规律和周期特征，具体的价格反映除了受市场共同的因素影响外，也会受行业因素和公司本身特征的影响。

（2）目前关于行业板块的研究还仅限于用低频数据进行相关的分析研究。在研究的方法上没有将金融高频数据运用到行业股票价格波动的研究，并且方法相对比较单一，说服力不强，不能够揭示其内在规律。

（3）对上市公司具体问题的研究，国内大多集中在对2003年或者2003年以前的市场进行观察，但我国股票市场处在快速发展时期，特别是近年来，市场更是面临重大转折，市场各方要素变化很大，市场阶段性特征比较明显，把相关数据扩展到2005年或者更近期的相关研究还比较少。

第四节 研究思路与方法

一、研究思路

本书以农业类上市公司股票价格行为作为研究对象，主要从股票价格（收益率）统计特征、股票价格的同步性特征和股票价格反应的非对称性特征进行分析。首先，对研究中的农业类上市公司进行了特别界定和说明，分析了我国目前农业类上市公司的现状和地位。其次，用统计描述的方法分析了农业类上市公司股票收益率的相关统计特征；检验了农业类上市公司股价行为的自相关性和协整性；通过运用事件研究方法分析农业政策对农业类上市公司股票价格的影响，验证政策宣布后农业类上市公司的股票价格波动是否和已有研究的结论一样具有同步性的特征；利用高频数据，采用ARCH模型分析了农业类上市公司股票价格在量上和价上表现的非对称性的特征；继而又分析了股票价格与具体微观变量的关系，考察了作为比较特殊行业的农业类上市公司对季节变化有何反应。最后，运用上述分析结果及相关资料，提出相关建议。本书的基本思路如图1－1所示。

二、研究方法

本书主要采用以理论分析为基础，统计分析和金融计量分析为主体的实证研究方法，研究资料主要来自RESSET金融数据库、年鉴数据及证券之星网站。

（1）事件研究方法。本书应用事件研究方法，研究农业政策的宣布对农业类上市公司股票价格的影响，从农业类整体板块到具体行业不同分组比较分析了其影响的程度。在具体研究中，变换不同的事件窗口，从而分析政策影响的效应。

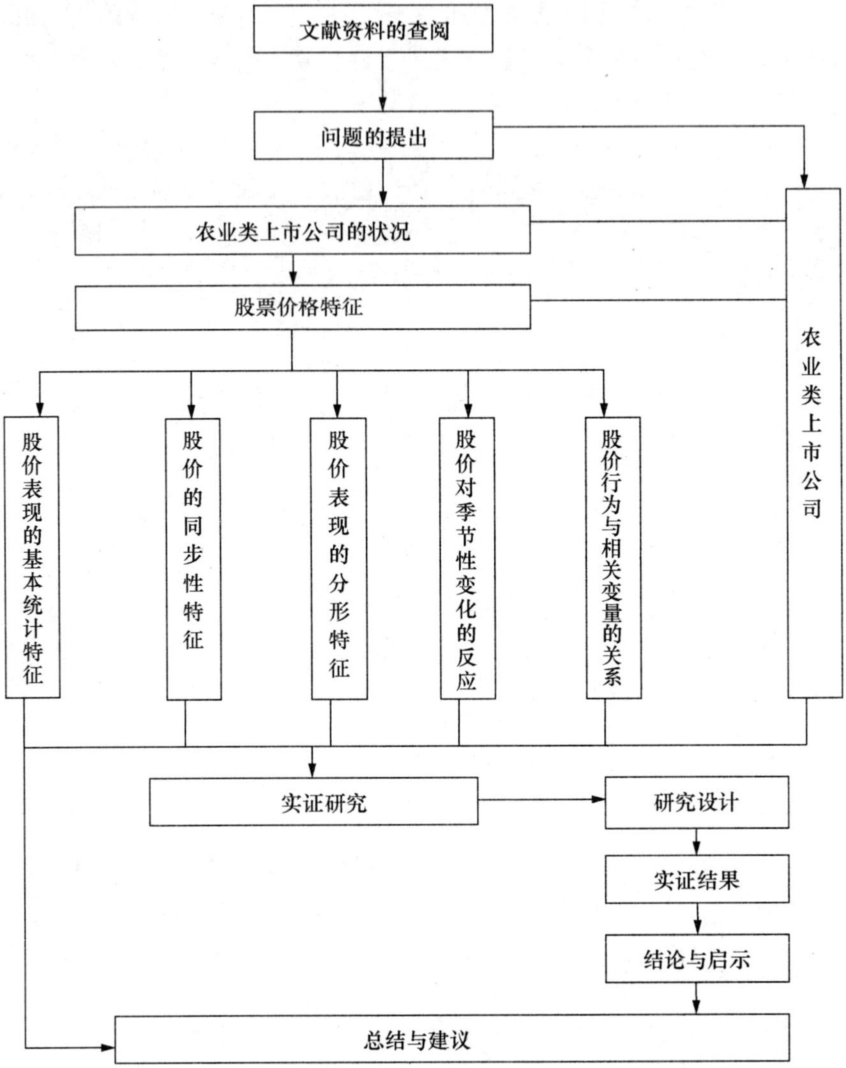

图1-1　本书的基本思路

事件研究是指运用金融市场的数据资料来测定某一特定经济事件对某一公司价值的影响。其基本原理是假设市场理性，则有关事件的影响将会立即反映在证券价格之中。于是，运用相对来说比较短期所观察到的证券价格就可以测定某一事件的经济影响。具体步骤是首先对事件定义，即确定所要研究的事件，明确事件所涉及公司证券价格的研究期间——事件窗。本书首先以农业相关政策宣布作为所要研究的事件。其次要界定正常和非正常收益：正常收益是指假设不发生该事件条件下的预期收益；非正常收益即事件期间内该证券事前或事后实际收益与同期正常收益之差。再次参数估计：界定估计窗，对正常收益模型进行参数估计；接着进行检验：原假设的确定，构造统计量。最后实证结果、解释和结论，研究有关事件的影响（或无影响）产生的原因。

（2）采用 Johansen 协整检验的迹统计量检验法对上证综合指数、深证综合指数和农业综合类指数、工业指数、农业内各子行业指数之间的协整关系进行检验。

Johansen 检验方法是以向量自回归模型（VAR）为基础。如果协整系统有 n 个独立的协整关系，则最大的 r 个特征值都应该大于零，而剩下的 k - r 个非协整组合来说，λ_{r+1}，…，λ_k 应该为 0。对此，有两种检验方法。

A. 迹统计量检验法：

该检验的原假设为：H_{r0}：$\lambda_r > 0$，$\lambda_{r+1} = 0$

该检验的备选假设为：H_{r1}：$\lambda_{r+1} > 0$，令 r = 0，1，…，k - 1

相应的检验统计量为：$\eta_r = -\sum_{i=r+1}^{k} \ln(1-\lambda_i)$，r = 0，1，…，k - 1

η_r 为特征根统计量。依次检验这一系列统计量的显著性：当 η_0 不显著时，接受 H_{00}（r = 0），即不存在协整关系。当 η_0 显著时（η_0 值大于某一显著性水平下的 Johansen 分布临界值），拒绝 H_{00}，则表明至少有一个协整向量，必须接着检验 η_1 的显著性；当 η_1 不显著时，接受 H_{10}，表明只有 1 个协整向量，依次进行下去，直到接受 H_{r0}，说明存在 r 个协整向量，其过程如下：η_1 < 临界值，接受 H_{10}，表明只有 1 个协整向量。

η_1 > 临界值，拒绝 H_{10}，表明至少有 2 个协整向量；

η_r < 临界值，接受 H_{r0}，表明只有 r 个协整向量。

B. 最大特征值检验：

H_{r0}：$\lambda_{r+1} = 0$

H_{r1}：$\lambda_{r+1} > 0$

检验统计量是基于最大特征值的，其形式为：

$\varepsilon_r = -T\ln(1-\lambda_{r+1})$，r = 0，1，…，k - 1

其中，ε_r 称为最大特征根统计量。检验从下往上进行，首先检验 ε_0，如果

ε_0 < 临界值，接受 H_{00}，无协整向量；

ε_0 > 临界值，拒绝 H_{00}，无协整向量。

接受 H_{00}（r = 0），表明最大特征根为 0，无协整向量，否则接受 H_{01}，表明至少有 1 个协整向量；如果 ε_1 显著，拒绝 H_{10}，接受至少有 2 个协整向量的备择假设 H_{11}；依次进行下去，直到接受 H_{r0}，共有 r 个协整向量（高铁梅，2006）。

（3）运用 TARCH 模型、EGARCH 模型及加入交易量变量的 EGARCH 模型

进行分析农业类上市公司的股票价格日内高频数据表现的非对称性特征。

A. TARCH 模型：

$$y_t = \delta y_{t-1} + u_t \tag{1-1}$$

$$\sigma_t^2 = \omega + \alpha u_{t-1}^2 + \gamma u_{t-1}^2 d_{t-1} + \beta \sigma_{t-1}^2 \tag{1-2}$$

其中，d_{t-1}是一个虚拟变量，当 $u_{t-1} < 0$ 时，$d_{t-1} = 1$；否则，$d_{t-1} = 0$。只要 $\gamma \neq 0$，就存在非对称效应。好消息 $u_{t-1} > 0$ 和坏消息 $u_{t-1} < 0$ 对条件方差有不同的影响：好消息有一个 α 倍的冲击，即 $u_{t-1} > 0$ 时，$d_{t-1} = 0$，非对称项不存在，所以好消息只有一个 α 倍的冲击，而坏消息则有一个 $\alpha + \gamma$ 倍的冲击。如果 $\gamma > 0$，说明存在杠杆效应，非对称效应的主要效应是使得波动加大；如果 $\gamma < 0$，则非对称效应的作用是使得波动减小（高铁梅，2006）。

B. 指数 GARCH 模型：

$$\log\sigma_t^2 = \alpha_0 + \alpha_1 \log\sigma_{t-1}^2 + \beta \left| \frac{u_{t-1}}{\sigma_{t-1}} - \sqrt{\frac{2}{\pi}} \right| + \gamma \frac{u_{t-1}}{\sigma_{t-1}} \tag{1-3}$$

式（1－3）左边是条件方差的对数，这意味着杠杆效应是指数的，而不是二次的，所以条件方差的预测值一定是非负的。只要 $\gamma \neq 0$，就存在非对称性（高铁梅，2008）。在 EGARCH 模型中，ARCH 效应可以是不对称的：当 β 的值显著为负时，说明存在杠杆效应，当 $\beta = 0$ 时，说明正的冲击和负的冲击对波动产生同样的效应；当 $0 > \beta > -1$ 时，说明负的冲击比正的冲击引起更大的波动性；当 $\beta < -1$ 时，说明负的冲击实际上增加了波动性，而正的冲击实际上减少了波动性。EGARCH 模型既可以反映过去残差的数量对波动的影响，也可以反映其符号对波动的影响，可用来模拟负相关现象，因此更适合资产定价应用。因此，用 EGARCH 模型来模拟股票的波动性，既可以模拟波动的集群性和厚尾现象，也可以判断是否存在负相关现象以及波动的持续性（王燕辉和王凯涛，2004）。

基于交易量的 GARCH（1，1）模型为：

$$\log\sigma_t^2 = \alpha_0 + \alpha_1 \log\sigma_{t-1}^2 + \beta \left| \frac{u_{t-1}}{\sigma_{t-1}} - \sqrt{\frac{2}{\pi}} \right| + \gamma \frac{u_{t-1}}{\sigma_{t-1}} + \lambda v_{it} \tag{1-4}$$

$$V_{it} = \ln(Vol_{it}) \tag{1-5}$$

其中，Vol_{it}表示股票 i 在第 t 时刻的交易量。

（4）运用 R/S 分析法，分析研究农业类上市公司及其各子行业的赫斯特指数，根据赫斯特指数笔者分析了农业行业价格序列的相关度、非周期循环及子行业的风险大小，并与市场总体水平进行比较，找出农业类上市公司股票价格与之的差异。

R/S 分析法具体的名称即重标极差分析法。该方法是英国水文学家赫斯特最早提出运用的。具体操作步骤：

A. 必须存在一个价格时间序列［$P_{(t)}$］，t=1，2，3，…，N。

B. 为了减少价格时间序列的噪声，笔者将［$P_{(t)}$］，t=1，2，3，…，N，进行处理为［X_t］，t=1，2，3，…，n-1。$X_t=\ln\left(\frac{P_i}{P_{i-1}}\right)$，其中 i=1，2，…，N-1。

C. 把生成的新序列［X_t］分为连续的、不重叠的 A 个子区间，每个区间长度为 B，同时，A×B=N-1，子区间内的数值表示为 B_{ka}，k=1，2，3，…，B；a=1，2，3，…，A。

D. 定义每一个子区间 B_{ka} 的所有数值的平均值为 $\overline{B_a}$，标准差为 S_a；其中：

$$\overline{B_a}=\frac{1}{B}\sum_{k=1}^{B}B_{ka} \tag{1-6}$$

$$S_a=\sqrt{\left|\frac{1}{B}\sum_{k=1}^{B}(B_{ka}-\overline{B_a})^2\right|} \tag{1-7}$$

E. 计算每一个子区间 B_{ka} 的累积离差，方程为：

$$Y_{ka}=\sum_{k=1}^{B}(B_{ka}-\overline{B_a})，k=1，2，3\cdots，B \tag{1-8}$$

F. 定义 $R_{B_{ka}}=\max(Y_{ka})-\mathrm{mix}(Y_{ka})$ (1-9)

G. 计算每一个子区间 B_{ka} 的重标极差为 $\frac{R_{B_{ka}}}{S_a}$，因为每个子区间的长度为 B，所以，序列的平均 $\frac{R}{S}$ 值为：

$$\left(\frac{R}{S}\right)_B=\left(\frac{1}{A}\right)\sum_{a=1}^{A}\left(\frac{R_{B_{ka}}}{S_a}\right) \tag{1-10}$$

H. 令 B=10，11，12…，直到 $\frac{(N-1)}{2}$，重复上述步骤，得到一系列的 $\left(\frac{R}{S}\right)_B$，同时，以 $\log\left(\frac{R}{S}\right)$ 为因变量，log（B）为自变量进行回归，回归的方程的斜率就是赫斯特指数 H。即：

$$\log\left(\frac{R}{S}\right)_B=\log(U)+H\cdot\log(B) \tag{1-11}$$

其中，U 为常数，H 称为赫斯特指数。

这样，赫斯特指数 H 可以通过标绘 R/S 对于的 ln/ln 图逼近，也可以通过最小二乘回归解出斜率。通过 ln（R/S）关于 ln 的图线，可观察赫斯特指数在何处发生突变，并进一步估计出周期长度。因为，随着 B 值的增加，赫斯特指数的估计值波动就越大，源于 B 值越大，相应的分组越少，数值就越少，相对来说观测点就越少。笔者同样借鉴赫斯特给出方法，检验赫斯特指数的稳定性，即 V_B 统计量。同时，V_B 统计量也可以度量周期长度。

$$V_B = \frac{(R/S)_B}{\sqrt{B}} = \frac{(UB)^H}{\sqrt{B}} = U^H \cdot B^{H-\frac{1}{2}} \tag{1-12}$$

根据赫斯特指数的性质，R/S 统计若是以时间方根而相应变化的，赫斯特指数为 0.5 时，V_B 关于 log（B）的方程几何描述是一条直线，时间序列也是随机的，即前后互不相关。对于持久性时间序列即 $0.5 < H \leqslant 1$ 关于 log（B）的几何描述是向上倾斜的直线，即前期的数据对后面的数据有正向的影响。当赫斯特指数在 0 ~ 0.5 时，V_B 关于 log（B）的图形是向下倾斜的直线。笔者在研究中如果发现一个时间序列图形先是向上走的，则可以判断该序列在下一期间向下走的可能性比较大。在研究 V_B 图形的形状中，观察到图形如果发生改变，就意味着产生了突变，也就是长期记忆消失。并且，时间序列的前期观测值对后面观测值的影响度可以用关联度 C 来度量：

$$C_B = 2^{(2H-1)} - 1 \tag{1-13}$$

第五节　本书创新之处

（1）基于事件研究法，选取日股价数据作为样本数据，利用纵向和横向的比较方法，考察了农业政策的宣告对农业类上市公司股票价格的影响情况。在具体的研究中采用多视角（分别将农业类上市公司按照区域、股本大小、主营范围等比较）进行分析研究农业类上市公司股票价格同步性特征问题，因此具有一定的特点。同时，通过研究发现国家给予农业类上市公司的政策支持在短期起到了利好效应，有利于稳定农业类上市公司在资本市场的发展。

（2）从行业板块的角度分析研究农业类上市公司的股票价格特征，并构建了系统的研究框架。和以往的研究不同的是，在分析研究农业类上市公司股票价格特征时，将农业类上市公司按照主营业务范围具体划分了 6 个子行业。分别运用对比分析的视角对我国农业类上市公司股票价格的特征进行挖掘和探讨。运用高频数据以及采用多角度思考价格行为研究结果显示农业类上市公司并没有像已有的研究文献所描述的那样农业类上市公司在资本市场表现出弱质的特征，反而由于我国联系多年的惠农政策使得农业类上市公司表现活跃，具有创新性和探索意义，在一定意义上弥补了现有研究的一些不足。

（3）就目前已有的研究文献中对上市公司各行业内分具体子行业的研究为数不多，基于分形理论，从农业行业的角度分析农业类上市公司 6 个相关子行业的分形特征，并与我国整体股票市场状况进行比较研究并有所突破。虽然同属于农业类上市公司，由于所处子行业的不同，其赫斯特指数是存在很大差异的。畜牧业股票价格序列的赫斯特指数在各行业中最大，说明其趋势性最强。

（4）从农业类上市公司股票价格与农产品价格的关系探究农业类上市公司股票价格表现的内在特征，在视角上比较具有新意。

第二章　相关理论基础与我国农业类上市公司现状分析

在传统的金融市场研究中，关于股票价格理论的研究已经比较成熟，本章就经典的有效市场理论、分形市场假说进行回顾。

第一节　股票价格特征的相关理论

一、效率市场假说理论

经济学家和金融学家都比较重视对市场效率的研究。经济学家通常将市场有效性解释为市场配置稀缺性资源的效率，而金融学家则将市场有效性解释为相关信息融合进金融资产价格的能力，即强调信息的有效性。资本市场效率的理论基础是有效市场假说。Kendall（1964）与 Robert（1964）等人首先提出股价遵循随机漫步的观点。Fama（1970）把这些理论形式化为有效市场假说，认为在有效市场上，信息能够被迅速反映到证券价格中去，基于某种信息的交易不能够获得超额收益。

法国数学家 Bachelier（1900）为效率市场假说提供了开创性的理论贡献，Cowles（1933）的实证研究也为该假说日后研究奠定了基础。Samuelson（1965）是现代对效率市场的研究者，Fama（1970）、Malkiel（1992）等对市场效率假说的研究进一步发展和深化，直至目前该假说逐步形成了一个系统性、层次性的概念，随之，关于该假说的验证方法和模型也逐步有效和完善。

关于市场效率的定义，Fama 的定义被采用和接纳的研究最多，即："价格总是'充分'反映可获得信息的市场是'有效'的。"后来，随着研究发展和深入，Malkiel 给出了更明确的定义：“如果一个资本市场在确定证券价格时充分、正确地反映了所有的相关信息，这个资本市场就是有效的。正式地说，该市场被称为相对于某个信息集是有效的……如果将该信息披露给所有参与者时证券价格不受影响的话。更进一步说，相对于某个信息集有效……意味着根据（该信息集）进行交易不可能赚取经济利润。”

笔者知道，在现实生活中，大量的信息涌入市场的事天天发生。进入市场的信息五花八门，有的涉及政治、经济和社会；有的涉及国际局势和自然环境；有的和上市公司直接相关，即行业的竞争格局、原材料的供需状况和产品的供需状态；有的是公司基本面的信息如公司内部状况等各个方面。无论什么样的信息或多或少地都会和证券价值联系上，从而影响着证券价格。

假如证券市场是有效的，则证券价格就会在市场涌入信息后作出迅速而准确的反应。所谓“迅速”指的是“从证券市场收到信息到证券价格作出反应之间不应有明显的迟延”；“准确”指的是“证券价格的反应应是无偏的，证券价格的初始反应就应精确反映该信息对证券价值的影响，不需要进行后续的纠正，不存在过度反应或反应迟缓”。

针对股票价格能多快调整至可以反映市场上一些特定重大经济事件及反映程度的研究，众多的学者主要采取事件研究的方法。该方法即列举几个股票市场上被假定对市场有冲击的重要事件，继而观测股票价格对这些重要事件的反映，最后验证股票市场的有效。已被学者们深入研究的重要事件有：股份分割、会计变动公告、公司首次公开招股、企业交易所公开上市以及不可预期和控制的经济、政治事件等。这些研究结果表明，市场有效假说是成立的（除了交易所上市之外），这样的结论和现代很多研究结论互相矛盾，导致了有效市场假说受到了挑战（张亦春和郑振龙，2004）。

二、分形市场假说理论

分形理论产生以后，埃德加 · E. 彼得斯（1991、1994）在此基础上提出了分形市场假说，该假说模型是在复杂的非线性动力学基础之上建立的，Peters 探索了分形市场的内在动力机制，并试图建立资本市场的动力学模型。其不同于 EMH 过于严格的假设，FMH 认为不是所有的投资者都是理性的，所有投资者对于信息的反应是非线性的，不是 EMH 假设的那样具有线性特征。因此，认为市场对信息的消化和表现也是不均匀的，在一个时点上公司的股票价格只反映了所有可以得到的部分信息，即只反映了相对比较重要的或比较显性的信息，所以，股票价格行为表现了分形布朗运动，并且，股票收益率服从稳定的帕累托分布。

Peters（1994）提出的分形市场理论的基本假设总结为：

（1）具有不同投资观念的投资参与者组成了市场。

（2）不同投资观念的投资者对信息集的处理方式和结果是不同的。

（3）市场之所以存在着流动性和相对的稳定性，是因为市场是由众多不同投资观念的投资者组成的。

（4）市场的价格变动是相关的，不同投资观念的投资者对价格有不同的预测结果，即构成了短期价格和长期价格。

FMH 具体含义主要是认为市场为投资者提供了较稳定的交易环境，其流动性好。每一个投资者希望是自己的买价相对低、卖价相对高，但这样的期望价格不一定是经济意义上的“公平”价格。期望不同投资期限的投资者都参与市场时，同一信息对所有的投资者都会产生影响，但是影响的实质和程度存在很大差异，信息所产生的重要性，一般而言是由投资者的自身投资起点决定的。例如，市场上出现了信息，信息的产生使部分投资者迅速抛售手中的股票即选择逃离市场，而还有部分投资者却因为该信息选择购买股票即进入市场；就是因为存在这样的一进一出，保证了市场的流动性，市场自然从总体上看是处于稳定的状态。有了这样的稳定状态，投资者的投资期限虽然不同但是他们却具有相同的风险水平，期限尺度不同，股票收益率却具有类似的频率分布，就是理论意义上的时间尺度上的不变性（自相似）。流动性的存在和风险水平一致时使所有投资者的投资期限有可能出现一致，此时，市场价格序列变化就会表现出不连续性，随之会导致价格的变化，股票收益率的分布表现出肥尾特征。当投资者改变投资期限或撤离市场时，市场就会失去流动性，表现出不稳定的状态，甚至发生崩溃。每一个资本市场都会受到经济周期、政治危机等的影响，一旦长期投资具有很大的不确定性时就会构成崩溃事件，同时短期投资者投资行为显现成“羊群效应”，市场上价格发生骤变导致市场出现异象。总之，分形结构市场的容错性表现突出，市场总体的平稳、有序与局部的错乱、无序使得市场稳定又有活力。

分形市场理论被学者们认为是一个和实际市场价格运动及投资者的投资行为相一致的理论基础。如果在资本市场验证是稳定的期间，RMH 和 CAPM 用这些市场数据是合适的。但是，一旦市场显然处于恐慌和崩溃的时候，运用这些模型就没有任何意义了，因为 EMH、APT 和 CAPM 模型都是建立在一定假设前提条件下有效的。分形市场理论认为，不同的投资者（主要指起点不同）对同一信息的理解是不一致的。因此，市场在不存在特征时间尺度的时候表现出稳定的现状；如果市场上所有不同的投资者对同一信息的评价产生一致时，市场就不存在分形结构了，即市场表现出不稳定的状态。

三、股票内在投资价值与股票价格关系的理论

价格是商品内在价值的外在表现形式。股票作为一种有价证券，确定其的内

在投资价值是笔者分析其价格形成与变动的基础。尽管股票市场的价格瞬息万变，但价格的基础是公司的内在价值。表现为价格在外界因素的影响下，围绕内在价值的长期趋势上下波动。而内在价值取决于上市公司的经营业绩，由于经营业绩在短期内不会发生剧烈的波动。因此内在价值在短期内变动相对平缓，价格表现得也相对平稳。但是，如果上市公司业绩突然下降，价格基础动摇，这将导致价格波动加剧（封建强，2004）。股票本身就其特性而言，它是一种有价证券，也是一种价值符号，代表着一定的价值；股票的另一种特性就是它是权利凭证，这种特性说明持有者拥有对公司剩余价值的索取权、部分地参与公司的经营管理权。有价性和权利特征是股票内在投资价值得以确定的基础。因此，股票内在投资价值从含义上讲也就是指投资者以购买股票的方式，达到获得的公司剩余价值的目的。从这种定义的含义中笔者看到了一种基本思想即“货币资本与职能资本联合瓜分剩余价值”（史代敏，2003）。

股票是一种特殊的金融商品，所以都会在金融市场上进行交易，自然股票的价值也就通过波动不断的股票价格得以体现。价格是商品价值的直接表现形式，通常是指一定单位的货币量与单位商品（股票所代表的股权）的对比关系。本书所涉及的股票价格均指股票的货币表现价格。

四、资本资产定价模型

威廉·E. 夏普于 1964 年 9 月发表于《金融学杂志》的论文《资本资产价格——在风险条件下的市场均衡理论》，文中结论性的理论被称为资本资产定价模型。该模型听起来让人感觉到迷惑，其实，所谓的资本资产主要指的是股票、证券等金融资产，而定价则试图解释资本市场如何决定股票收益率，进而决定股票价格。中心结论是：市场组合在有效边界上，所有其他的点是市场组合加上借或贷的结合。市场组合具有相对于标准差的预期超额收益的最高可能比率。证券的预期收益和它对市场变动敏感度的关系即 β 值表示证券市场的波动性。

资本资产定价模型的简单易用的表达式为：

$$R = R_f + \beta\ (R_m - R_f) \tag{2-1}$$

式（2－1）也是资本资产定价模型的核心关系式，其中 R 代表某资产的必要收益率，R_m 代表市场组合收益率，R_f 代表无风险的收益率，β 代表某资产的系统风险系数。

该模型理论的运用是在建立了以下六个理想假设前提下的：

（1）假设每一个投资者在关于证券的未来表现预测的基础上行事——预测以预期收益、收益的标准差和收益率的相关系数表示。

（2）假设每一个投资者以投资组合理论建议他们应该行动的方式那样行动。

(3) 假设每一个投资者在纯利率水平能够借入和贷出他所希望的或多或少的数额。无论投资者是借入还是贷出，这一利率是同样的。而且，它对每个投资者是相同的。

(4) 假设市场是均衡的、市场不存在摩擦。

(5) 假设每一个投资参与过程中不存在交易费用。

(6) 假设当时的税收不影响资产的选择和交易。

由于有了上述的假设理想前提，资本资产定价模型虽然得到了广泛的认可，但是，在具体运用中存在局限。因此，运用资本资产定价模型只能大体描述出资产的基本状况和规律。

第二节　中国农业类上市公司现状分析

在我国轰轰烈烈支农和惠农的大背景下，改善农民的经济条件，有效实现农户与市场的对接，能够增强抵御自然风险和市场风险的能力，而将资本市场的有利条件用到农业中去更能有效解决农户融资的难题。将资本市场与农业有机结合的结合体就是农业类上市公司，因此笔者有必要对农业类上市公司范围进行界定，本节将对相关概念及农业类上市公司现状进行介绍。

一、概念的界定

农业是人们利用太阳能、依靠生物的生长发育来获取产品的社会物质生产部门。狭义的农业，仅仅指种植业；广义的农业，包括种植业、林业、牧业、副业、渔业（李秉龙和薛兴利，2003）。农业企业较完整的定义为从事农、林、牧、副、渔业等生产经营活动，具有较高的商品率，实行自主经营、独立经济核算，具有法人资格的营利性的经济组织；是农业生产力水平和商品经济有了较大发展，资本主义生产关系进入农村以后的产物。

上市公司是指所发行的股票经国务院证券监督管理机构核准、在证券交易所上市交易的股份有限公司。也可以说，上市公司是股份有限公司中的一个特定组成部分，它公开发行股票，达到相当规模，经依法核准其股票进入证券集中交易市场进行交易，筹集资金。农业类上市公司是指以农业为主要经营业务并与农户以不同形式建立稳定紧密的利益联结机制并在交易所上市交易的公司。从产业链角度看，农业产业链有上游的农业生产资料（种子、饲料、肥料等）、中游的农业（种植、养殖、水产、林业等）、下游的农产品加工（肉类、奶类、蛋类、食糖等食品加工）包括种植业、养殖业、林业、畜牧业和渔业，以及与之相关联的农业生产资料等上游企业和农副产品加工、流通等下游企业。

二、农业类上市公司的作用

利用证券市场直接融通渠道，通过发行农业类上市公司股票进行融资，是当前证券市场支持农业产业化经营的主要方式（张连怀等，2004）。从我国农、林、牧、渔行业发展来看，前景非常广阔。众多研究表明政府出于农民增收和减轻财政压力的双重考虑，可能会容忍农产品价格恢复性的长期上涨，从整个行业的发展来看，支持行业发展的重要因素如生产资料、土地、部分产品等稀缺资源的价值得到更为广泛的认可，使农、林、牧、渔产业链价值分配的比重得以提升，因此在国家产业政策引导与支持下，农、林、牧、渔行业的发展空间及潜力较大（唐璐，2008）。

发展市场农业应该走农业产业化经营和公司+农户的道路，应该按照现代企业制度和市场运作规则扶持一批具有一定生产规模、生产技术水平达到国际国内先进水平、具有较强市场竞争力的农业类上市企业。农业类上市企业应重视科技创新，以质量求发展，提高产品的技术含量，通过品牌产品和特色产品开拓国内外市场，进而起到联结农户与市场的作用（徐朝旭，2003）。

现代农业与农业类上市公司之间存在天然的紧密联系。从产业角度看，涉农上市公司联结了农业、工业、流通三大产业，因而涉农供应链中风险因素呈全方位性，自然、社会、制度、市场、组织、价格、行为等风险交互发生影响和作用，呈现很强的扰动性和破坏性（张晟义，2004）。上市公司是借助现代农业发展起来的，没有现代农业就没有农业类上市公司。同样，现代农业是依靠农业类上市公司带动和发展的，没有农业类上市公司也就不可能真正建成现代农业。两者是相互依存、相互促进的关系。以从事农产品生产、加工和流通为主的农业产业化农业类上市公司，是现代农业发展的产物，它是与现代农业紧密联系在一起的。改变传统农业的落后状况，加快现代农业发展，必须依托农业类上市公司的带动。不可否认，农业类上市公司在发展现代农业中具有不可替代的举足轻重的作用。农业类上市公司为农业结构调整提供了市场引导，同时利用资本市场加快了农业科技进步的速度，促进了新型农业经营体制和运行机制的形成。

经过十几年的发展，目前我国沪深两市包括上下游涉农企业中共有农业类上市公司102家，总资产规模达1000多亿元，总股本为200多亿股。显然，农业类上市公司已成为证券市场上的一个重要板块。同时，从实际而言，农业类上市公司还肩负着以产业化经营带动农民增收、提高农业产品科技含量的社会责任，应通过带动市场，有效解决农产品销路；通过传播新技术，增加农业技术的有效应用，从根本上提高农民素质，积极吸纳农村剩余劳动力（张晟义，2004）。

三、我国农业类上市公司的现状分析

正是由于农业类上市公司发挥了不可忽视的作用，国内学者们对其进行了相关的研究。农业类上市公司一直以来被誉为农业龙头企业的典范，是我国证券市场上很特殊的一个行业板块。关于农业类上市公司的研究，笔者进行了梳理，目前理论界的研究主要集中在以下几个方面：

1. 对农业类上市公司经营绩效及其评价的研究

许彪等（2000）通过对我国农业类上市公司现状的研究，揭示农业类上市公司的特点和经营中存在的问题：由于从事农业生产的效益比较低，一些农业企业实施多元化经营，开始增加非主营业务投入，以求得利润的快速上升，导致农业在公司主营业务收入中的比例逐年下降，然而实际的经营效果却并不尽如人意。

沈晓明等（2002）研究了农业类上市公司在享受补贴政策以后的状况，研究发现农业类上市公司对国家的补贴收入体现的影响是乐观的。由于补贴政策的实施，使上市公司的经营困境在短期内得以掩盖，上市公司也就延误了内部治理的时间，投资者对此会进入误区；从公司管理层看，管理当局就会养成公司表现不佳不找市场自我解决而找政府要政策的惯性，龙头企业完全市场化的进程会因为这种惯性而受到限制。邹彩芬等（2002）选取36家农业类上市公司（1998年前（含1998年）上市的），利用非均衡面板数据，从农业类上市公司绩效的角度实证分析了国家的财政扶持政策、税收优惠政策对其的影响。结果表明，农业类上市公司对税收优惠政策会表现出明显效应，企业的偿债能力在直接财政补贴政策的副作用下是显著增加了，企业管理层的寻租行为和相应的不作为行为得到了纵容。

林万龙（2004）对58家农业类上市公司进行了研究，选取的样本期间为2000～2002年，实证分析表明，农业产业化龙头企业在我国政府的扶持政策下缺乏效率，在政府扶持下，龙头企业农业相关产出并没有达到所期望的增长程度，因而也就谈不上对当地农产品原料产销的带动作用。何凤平（2008）运用时序多指标综合评价方法评价农业类上市公司的经营业绩，间接反映农业类上市公司的经营风险水平，并且针对农业类上市公司多元化经营现象，提出加强农业类上市公司多元化经营战略风险控制的总的指导原则。

2. 对农业类上市公司投资和可持续发展及公司治理的研究

闫华红（2004）以农业类上市公司为对象构建了提高投资决策质量和效果的系统思维分析框架。葛永波（2005）在大量实证分析的基础上揭示了农业类上市公司投资实践中的具体问题。王玉春和花贵如（2006）采用美国财务学家罗伯

特·C. 希金斯的可持续增长分析模型，利用配对样本的T检验法和威尔科克森的符号检验法，对中国农业类上市公司可持续增长进行实证研究。研究发现，中国农业类上市公司的实际增长率高于可持续增长率且可持续能力不足，过快增长缺乏权益资本保障。

农业类上市公司治理结构方面的研究主要是关注农业类上市公司融资、股权结构、公司治理及企业竞争力等诸方面的现状问题的研究。

辛焕平等（2006）运用逻辑分析法构建了一个农业产业化、农业企业公司治理结构与信息披露的理论框架，并以目前沪深股市农业类上市公司为样本，运用Logistic 回归分析法，检验了农业类上市公司治理结构与信息披露的关系。结果发现，公司治理结构良好的上市公司信息披露质量较高，对投资者利益的保护更好。黄晓波和冯浩（2006）对27家农业类上市公司2002～2004年的股权结构和公司绩效进行了实证分析结果发现：提高流通股比例无助于改进公司绩效，股票的流通性不是影响农业类上市公司绩效的主要因素；资产负债率对公司绩效有显著的负面影响，减轻债务负担有利于改进公司绩效；董事薪酬的提高对公司绩效有显著的负面影响，经理薪酬的提高对公司绩效有较显著的正面影响。葛永波（2007）运用新的研究思路与方法，对我国农业类上市公司的融资偏好与融资结构特征分别进行了实证研究，结果发现虽然融资结构特征体现出明显的股权融资依赖性，但企业并不具有股权融资偏好。

可以看到目前我国关于具体到农业类上市公司的研究多数限于治理结构、绩效和业绩等方面的研究。已有的关于农业类上市公司的研究揭示了农业类上市公司普遍存在的问题，但未能就股票价格行为特征的角度研究农业类上市公司。尤其是将农业类上市公司具体细化为农业、林业、畜牧业、渔业、农药化肥和农副产品加工业未进行系统研究。

本书借鉴以往的研究，界定的农业类上市公司范围是以《上市公司行业分类指引》为参考标准，选入A类即农业、林业、牧业、渔业的上市公司，以及参照现行的国家统计局工业普查的分类方法，按照以下标准来统计农业类上市公司：

（1）上市公司所从事的主营业务为大农业类，主营业务收入与利润主要来自与农业相关的生产与经营，或者农业生产经营业务是企业的主要业务之一。

（2）上市公司与农户或农村其他组织有直接的利益联动关系。

本书统计的农业类上市公司或暂可列入农业类上市公司的企业截至2010年12月31日共有102家。不同于已有的研究之处在于将农药化肥类的上市公司也列入本书研究的样本内。因为，笔者认为农药化肥类上市公司的经营发展直接和国家的农业政策、农业发展尤其是农田自然灾害紧密联系在一起（具体样本见附录）。

统计得出：我国在资本市场中，上海证券交易所上市的农业类上市公司有58家，在深圳交易所上市的有44家，上市公司所在地遍及了我国26个省份，其中主要集中在四川（8家）、新疆（7家）、湖南（7家）、广西（6家）、江苏（6家）、北京（6家）等地，从地域来看，主要分布在中西部地区占总数的近50%，因此，农业类上市公司多数处于我国经济不发达的省区。从另一角度看，因为农业类上市公司的主营业务或主导产品必定是以农业自然资源和基础农业为基础，所以目前的分布状况可以充分发挥当地的区域比较优势，当地农业的发展为农业类上市公司提供了一些优惠条件和有效资源。

在102家上市公司中目前还是处于特别处理的有10家，占总数的近10%。从上市公司的股本来看，农业类上市公司中股本数在50000万股的有72家，占总数的70%以上，股本数在50000万～100000万股的有2家，100000万股以上的有9家。可以发现，农业类上市公司股本规模多数不大，属小股本范围。

从农业类上市公司的盈利状况来看，在2002年，净资产收益率为正的有91家，净资产收益率为负的有11家，2003～2007年，其净资产收益率为负的均有10家左右，在2008年和2009年其净资产收益率为负的增加到20多家。笔者考察其净资产收益率为负的上市公司发现，多数盈利水平不高的上市公司分布在中西部省份，显然上市公司的盈利状况和当地经济发展是分不开的。

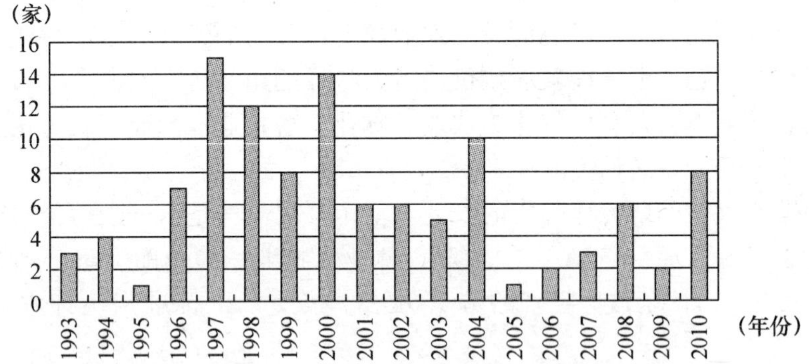

图2－1　1993～2010年我国农业类上市公司上市情况

图2－1描述了1993～2010年我国农业类上市公司上市情况，从图中看到在1996～2004年我国农业类上市公司出现了扎堆上市的状况，在2005年突然减少。在2009年有2家农业类公司上市，2010年又出现批量的农业类公司上市（8家），说明我国近年农业企业上市的数量和国家的政策扶持和导向直接相关。

第三章　农业类上市公司股票价格的基本统计特征

研究上市公司的股票价格特征，对其基本统计特征的研究和检验是笔者进行深入分析的基础，本章对农业类上市公司股票价格序列的基本特征进行分别研究和检验，并将农业及其行业的股票价格收益率序列与我国市场总体水平的特征进行对比分析。

第一节　农业类上市公司股票价格的基本分析

如前文所述，农业类上市公司能否健康成长，不仅是证券市场的一个重要环节，也事关整个国民经济发展大局。而在我国资本市场日渐成熟的形势下，研究股市农业行业股票收益特征，对更全面地认知中国股市、分析农业类上市公司在农业发展是否起到了龙头作用，无不有着重要意义。因此，笔者对2002年1月~2010年12月我国股票市场中的农业类上市公司股票收益率进行统计特征实证分析并与市场总体水平、工业行业水平进行比较，研究农业类上市公司在进行具体分类的前提下有无区别于股票市场的整体现状，从而研究农业类上市公司在资本市场的表现，揭示其特有的规律。

一、样本与数据来源

笔者假设t时刻股市的收盘价格为P_t，R_t为从t-1时刻到t时刻股票价格的对数收益率：

$$R_t = \log(P_{t+1}) - \log(P_t) \tag{3-1}$$

本书中除特别说明以外所涉及的收益率就是由式（3-1）计算得出的收益

率。本书所采用的数据来源于 CCER 数据库及雅虎财经网经笔者手工整理所得，由于中国股市从 2005 年开始进行股权分置改革，为了区分股权分置改革对资本市场的影响，选取的样本数据为 2002 年 1 月 4 日 ~2010 年 12 月 31 日农业类上市公司具体分类的日平均对数收益率数据，将其分为三个阶段：第一阶段为 2002 年 1 月 4 日 ~2004 年 12 月 31 日，是股改的前三年；第二阶段为 2005 年 1 月 4 日 ~2005 年 12 月 31 日，为股权分置开始改革的一年；第三阶段为 2006 年 1 月 4 日 ~2010 年 12 月 31 日。如未做特殊说明，以后各部分在对农业类上市公司的股票价格收益率特征所进行的实证分析，使用的数据资料与上述相同。

二、统计特征分析

笔者参照《上市公司行业分类指引》，将农业类上市公司按照具体主营业务细分为农业种植业、林业、渔业、畜牧业、农药化肥及农副产品加工业。

农林牧渔指数是笔者根据所选取的样本公司进行加权平均算出的日均价格，农业种植业等、渔业、牧业、林业、农药化肥、农副产品加工业的相关数据均是笔者根据分类计算的相关企业的加权平均算出的日均价格。

1. 基本统计量

为了对农业类上市公司各收益率的基本统计特征有个系统的了解，笔者按不同的阶段将各指数进行统计分析，具体结果见表 3－1 ~ 表 3－3。

表 3－1　农业类上市公司具体分类收益率的基本统计
(2001 年 1 月 4 日 ~2004 年 12 月 31 日)

项目		样本个数	均值	中位数	最大值	最小值	标准差	偏度	峰度
上证综指收益率		720	-0.0001	-0.0003	0.0506	-0.0315	0.0062	0.9936	10.7197
深成指收益率		720	-0.0037	-0.0024	0.0555	-0.0321	0.0066	0.9232	11.3781
农林牧渔指数		720	-0.0004	-0.0006	0.0509	-0.0421	0.0076	0.3257	7.5832
工业指数		720	-0.0001	-0.0004	0.0492	-0.0307	0.0062	0.9544	10.1689
农业类上市公司	农业种植业等	720	-0.0007	-0.0008	0.1402	-0.0830	0.0176	0.6611	9.9472
	林业	720	-0.0011	-0.0012	0.1347	-0.0886	0.0204	0.3792	6.8389
	渔业	720	-0.0012	-0.0016	0.1356	-0.1000	0.0198	0.5638	8.0797
	畜牧业	720	-0.0008	-0.0014	0.1397	-0.0836	0.0203	0.7297	7.4781
	农药化肥	720	-0.0009	-0.0013	0.3113	-0.4129	0.0356	-2.0537	51.6013
	农副产品加工	720	-0.0007	-0.0010	0.1268	-0.0736	0.0168	0.7460	9.0167

表 3－2　农业类上市公司具体分类收益率的基本统计
（2005 年 1 月 4 日～2005 年 12 月 31 日）

项目		样本个数	均值	中位数	最大值	最小值	标准差	偏度	峰度
上证综指收益率		241	－0.0001	－0.0004	0.0300	－0.0186	0.0061	0.7604	5.7149
深成指收益率		241	－0.0010	－0.0012	0.0317	－0.0200	0.0064	0.7054	6.0090
农林牧渔指数		241	－0.0004	0.0008	0.0298	－0.0266	0.0084	－0.1377	3.5689
工业指数		241	－0.0002	－0.0002	0.0318	－0.0197	0.0063	0.7683	6.0165
农业类上市公司	农业种植业等	236	－0.0006	－0.0001	0.0491	－0.0584	0.0176	－0.0656	3.3989
	林业	236	－0.0057	－0.0010	0.0725	－0.0696	0.0239	0.0301	3.2578
	渔业	236	－0.0011	－0.0009	0.0347	－0.0445	0.0135	－0.3300	3.2037
	畜牧业	236	－0.0020	0.0022	0.0863	－0.0762	0.0257	－0.1277	3.2917
	农药化肥	236	－0.0009	－0.0004	0.0603	－0.0479	0.0178	0.0342	3.4207
	农副产品加工	236	－0.0065	0.0062	0.0830	－0.0532	0.0202	0.2363	3.9287

表 3－3　农业类上市公司具体分类收益率的基本统计
（2006 年 1 月 4 日～2010 年 12 月 31 日）

项目		样本个数	均值	中位数	最大值	最小值	标准差	偏度	峰度
上证综指收益率		845	0.0005	0.0012	0.0553	－0.0481	0.0107	－0.2905	5.3804
深成指收益率		845	0.0007	0.0013	0.0595	－0.0549	0.0118	－0.3633	5.0910
农林牧渔指数		845	0.0005	0.0019	0.0593	－0.0513	0.0132	－0.4681	4.8801
工业指数		845	0.0005	0.0013	0.0553	－0.0521	0.0108	－0.4578	5.4907
农业类上市公司	农业种植业等	845	0.0030	0.0049	0.1405	－0.1310	0.0367	－0.3387	4.4681
	林业	845	0.0023	0.0029	0.1882	－0.1260	0.0392	－0.1090	3.9755
	渔业	845	0.0028	0.0060	0.1495	－0.1411	0.0331	－0.4586	4.5862
	畜牧业	845	0.0029	0.0046	0.1458	－0.1342	0.0389	－0.0955	4.3242
	农药化肥	845	0.0024	0.0047	0.1422	－0.1174	0.0284	－0.4245	5.5259
	农副产品加工	845	0.0025	0.0048	0.1458	－0.1217	0.0328	－0.4861	4.6681

笔者将表 3－1～表 3－3 进行比较分析：

从表 3－1 可知，农业类上市公司各子行业的日均收益率在均值、中位数、最大值、最小值各指数类的指标有显著的差异。尤其是农药化肥类表现更为突出，均值最低，最大值在各类中最高，从偏度来看，其负离差数值较大，左偏的程度最大。比较四类指数，农林牧渔指数的偏度和峰度为最小，说明农林牧渔指数的收益率出现正值概率要低于市场整体水平，且相比较整体市场水平表现出很弱的尖峰厚尾性，而工业指数和市场整体水平差异不大。

从表3－2可知，农林牧渔指数在2005年收益率表现了左偏，而市场整体水平相比较第一阶段而言出现较弱的右偏，且较平的分布即尖峰厚尾现象较弱。

从表3－3可知，笔者可以看到国家实施股权分置改革以后，无论从板块角度还是从市场整体水平来看出现了左偏，各指数分布相对于第一阶段和第二阶段较平。

2. 独立性及相关性分析

为了对农业类上市公司股票价格变化的相关程度有个系统的认识，笔者对连续股票价格的时间序列独立性进行检验。在已有的金融理论研究中，研究者通常假设股票价格各收益率序列是独立同分布的。笔者对农业类上市公司各类收益率序列及上证指数、深证综合指数和工业指数进行了BDS（Brock等，1996）独立同分布检验，其结果如表3－4所示。

表3－4　BDS检验结果（2006年1月4日～2010年12月31日）

	项目		上证综指收益率	深成指收益率	农林牧渔指数	工业指数	农业种植业等
嵌入维数	1	BDS统计值	0.0185	0.0175	0.0237	0.0141	0.0201
		标准差	0.0031	0.0030	0.0032	0.0031	0.0030
		Z统计值	5.9868	5.9026	7.4797	4.6125	6.7115
		概率	0.0000	0.0000	0.0000	0.0000	0.0000
	2	BDS统计值	0.0344	0.0308	0.0430	0.0274	0.0390
		标准差	0.0049	0.0047	0.0050	0.0049	0.0048
		Z统计值	7.0361	6.5258	8.5312	5.6495	8.2078
		概率	0.0000	0.0000	0.0000	0.0000	0.0000
	3	BDS统计值	0.0472	0.0428	0.0587	0.0398	0.0550
		标准差	0.0059	0.0056	0.0060	0.005772	0.0057
		Z统计值	8.1251	7.6132	9.7842	6.9037	9.7381
		概率	0.0000	0.0000	0.0000	0.0000	0.0000
	4	BDS统计值	0.0554	0.0498	0.0683	0.0474	0.0648
		标准差	0.0060	0.0059	0.0063	0.0060	0.0059
		Z统计值	9.1653	8.4804	10.9171	7.8903	11.0140
		概率	0.0000	0.0000	0.0000	0.0000	0.0000
	5	BDS统计值	0.0602	0.0541	0.0730	0.0532	0.0698
		标准差	0.0058	0.0057	0.0060	0.0058	0.0057
		Z统计值	10.3510	9.5563	12.1074	9.2119	12.3128
		概率	0.0000	0.0000	0.0000	0.0000	0.0000

续表

项目			林业	渔业	畜牧业	农药化肥	农副产品加工
嵌入维数	1	BDS 统计值	0.0108	0.0165	0.0156	0.0173	0.0212
		标准差	0.0028	0.0028	0.0030	0.0026	0.0030
		Z 统计值	3.9326	5.8196	5.1568	6.6922	6.9607
		概率	0.0001	0.0000	0.0000	0.0000	0.0000
	3	BDS 统计值	0.0212	0.0320	0.0317	0.0343	0.0408
		标准差	0.0044	0.0045	0.0048	0.0041	0.0048
		Z 统计值	4.8566	7.0841	6.6177	8.3563	8.4318
		概率	0.0000	0.0000	0.0000	0.0000	0.0000
	4	BDS 统计值	0.0290	0.0430	0.0450	0.0483	0.0550
		标准差	0.0052	0.0054	0.0057	0.0049	0.0058
		Z 统计值	5.5997	8.0032	7.9099	9.8576	9.5527
		概率	0.0000	0.0000	0.0000	0.0000	0.0000
	5	BDS 统计值	0.0340	0.0503	0.0578	0.0555	0.0624
		标准差	0.0054	0.0056	0.0059	0.0051	0.0060
		Z 统计值	6.3166	8.9874	9.7661	10.8657	10.3835
		概率	0.0000	0.0000	0.0000	0.0000	0.0000
	6	BDS 统计值	0.0364	0.0524	0.0645	0.0593	0.0660
		标准差	0.0052	0.0054	0.0057	0.0049	0.0058
		Z 统计值	7.0375	9.7004	11.3937	12.0266	11.3868
		概率	0.0000	0.0000	0.0000	0.0000	0.0000

BDS 检验的原假设是序列为独立同分布随机变量，DBS 统计量为：

$$B_{m,n}(\varepsilon)\ c_{m,n}(\varepsilon) - c_{1,n-m+1}(\varepsilon)^{m} \qquad (3-2)$$

Z 统计量为：

$$Z = (\sqrt{n-m+1})\ \frac{b_{m,n}(\varepsilon)}{\sigma_{m,n}(\varepsilon)} \qquad (3-3)$$

理论上，如果原假设成立，则 Z 服从标准正态分布。式（3－2）和式（3－3）中的 ε 表示任意给定的正数，n 表示时间序列的样本容量，m 表示嵌入维，其他符号的意义在此不再赘述。

表 3－4 的结果是在 Eviews6.0 统计分析软件里 BDS 检验运行得出，其默认状态中的概率为零，即为相应统计值超过统计量 Z 的概率为 1。因此，根据检验原理，只要给定的检验水平 α 不小于零，有理由接受对立假设，即拒绝原假设

（高铁梅，2008）。由此可见，农业类上市公司各类收益率序列及沪深指数和工业指数均不具有独立同分布特性，从行业角度来看，农业类上市公司也没有显著表现出不用于市场整体水平的现象。

但是，笔者检验的各收益率序列不独立，不能表示选取样本的各收益率相关序列不存在自相关。因此，笔者对农业类上市公司各指数收益率序列进行自相关验证。序列 $\{R_t\}$ 的 k 阶自相关系数定义为：

$$\rho_k = \frac{\mathrm{cov}(R_t, R_{t+k})}{\sqrt{\mathrm{var}(R_t)}\sqrt{\mathrm{var}(R_{t+k})}} \tag{3-4}$$

样本自相关系数表示为：

$$\rho_k = \frac{\sum_{i=1}^{n-k}(R_t - \bar{R})(R_{t+k} - \bar{R})}{\sum_{i=1}^{n}(R_t - \bar{R})^2} \tag{3-5}$$

其中，$\bar{R}$为序列 $\{R\}$ 的样本均值。

在对农业类上市公司各类收益率序列及沪深指数和工业指数序列自相关进行检验时，笔者将各序列一直到 k 阶不存在自相关设为原假设，检验统计量为 Q 统计量（Ljung 和 Box，1978）：

$$Q_{LB}(k) = n(n+2)\sum_{j=1}^{k}\frac{\rho_j^2}{n-j} \tag{3-6}$$

使用 Eviews6.0 统计分析软件对农业类上市公司各类收益率序列、上证指数、深证综合指数和工业指数收益率序列自相关进行检验，结果如表 3-5 所示。

从表 3-5 可知，尽管农业类上市公司各类收益率序列及沪深指数和工业指数序列收益率的自相关系数很小，但是 Q 统计值较大，对于较长滞后期，统计量 Q 大于其相应统计值的概率非常小。因此，拒绝原假设，进而可以考虑农业类上市公司各类收益率序列及沪深指数和工业指数序列收益率序列在一定程度上存在长期的相关性。比较各序列，农业类上市公司的收益序列相对于整体市场水平而言，相应统计值没有实质性的差异，也就是说，从自相关验证的角度来说行业差别不大，该结论与已有的相关研究文献的结论相反，即农业类上市公司股票价格收益率序列的自相关性不是很明显（胡永宏，2008）。

当然，仅仅用自相关系数来验证收益率序列的长期相关性是不准确的，因为如果序列 $\{R_t\}$ 的二阶矩不存在，那么用式（3-4）确定的自相关系数无定义；如果序列 $\{R_t\}$ 的协方差不平稳，或者滞后期较长情况出现，用式（3-5）对自相关系数进行估计就会产生较大的偏差。因此，将对各时间序列的相关性及各样本序列之间的相互关系进行进一步的检验。

表3-5 相关指数自相关检验的结果（2002年1月4日~2010年12月31日）

滞后期	上证指数			深证指数			农林牧渔指数			工业指数			农业种植业等		
	AC	Q-Stat	Prob	AC	Q-Stat	Prob	AC	Q-Stat	Prob	AC	Q-Stat	Prob	AC	Q-Stat	Prob
1	-0.071	9.18	0.002	-0.058	6.02	0.014	0.006	0.07	0.792	-0.058	6.03	0.014	-0.015	0.42	0.517
2	-0.075	19.50	0.000	-0.064	13.52	0.001	-0.100	18.26	0.000	-0.058	12.19	0.002	-0.069	9.43	0.009
3	0.065	27.13	0.000	0.061	20.26	0.000	0.059	24.61	0.000	0.066	20.20	0.000	0.087	23.76	0.000
4	0.071	36.19	0.000	0.054	25.53	0.000	0.048	28.86	0.000	0.082	32.46	0.000	0.049	28.32	0.000
5	0.012	36.43	0.000	0.005	25.58	0.000	0.024	29.88	0.000	0.013	32.76	0.000	-0.002	28.32	0.000
6	-0.052	41.27	0.000	-0.036	27.89	0.000	-0.021	30.66	0.000	-0.055	38.23	0.000	-0.028	29.84	0.000
7	-0.002	41.28	0.000	0.016	28.33	0.000	-0.005	30.71	0.000	0.018	38.79	0.000	0.005	29.89	0.000
8	0.032	43.13	0.000	0.018	28.93	0.000	0.012	30.95	0.000	0.039	41.51	0.000	-0.001	29.89	0.000
9	-0.002	43.14	0.000	0.002	28.94	0.001	-0.014	31.33	0.000	-0.001	41.51	0.000	-0.007	29.99	0.000
10	-0.016	43.63	0.000	0.001	28.94	0.001	-0.002	31.34	0.001	-0.006	41.58	0.000	0.005	30.03	0.001

滞后期	林业			畜牧业			渔业			农药化肥			农副产品加工		
	AC	Q-Stat	Prob	AC	Q-Stat	Prob	AC	Q-Stat	Prob	AC	Q-Stat	Prob	AC	Q-Stat	Prob
1	0.010	0.19	0.66	0.003	0.02	0.896	0.01	0.21	0.650	0.003	0.02	0.899	0.010	0.19	0.661
2	-0.022	1.11	0.58	-0.074	10.34	0.006	-0.06	7.06	0.029	0.014	0.40	0.817	-0.053	5.37	0.068
3	0.074	11.20	0.01	0.077	21.40	0.000	0.08	18.75	0.000	0.049	5.44	0.142	0.072	14.99	0.002
4	-0.006	11.26	0.02	-0.007	21.48	0.000	0.03	20.27	0.000	0.047	10.13	0.038	0.035	17.30	0.002
5	-0.033	13.23	0.02	0.014	21.85	0.001	0.00	20.29	0.001	-0.076	22.47	0.000	0.005	17.34	0.004
6	-0.035	15.55	0.02	-0.025	23.06	0.001	-0.03	22.43	0.001	-0.005	22.52	0.001	-0.023	18.33	0.005
7	0.021	16.37	0.02	-0.031	24.88	0.001	0.03	23.65	0.001	-0.033	24.77	0.001	-0.015	18.74	0.009
8	-0.013	16.67	0.03	0.000	24.88	0.002	0.01	23.72	0.003	0.008	24.89	0.002	0.027	20.09	0.010
9	-0.028	18.09	0.03	0.035	27.12	0.001	-0.02	24.20	0.004	0.023	26.00	0.002	0.023	21.08	0.012
10	0.046	22.09	0.02	0.015	27.54	0.002	0.01	24.52	0.006	0.029	27.83	0.002	-0.009	21.22	0.020

3. 正态性检验

国外学者运用的经典金融计量模型中，基本都假设收益率服从正态分布。农业类上市公司各类收益率序列及沪深指数和工业指数序列的偏度不为零，其峰度又大于3，在这个角度上，可以认为农业类上市公司各类收益率序列及沪深指数和工业指数序列不服从正态分布。我国股票收益率具有厚尾性已得到众多学者的证实，检验股票价格收益率序列是否服从正态分布，用偏度和峰度指标已经不能满足研究的需要和要求，确保研究的准确性下文将采用其他方法作进一步分析研究。

假设农业类上市公司各类收益率序列及沪深指数和工业指数序列是服从正态分布的，用 Jarque－Bera、Lilliefors、Cramer－von Mises、Watson 和 Anderson－Darling 方法分别对各序列进行检验。根据农业类上市公司各类收益率序列及沪深指数和工业指数序列值，由 Eviews6.0 统计分析软件求得每一种方法的统计值、调整值和超过调整值的概率如表 3－6 所示。

表 3－6　正态检验结果（2002 年 1 月 4 日～2010 年 12 月 31 日）

	检验方法	Jarque－Bera	Lilliefors（D）	Cramer－von Mises（W2）	Watson（U2）	Anderson－Darling（A2）
上证综指收益率	统计值	1400.8580	0.0658	3.4269	3.4238	20.0125
	调整值	—	—	3.4278	3.4247	20.0208
	概率	0.0000	0.0000	0.0000	0.0000	0.0000
深成指收益率	统计值	1305.9140	0.0737	3.3887	3.3856	20.1823
	调整值	—	—	3.3896	3.3865	20.1907
	概率	0.0000	0.0000	0.0000	0.0000	0.0000
农林牧渔指数	统计值	799.1782	0.0729	3.17497	3.1184	18.7004
	调整值	—	—	3.1758	3.1193	18.7082
	概率	0.0000	0.0000	0.0000	0.0000	0.0000
工业指数	统计值	1460.2500	0.0711	3.3149	3.3012	19.3950
	调整值	—	—	3.3158	3.3021	19.4031
	概率	0.0000	0.0000	0.0000	0.0000	0.0000
农业种植业等	统计值	953.1427	0.0826	4.5633	4.5456	26.1506
	调整值	—	—	4.5646	4.5468	26.1611
	概率	0.0000	0.0000	0.0000	0.0000	0.0000

续表

	检验方法	Jarque - Bera	Lilliefors (D)	Cramer - von Mises (W2)	Watson (U2)	Anderson - Darling (A2)
林业	统计值	430.9276	0.0649	2.6485	2.6483	15.7842
	调整值	—	—	2.6492	2.6490	15.7907
	概率	0.0000	0.0000	0.0000	0.0000	0.0000
渔业	统计值	682.9990	0.0668	3.3840	3.3819	20.0485
	调整值	—	—	3.3850	3.3828	20.0566
	概率	0.0000	0.0000	0.0000	0.0000	0.0000
畜牧业	统计值	815.9397	0.0687	3.3909	3.3621	19.5991
	调整值	—	—	3.3918	3.3630	19.6070
	概率	0.0000	0.0000	0.0000	0.0000	0.0000
农药化肥	统计值	111352.3000	0.0929	7.9311	7.8953	46.7753
	调整值	—	—	7.9330	7.8971	46.7920
	概率	0.0000	0.0000	0.0000	0.0000	0.0000
农副产品加工	统计值	909.0273	0.0765	3.8437	3.8042	22.3890
	调整值	—	—	3.8447	3.8052	22.3981
	概率	0.0000	0.0000	0.0000	0.0000	0.0000

根据表3-6，在以上五种检验方法中，无论使用哪种方法都拒绝了农业类上市公司各类收益率序列及沪深指数和工业指数序列服从正态分布的假定，因此不应用正态分布描述农业类上市公司各类收益率序列及沪深指数和工业指数序列。

在表3-6中，农业类上市公司各类收益率序列一致的显著低于整体市场收益率相应的统计值，说明与整体市场水平相比，农业类上市公司各类收益率序列偏离正态分布的程度明显弱于整体市场水平。

4. 厚尾性检验

通过收益率序列的QQ散点图来说明农业类上市公司各类收益率序列及沪深指数和工业指数序列的厚尾性。与正态分布相比，农业类上市公司各类收益率序列及沪深指数和工业指数序列的QQ散点图，如图3-1~图3-10所示。

从图3-1~图3-10可知，农业类上市公司各类收益率序列及沪深指数和工业指数收益率序列的QQ散点图表现出下端向下倾斜，其上端是向上翘起的，说明各收益率序列的分布是呈现尖峰态的，观察发现其尾部比正态分布的尾部厚；比较分析发现，上证综指收益率和工业指数收益率的右尾明显厚于左尾，而深成

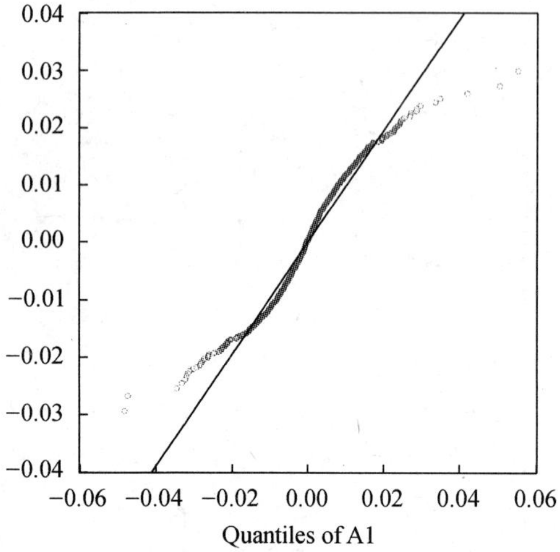

图 3－1　上证综指收益率

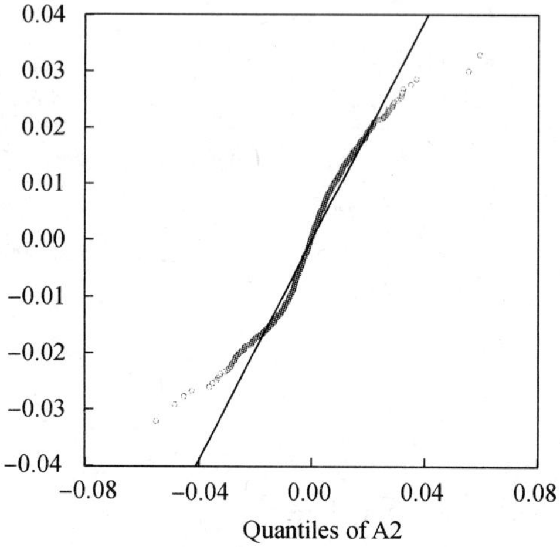

图 3－2　深成指收益率

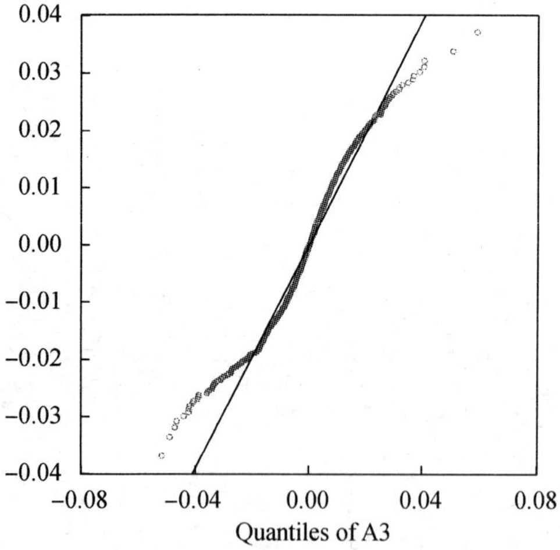

图 3－3　农林牧渔指数

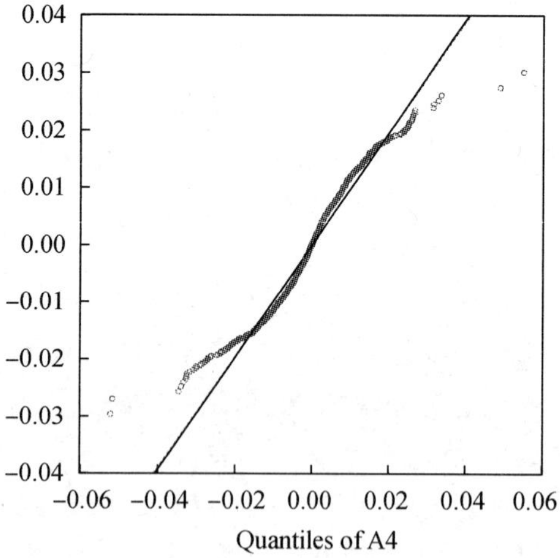

图 3－4　工业指数

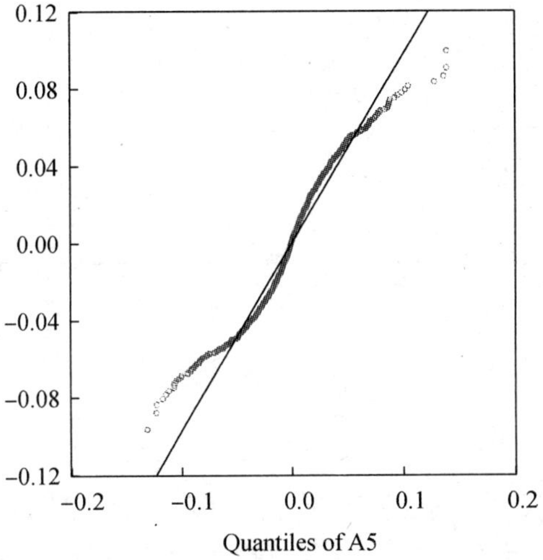

图 3-5 农业种植业等

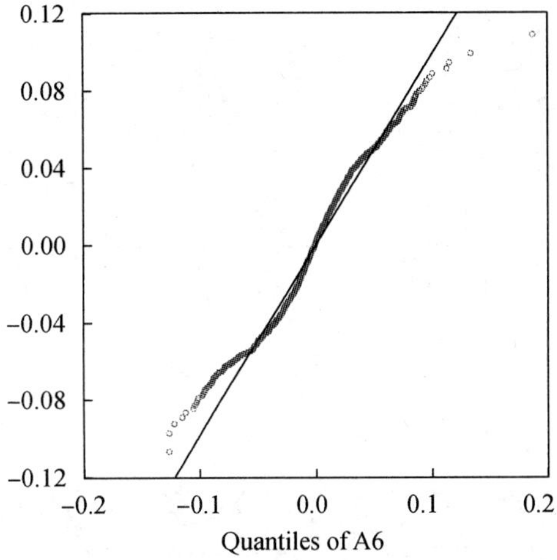

图 3-6 林业

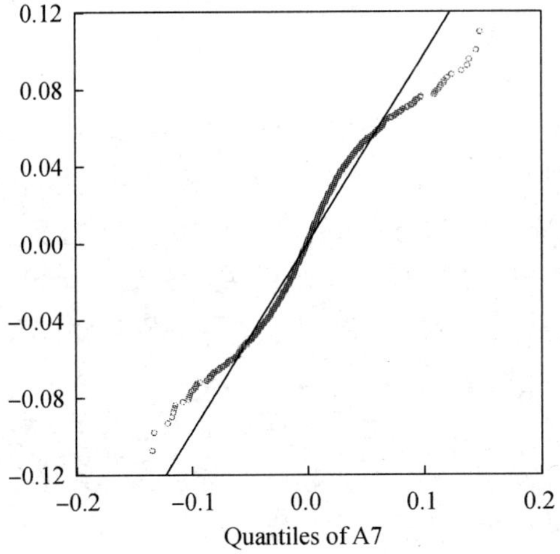

图 3-7 渔业

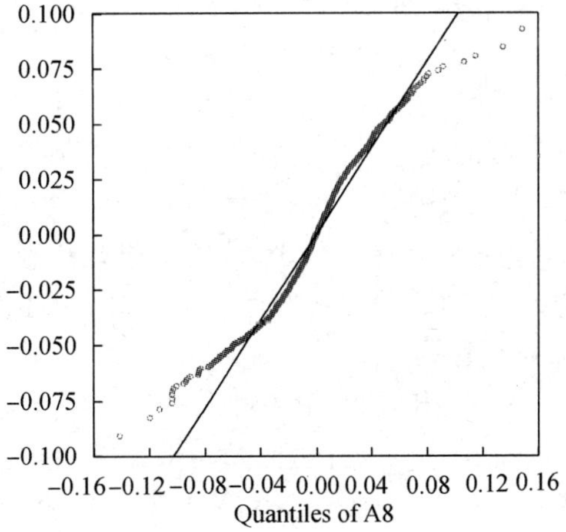

图 3-8 畜牧业

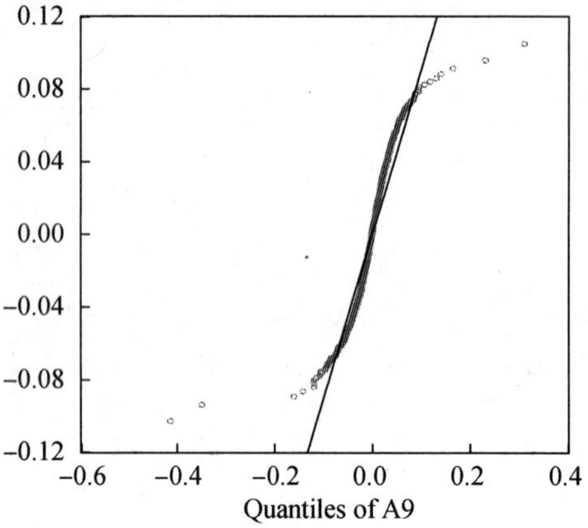

图 3-9　农药化肥

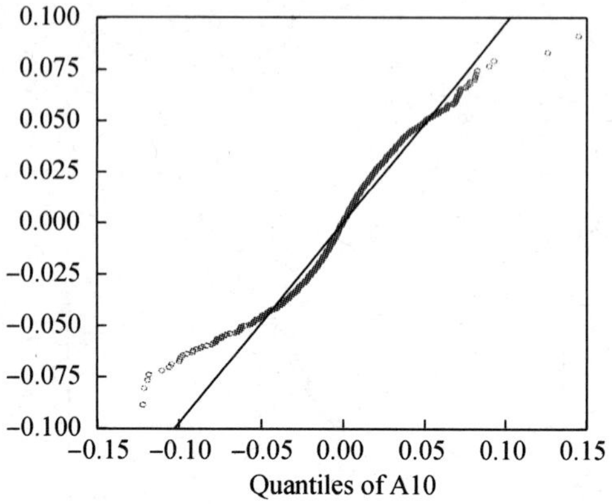

图 3-10　农副产品加工

指收益率和农林指数收益率的左右尾差异不大；而农业类上市公司的具体细类的收益率的分布差异比较显著。表明农业类上市公司各子行业对投资者的吸引力是不同的，即使都属于农业类上市公司，但是由于具体所属子行业的不同、公司的个体差异等原因而导致股票价格表现存在着差异。整体而言，这由农业类上市公司的特殊行业性质所决定，相比较其他行业而言，农业类上市公司除了存在整体市场风险以外还受到自然环境和国家政策的影响。

5. 平稳性检验

统计上伪回归现象经常发生，因此在对收益率进行回归分析时，为了避免这种现象的发生，先对收益率序列进行平稳性检验，验证了序列的平稳后进行建立模型。对序列进行平稳性检验的经典有效方法有很多，如 ADF 检验、PP 检验、DF-GLS 检验、KPSS 检验、ERS 检验和 NP 检验等。经验研究表示，简单的 AR (1)过程是对各时间序列 $\{R_t\}$ 的平稳性检验的基础。各序列 $\{R_t\}$ 的 AR (1) 过程为：

$$R_t = \alpha R_{t-1} + x_t^1 \beta + \varepsilon_t \tag{3-7}$$

其中，x_t 为外生回归向量，通常是由常数或常数和的趋势组成；α、β 为要进行估计的参数；ε_t 为误差项，一般被假设为白噪声。若参数 $\alpha \geqslant 1$，则序列 $\{R_t\}$ 为一个不平稳的序列，并且随着时间的增加该序列的方差是增加的并趋向于无穷；若参数 $\alpha < 1$，则序列 $\{R_t\}$ 为一个平稳序列或趋势平稳序列。因此，检验分析 α 的绝对值是否严格的小于 1 的过程实际就是对一个序列是否是平稳序列上的分析检验。已有的经典的平稳性检验主要有：ADF 检验、DF-GLS 检验、PP 检验、NP 检验和 ERS 检验。检验的原假设通常为H_0：$\alpha = 1$，即假设原序列

为非平稳序列即存在单位根，备择假设通常为 H_1：$\alpha<1$，即假设序列为平稳序列即不存在单位根。用不同的方法，在不同情况下，通常也会有相反假设的出现（高铁梅，2006）。

为了后文相关实证分析奠定基础，分别用上述检验方法对农业类上市公司各类收益率序列及上证指数、深证指数和工业指数收益率序列进行分析其平衡性，得到表 3 －7 和表 3 －8。

表 3 －7 上证综指收益率平稳性检验结果

检验方法		检验统计值	1% 临界值	5% 临界值	10% 临界值
ADF		－20. 0149	－3. 4338	－2. 8629	－2. 5676
DF －GLS		－1. 9520	－2. 5663	－1. 9410	－1. 6166
PP		－45. 7515	－3. 4338	－2. 8629	－2. 5676
KPSS		0. 2431	0. 7390	0. 4630	0. 3470
ERS		0. 1353	1. 9900	3. 2600	4. 4800
NP	MZA	－4. 6143	－13. 8000	－8. 1000	－5. 7000
	MZT	－1. 3771	－2. 5800	－1. 9800	－1. 6200
	MSB	0. 2984	0. 1740	0. 2330	0. 2750
	MPT	5. 6098	1. 7800	3. 1700	4. 4500

表 3 －7 和表 3 －8 列示了各收益率序列检验统计量的样本值。笔者在具体计算检验统计值时，使用 Eviews6. 0 软件分析，设外生回归量是含有常数和趋势项，采用软件里提供的缺少估计方法和滞后期；MacKinnon （1996） 单边临界值为 ADF 和 PP 的临界值，将 Elliott （1996） 的临界值作为 DF －GLS 和 ERS 的临界值，Kwiatkow －ski （1992） 的临界值为 KPSS 的临界值，Ng 和 Perron （2001） 的临界值为 NP 的临界值。

ADF 检验、DF －GLS 检验、PP 检验和 NP 检验 （采用 MZA、MZT 方法），理论上检验出的统计值和临界值均为负值，一般在给出的检验水平下，序列经检验的统计值小于临界值，就拒绝原假设，同时接受备择假设，即可以确定序列为平稳的序列，若序列经检验的统计值小于临界值，则接受原假设，即序列为非平稳序列。KPSS 检验，其检验统计值和临界值均为正值的，一般给出一定的检验水平下，序列经检验其统计值小于临界值，就接受原假设，同时拒绝备择假设，即可以确定序列为平稳序列，若序列经检验其统计值小于临界值则拒绝原假设，即序列为非平稳序列。ERS 检验和 NP 检验 （采用 MSB、MPT 方法），理论上检验统计值和临界值是为正值的，通常给出一定的检验水平下，若序列经检验的统

表 3－8　其他各类指数收益率平稳性检验结果

检验方法		深成指收益率检验统计值	农林牧渔收益率检验统计值	工业指数收益率检验统计值	农业种植业类收益率检验统计值	林业类收益率检验统计值	畜牧业收益率检验统计值	渔业收益率检验统计值	农药化肥类收益率检验统计值	农副产品加工类收益率检验统计值	1%临界值	5%临界值	10%临界值
ADF		－33.0590	－24.5576	－19.4274	－24.0188	－42.4247	－24.1599	－23.8218	－45.7310	－23.8678	－3.4338	－2.8629	－2.5676
DF－GLS		－2.5616	－3.5946	－2.0372	－3.1837	－5.7273	－2.2277	－2.7432	－2.4625	－2.1085	－2.5663	－1.9410	－1.6166
PP		－44.9903	－42.2309	－44.9414	－43.8190	－42.4357	－43.0322	－42.7233	－45.7516	－42.6965	－3.4338	－2.8629	－2.5676
KPSS		0.2638	0.2674	0.2489	0.4896	0.2835	0.4117	0.6838	0.4695	0.4447	0.7390	0.4630	0.3470
ERS		0.0538	0.0524	0.1599	0.0648	0.0331	0.0527	0.0737	0.0477	0.0806	1.9900	3.2600	4.4800
NP	MZA	－6.9526	－13.4478	－4.5997	－11.8517	－25.6044	－4.7210	－10.1716	－7.1636	－6.0497	－13.8000	－8.1000	－5.7000
	MZT	－1.7601	－2.5540	－1.3310	－2.3995	－3.5777	－1.5314	－2.2354	－1.8700	－1.7175	－2.5800	－1.9800	－1.6200
	MSB	0.2532	0.1899	0.2894	0.2025	0.1397	0.3244	0.2198	0.2610	0.2839	0.1740	0.2330	0.2750
	MPT	3.9018	1.9766	5.7101	2.2071	0.9581	5.2013	2.4888	3.5051	4.1228	1.7800	3.1700	4.4500

计小于临界值，就接受备择假设同时拒绝原假设，即可以确定序列为平稳序列，若序列经检验的统计大于临界值，就接受原假设，同时拒绝备择假设，即可以确定序列为非平稳序列（高铁梅，2006）。

从表3-7可知，上证综指收益率序列在1%的检验水平上，可以通过ADF、PP平稳性检验，在5%的检验水平下，可以通过DF-GLS平稳性检验，但未通过NP平稳性检验。

从表3-8可知，农业类上市公司各类收益率序列及深证指数和工业指数序列收益率序列，在1%的检验水平下，通过了ADF、PP平稳性检验，农林牧渔收益率、农业种植业类收益率、林业类收益率和渔业收益率序列在1%的检验水平下通过DF-GLS平稳性检验，其他在5%水平下通过DF-GLS平稳性检验，林业类收益率序列在1%水平下通过了NP平稳性检验，农林牧渔收益率、农业种植业类收益率和渔业收益率序列，在5%水平下通过了NP平稳性检验，除工业指数收益率和畜牧业收益率序列外，其他序列则在10%水平下通过了NP平稳性检验。

比较表3-7和表3-8，农业类上市公司各收益率序列平稳性检验的统计值显示都小于上证综指收益率序列平稳性检验的统计值，但部分农业类收益序列检验统计值高于深成指收益率序列。从整体而言说明农业类各收益率序列的平衡性较高，因此从这个角度考虑，可以认为农业类上市公司股票价格收益率的波动小于市场的整体水平，这样的结论仍与已有的研究文献（胡永宏，2008）相矛盾。

上述检验方法是在重要假设“ε_t误项的条件方差具有时不变性”下进行分析的。而农业类上市公司各类收益率序列及沪深指数和工业指数序列是否是平稳，将继续进行研究。

6. 集聚特征的检验

众多的研究文献都已证明股票价格收益率序列存在波动率集聚的特征，即波动率可能是在一些时间段上高，而在另一些时间段上低。

（1）基于日收益率序列的检验。经济类时间序列的方差有易变性和丛集性，这种变化可能归咎于经济领域尤其是金融市场的多变性，我们采用经典的GARCH（1，1）对农业类上市公司各子行业及工业指数、上证指数、深证指数波动聚类性进行检验，具体形式为：

$$\begin{cases} 均值方程: r_t = \alpha_0 + \alpha_1 \gamma_{t-1} + \varepsilon_t \\ 方差方程: \sigma_t^2 = v + \alpha\varepsilon_{t-1}^2 + \beta\sigma_{t-1}^2 \end{cases} \tag{3-8}$$

从表3-9可以看出，农业综合类及其子行业中除种植业以外的α_0为负，而市场整体水平及工业指数为正。在之前的基本统计研究中（见表3-1~表3-3）发现所有行业指数的平均收益率均为正，所以，笔者认为农业类上市公司的大部

表 3-9 GARCH（1，1）模型参数估计结果

	α_0	α_1	ϖ	α	β	$\alpha+\beta$
上证综指	0.0002	-0.0512	8.70E-07	0.0919	0.9004	0.9923
深证综指	0.0003	-0.0230	1.52E-06	0.0935	0.8911	0.9846
工业指数	0.0001	-0.0386	8.72E-07	0.0932	0.9001	0.9933
农业综合	-0.0003	0.0956	7.28E-07	0.1049	0.8933	0.9982
种植业	3.86E-05	0.0938	2.18E-06	0.0752	0.8950	0.9702
林业	-0.0003	-0.0252	1.49E-06	0.0821	0.9138	0.9959
畜牧业	-0.0006	0.0183	6.69E-06	0.1861	0.7428	0.9289
渔业	-0.0002	0.0141	2.92E-06	0.1021	0.8864	0.9885
农药化肥	-0.0002	0.3268	4.34E-07	0.1285	0.8741	1.0026
农副产品加工	-0.0002	0.0445	1.29E-06	0.0846	0.9064	0.9910

分收益来自对风险的补偿，较高的风险溢价抵消了负的无风险收益的影响。从表中列示的 β 值均大于0.7，说明我国股票市场存在严重的波动聚类性与持续性，这与已有的研究文献结论一致。在农业类上市公司各子行业中，表现最突出的是林业和农副产品加工业，最弱的是畜牧业，但是从农业行业整体看和市场总体水平相差不大。

α 反映股票价格的聚集性，从表中可以看出：农业类上市公司股票价格表现的聚集性要高于市场的整体水平，尤其在农业行业各子行业中畜牧业表现最为突出。

表3-9中 $\alpha+\beta$ 值除农药化肥外，其他各收益率序列 $\alpha+\beta$ 的数值都小于1，表示农业类上市公司各行业指数收益率同样具有有限方差，和市场整体水平没有太大的差异，其波动持续性不会持续下去，前期的波动对后期长期有影响最终会消除。农药化肥类的 $\alpha+\beta$ 值最大，表明此行业对新信息的吸收能力较弱，波动持续性很久，前期的波动对后期有很长期的影响，尽管最终会消除（唐璐，2008）。在农业类上市公司各子行业中，畜牧业 $\alpha+\beta$ 的值最小，笔者认为，从其自身特性去分析，相对其他农业类上市公司，畜牧业发展较为平稳，对新信息的吸收能力较强，波动持续性相对较短，前期的波动对后期的长期影响也相对较弱，这与我国对畜牧业政策支持与宏观调控分不开的。同时，我国畜牧业上市公司连接着养殖、产品加工和销售各个环节，其畜产品是日常生活消费品，其实物的价格变动及人们的消费状况都对该类上市公司的股票价格有着一定的影响（详细分析见第七章）。

（2）基于日内高频收益率序列的检验。经典 ARCH 类模型族显示，随着时

间的变化，金融市场中的波动也是变化的，从理论上讲，越是应用高频的数据得出的结论越是科学。高频数据即指在细小的时间间隔上抽取的观测值，金融中常指以日或更小的时间间隔抽取观察值。一般而言，金融市场上的信息是连续性影响证券价格变化过程，离散模型必然会造成信息的丢失，数据频率越低，则信息丢失就越多。高频数据目前由于是可以得到的，所以在市场微观结构实证研究的重要性受到广泛的关注。证券市场微观结构即证券市场的交易机制，是指证券交易价格形成与发现的过程与运作机制。市场微观结构理论主要有关于价格发现的模型及实证研究和关于市场结构与设计方面的理论研究与经济研究。证券流通市场的微观结构将影响市场价格波动、流动性以及潜在的投资者数量和交易量，这正是市场微观结构的意义所在，而高频数据分析是理解市场微观结构极为有效的手段之一。采用高频数据提供的丰富信息可以深入研究证券价格变化的动态特征、不同交易机制的价格发现效率、基于高频数据的市场有效性检验以及比较不同交易系统在价格发现方面的有效性等一系列问题（Tsay，2006）。

在日内数据收益率序列中存在明显的波动聚集现象，其本质在于，当前的波动冲击会影响几天的预期值，即较低的收益率会导致较低的收益率，而较高的收益率会导致较高的收益率。本书为了深入分析农业类上市公司股票价格的特征，选取了农业类上市公司中5只股票的日内高频数据为例，进行分析检验。高频时间期间为2009年5月的五分钟收盘价数据，该月一共有18个交易日。

表3－10　农业类上市公司样本股票5分钟高频收益率波动集聚性检验

上市公司	一阶自相关系数			二阶自相关系数			
	AC	Q－Stat	Prob	AC	PAC	Q－Stat	Prob
景谷林业	0.156	20.7760	0.000	－0.135	－0.300	124.520	0.000
农产品	0.144	16.9020	0.000	－0.155	－0.327	125.370	0.000
双汇发展	－0.070	4.0293	0.045	0.044	－0.303	217.890	0.000
顺鑫农业	0.025	0.5082	0.476	－0.020	－0.297	174.870	0.000
罗牛山	0.154	19.2800	0.000	0.034	0.011	20.253	0.000

从表3－10可以看出，在样本股票5分钟收益率序列中除了顺鑫农业以外存在明显的一阶自相关现象。由于收益率序列的自相关系数显著异于零，这些证实了农业上市个股的波动聚集特征，但是和已有的研究结论即随着滞后期数增加，收益率绝对值序列和平方序列的自相关系数并没有呈现衰减的现象，而是表现出一定的周期性变化（刘勇，2003）存在不一致的地方，通过检验，未发现周期性的变化。景谷林业、农产品和顺鑫农业股票收益率的一阶自相关系数都是正的，

而二阶则表现为负的，双汇发展股票收益率的一阶自相关系数是负的，而在二阶表现为正的，只有罗牛山股票收益率的一阶和二阶自相关系数均为正，这表明只有罗牛山股票的当前波动对未来波动有一个正的效应，而其他四家农业类上市公司股票则表现的效应不稳定。所有样本公司的 Q 统计量检验表明自相关系数总体是显著异于零的，这证明农业类上市公司中的样本股票收益率数据中存在明显的条件方差聚集现象，波动具有一定的持久性。

通过统计分析研究，得出如下结论：农业类上市公司各类收益率序列及上证指数、深证综合指数和工业指数序列收益率序列不是独立的，相反它们具有长期的相关性；各指数收益率不服从正态分布，而是具有尖峰厚尾性；各类指数收益率序列及上证指数、深证综合指数和工业指数序列收益率序列都具有一定的平稳性；且农业类各收益序列平稳性较强，略高于市场整体水平。经过整体分析，可以发现农业类上市公司股票收益率和整体市场水平存在一定的差异，其特征与行业特点是分不开的。通过运用日数据和样本公司的高频数据验证了农业类上市公司股票收益率存在波动聚集性的特征，但是具体表现因为公司个体的差异，表现的特征也存在着差异（罗牛山股票收益率序列在自相关系数中一阶和二阶均显著为正，而其他个股表现则各不相同）。

第二节　农业类上市公司股票价格的协整性特征

第一节对本书所选取的样本时间价格序列进行了基本的统计检验，对其基本统计特征有了系统的了解。为了进一步探讨农业类上市公司股票价格的特征表现，将深入检验其协整性。

关于股票市场的相关性和协整性问题国内外许多学者对此进行了研究。当然因为研究角度的不同、选取的样本不同、研究的具体对象不同及数据选取的时间段不同等诸多原因，导致了已有的研究结论不尽相同。

国内外学者对国外成熟资本市场之间的关系以及中国股市与国际股市的关系做了许多研究，但着重研究农业行业板块内子行业之间关系以及农业行业与其他行业板块指数直接的关系的研究并不多。有鉴于此，本节旨在以国内外目前的研究成果为基础，系统分析农业类上市公司股票价格的表现，并在此基础上从不同角度对中国股票市场价格行为在不同时期的相关性以及长期均衡特征和因果关系进行实证分析，以期找出农业类上市公司股票价格波动的运行规律。

通常，提到大农业，自然就会想到农、林、牧、渔等，那么，农业类上市公司各类子行业之间有无关系？关系的表现程度怎样？本节将对沪深两市农业类各子行业价格进行检验分析，试图找出它们之间的运行规律，从而为投资者、农业类上市公司的管理者提供有力的研究。

为了研究农业类上市公司的股票价格收益率与其他行业及市场总体水平的相关性，运用农业综合加权平均日收益率、上证综指、深证综指、工业指数及农业类上市公司各具体子行业的加权平均日收益率分析各行业股票价格收益率之间的内在关系。各行业指数之间的相关系数详见表3－11。

表3－11　各指数的相关系数

相关系数 相关概率	农业综合	上证指数	深证指数	工业指数	林业	农副产品加工	畜牧业	种植业	渔业	农药化肥
农业综合	1.0000									
上证指数	0.8250	1.0000								
	0.0000	—								
深证指数	0.8141	0.9408	1.0000							
	0.0000	0.0000	—							
工业指数	0.8307	0.9731	0.9268	1.0000						
	0.0000	0.0000	0.0000	—						
林业	0.8596	0.6781	0.6683	0.6879	1.0000					
	0.0000	0.0000	0.0000	0.0000	—					
农副产品加工	0.9357	0.8426	0.8319	0.8490	0.7629	1.0000				
	0.0000	0.0000	0.0000	0.0000	0.0000	—				
畜牧业	0.7865	0.6226	0.6179	0.6186	0.5755	0.6720	1.0000			
	0.0000	0.0000	0.0000	0.0000	0.0000	0.0000	—			
种植业	0.8214	0.6668	0.6458	0.6681	0.6403	0.7629	0.5634	1.0000		
	0.0000	0.0000	0.0000	0.0000	0.0000	0.0000	0.0000	—		
渔业	0.8750	0.7044	0.6892	0.7112	0.6906	0.8073	0.5758	0.6746	1.0000	
	0.0000	0.0000	0.0000	0.0000	0.0000	0.0000	0.0000	0.0000	—	
农药化肥	0.8791	0.7650	0.7705	0.7733	0.6985	0.8520	0.6192	0.6985	0.7403	1.0000
	0.0000	0.0000	0.0000	0.0000	0.0000	0.0000	0.0000	0.0000	0.0000	—

表3－11中报告了各指数的相关系数，发现各指数之间的相关系数差异很大，最大的是工业指数与上证指数之间系数为0.9731，最小的是种植业与畜牧业之间系数为0.5634，但是统计上全部都通过显著性检验，因此说明各指数之间具

有显著的相关关系。下面将通过 Johansen 检验方法分析来研究各指数之间的长期均衡关系。

一、实证结果及原因探讨

采用 Johansen 协整检验的迹统计量检验法对上证综合指数、深证综合指数和农业综合类指数、工业指数、农业内各子行业指数之间的协整关系进行检验，见表 3－12。

表 3－12　上证、深证和农业综合类指数、工业指数、农业内各子行业指数之间的协整关系检验

项目	H 零假设协整个数	特征根值	迹统计量		最大特征根检验	
			迹统计值	相伴概率	最大特征根统计量	相伴概率
所有农业类上市公司股票日平均价格序列与上证综合指数日价格序列	None	0. 1801	577. 0988	0. 0001	358. 1279	0. 0001
	At most 1	0. 1143	218. 9709	0. 0000	218. 9709	0. 0000
所有农业类上市公司股票日平均价格序列与深证综合指数日价格序列	None	0. 2009	635. 6694	0. 0001	404. 3366	0. 0001
	At most 1	0. 1204	231. 3328	0. 0000	231. 3328	0. 0000
所有农业类上市公司股票日平均价格序列与工业指数日价格序列	None	0. 1994	626. 1960	0. 0001	400. 8606	0. 0001
	At most 1	0. 1175	225. 3354	0. 0000	225. 3354	0. 0000
所有农业类上市公司股票日平均价格序列与林业类上市公司股票平均价格序列	None	0. 2024	693. 7168	0. 0001	427. 0750	0. 0001
	At most 1	0. 1316	266. 6418	0. 0000	266. 6418	0. 0000
所有农业类上市公司股票日平均价格序列与农副产品加工业上市公司股票平均价格序列	None	0. 2052	704. 3253	0. 0001	433. 8965	0. 0001
	At most 1	0. 1334	270. 4288	0. 0000	270. 4288	0. 0000
所有农业类上市公司股票日平均价格序列与农药化肥类上市公司股票平均价格序列	None	0. 2720	836. 6353	0. 0001	599. 5753	0. 0001
	At most 1	0. 1179	237. 0599	0. 0000	237. 0599	0. 0000
所有农业类上市公司股票日平均价格序列与畜牧业类上市公司股票平均价格序列	None	0. 1936	669. 6982	0. 0001	399. 2688	0. 0001
	At most 1	0. 1356	270. 4293	0. 0000	270. 4293	0. 0000
所有农业类上市公司股票日平均价格序列与渔业类上市公司股票平均价格序列	None	0. 1868	665. 4744	0. 0001	390. 3915	0. 0001
	At most 1	0. 1355	275. 0830	0. 0000	275. 0830	0. 0000
所有农业类上市公司股票日平均价格序列与种植业类等上市公司股票平均价格序列	None	0. 1782	640. 8777	0. 0001	370. 7623	0. 0001
	At most 1	0. 1332	270. 1155	0. 0000	270. 1155	0. 0000

由表 3－12 看到所有指数都能拒绝不存在协整的备择假设，也就是说能够接受至少存在一种长期的协整关系。表明农业类上市公司股票价格收益率序列的变动有导致上证综指和深证指数变动的作用。同时，农业类各子行业的股票价格收益率序列的变动也具有导致农业类综合收益率序列变动的作用。这一协整检验结果说明从指数协整角度考察农业类上市公司股票价格收益率序列在长期的范围内并没有出现异于工业指数的特性。笔者分析其中的原因可能为：

（1）因为选取的样本区间为 2002 年 1 月 1 日～2009 年 12 月 31 日，在样本区间内，我国政府为了扶持农业发展，给予了涉农企业很多惠农政策及补贴，这些政策的实施抵消了农业类上市公司弱质的状态，因此，未表现出异于工业指数的特点；

（2）农业类上市公司由于政策扶持和自身公司管理方面的改进及我国加入世界贸易组织以后，农业产品进出口环境的改善，使农业类上市公司往良性循环的方向发展。

二、Granger 因果关系检验

Granger 因果关系检验实质上是检验一个变量的滞后变量是否可以引入到其他变量方程中。一个变量如果受到其他变量的滞后影响，则称它们具有 Granger 因果关系。即如果一个事件 X 是另一个事件 Y 的原因，则事件 X 可以领先于事件 Y（高铁梅，2008）。对于资本市场而言，在同一市场内，一个行业指数和另一个行业指数互为对方的 Granger 原因，可以认为这两个指数是相互紧密联系在一起的。为了进一步验证本书所选指数之间的关系，笔者对上证、深证、工业指数与农业类上市公司日平均价格序列进行了 Granger 检验，如表 3－13 所示。

表 3－13　上证、深证、工业指数与农业类上市公司日平均价格序列的 Granger 检验结果（部分）

原假设	F 统计值	P
上证综合指数日价格序列不是所有农业类上市公司股票日平均价格序列的 Granger 原因	0.5282	0.4675
所有农业类上市公司股票日平均价格序列不是上证综合指数日价格序列的 Granger 原因	13.7247	0.0002
深证综合指数日价格序列不是所有农业类上市公司股票日平均价格序列的 Granger 原因	0.7246	0.3948
所有农业类上市公司股票日平均价格序列不是深证综合指数日价格序列的 Granger 原因	20.3836	0.0001

续表

原假设	F 统计值	P
工业指数日价格序列不是所有农业类上市公司股票日平均价格序列的 Granger 原因	0.3898	0.5325
所有农业类上市公司股票日平均价格序列不是工业指数日价格序列的 Granger 原因	30.1787	0.0000
畜牧业类上市公司股票日价格序列不是所有农业类上市公司股票日平均价格序列的 Granger 原因	0.1921	0.6612
所有农业类上市公司股票日平均价格序列不是畜牧业类上市公司股票日价格序列的 Granger 原因	0.3918	0.5314
种植业等上市公司股票日价格序列不是所有农业类上市公司股票日平均价格序列的 Granger 原因	9.2593	0.0024
所有农业类上市公司股票日平均价格序列不是种植业等上市公司股票日价格序列的 Granger 原因	3.2E－05	0.9955
种植业等不是林业上市公司股票日价格序列的 Granger 原因	30.6518	0.0000
林业不是种植业等上市公司股票日价格序列的 Granger 原因	1.2048	0.2725
畜牧业不是林业上市公司股票日价格序列的 Granger 原因	0.0474	0.8278
林业不是畜牧业上市公司股票日价格序列的 Granger 原因	9.7E－05	0.9921
上证指数不是林业上市公司股票日价格序列的 Granger 原因	0.5852	0.4444
林业上市公司股票日价格不是上证指数序列的 Granger 原因	6.5927	0.0103
深证指数不是林业上市公司股票日价格序列的 Granger 原因	0.0385	0.8444
林业上市公司股票日价格不是深证指数序列的 Granger 原因	8.2933	0.0040
工业指数不是林业上市公司股票日价格序列的 Granger 原因	0.0037	0.9518
林业上市公司股票日价格不是工业指数序列的 Granger 原因	16.3296	0.0001
畜牧业不是农副产品上市公司股票日价格序列的 Granger 原因	0.0284	0.8661
农副产品不是畜牧业上市公司股票日价格序列的 Granger 原因	0.9942	0.3189
上证指数不是农副产品上市公司股票日价格序列的 Granger 原因	0.1692	0.6809
农副产品上市公司股票日价格不是上证指数序列的 Granger 原因	7.2068	0.0073
深证指数不是农副产品上市公司股票日价格序列的 Granger 原因	0.3781	0.5387
农副产品上市公司股票日价格不是深证指数序列的 Granger 原因	13.3670	0.0003
工业指数不是农副产品上市公司股票日价格序列的 Granger 原因	0.2798	0.5969
农副产品上市公司股票日价格不是工业指数序列的 Granger 原因	21.3911	0.0000
畜牧业不是渔业上市公司股票日价格序列的 Granger 原因	0.0005	0.9820
渔业不是畜牧业上市公司股票日价格序列的 Granger 原因	0.6013	0.4382

续表

原假设	F 统计值	P
上证指数不是渔业上市公司股票日价格序列的 Granger 原因	1. 3247	0. 2499
渔业上市公司股票日价格不是上证指数序列的 Granger 原因	7. 6178	0. 0058
深证指数不是渔业上市公司股票日价格序列的 Granger 原因	1. 0599	0. 3034
渔业上市公司股票日价格不是深证指数序列的 Granger 原因	11. 6079	0. 0007
工业指数不是渔业上市公司股票日价格序列的 Granger 原因	0. 6419	0. 4231
渔业上市公司股票日价格不是工业指数序列的 Granger 原因	17. 3814	0. 0000
畜牧业不是种植业等上市公司股票日价格序列的 Granger 原因	2. 3901	0. 1223
种植业等不是畜牧业上市公司股票日价格序列的 Granger 原因	0. 0061	0. 9380
上证指数不是种植业等上市公司股票日价格序列的 Granger 原因	0. 0741	0. 7855
种植业等上市公司股票日价格不是上证指数序列的 Granger 原因	11. 5469	0. 0007
深证指数不是种植业等上市公司股票日价格序列的 Granger 原因	0. 6769	0. 4108
种植业等上市公司股票日价格不是深证指数序列的 Granger 原因	19. 3204	0. 0000
工业指数不是种植业等上市公司股票日价格序列的 Granger 原因	0. 5742	0. 4487
种植业等上市公司股票日价格不是工业指数序列的 Granger 原因	23. 5721	0. 0000
上证指数不是畜牧业上市公司股票日价格序列的 Granger 原因	1. 2612	0. 2616
畜牧业上市公司股票日价格不是上证指数序列的 Granger 原因	10. 6227	0. 0011
深证指数不是畜牧业上市公司股票日价格序列的 Granger 原因	0. 0236	0. 8780
畜牧业上市公司股票日价格不是深证指数序列的 Granger 原因	3. 9850	0. 0461
工业指数不是畜牧业上市公司股票日价格序列的 Granger 原因	0. 0009	0. 9764
畜牧业上市公司股票日价格不是工业指数序列的 Granger 原因	3. 1061	0. 0782

通过 Granger 因果关系检验，发现上证指数、深证指数和工业指数对农业类上市公司股票日平均价格序列变动有一定的因果关系，但是统计上不显著。从农业类上市公司子行业来看，上证指数、深证指数和工业指数与农业类子行业中林业、农副产品加工业、渔业、种植业和畜牧业存在单向的 Granger 因果关系，即上证指数、深证指数和工业指数是农业类子行业中林业、农副产品加工业、渔业、种植业和畜牧业的 Granger 原因，但是在统计上不显著。

农业类上市公司各子行业中，畜牧业与渔业、种植业、林业、农副产品加工业存在互为 Granger 因果关系，即畜牧业与渔业、种植业、林业、农副产品加工业的股票价格存在显著的相关关系，同涨同跌。

在考察其他指数关系时，还发现畜牧业上市公司股票日价格是农业类上市公司股票日平均价格序列的 Granger 原因，农业类上市公司股票日平均价格序列是种植业等上市公司股票日价格序列的 Granger 原因。

第三节 农业类上市公司股票收益非对称性的经验检验

关于资本市场的研究中，资产的向上运动通常伴随着比之程度更强的向下运动的结论被众多学者研究证实，这种现象被称为资产价格的“非对称特征”或“非对称效应”。

French 提出了波动反馈效应，研究发现连续出现的“利好”消息很可能会加大股票价格的未来波动，这反过来投资者对股票的预期回报将会提高，继而降低股票价格，这样就减弱了“利好”消息所产生的对股价波动的正向效应。与之对应的，“利空”消息的出现，导致股价下跌，该消息同时增加了股价的波动，波动一旦剧增会降低股票价格，这两种作用下，加大了“利空”消息所产生的对股价波动的负向效应。这两种现象表明，“利好”消息和“利空”消息在市场上多股价波动的影响显然具有不对称性，即使是相同程度的“利空”消息所产生的效应要比“利好”消息所产生的效应更大。农业类上市公司作为股票市场的一个特殊板块，其股票价格特征是否因为行业风险较大的特性，使其股票价格表现的非对称性特征更显著？本节运用经典的 ARCH 模型组进行深入验证分析。

为了研究农业类上市公司的股票价格表现的特性，由于篇幅所限，随机选取了 5 家农业类上市公司 2009 年 5 月共 18 个交易日 5 分钟高频数据的收益率作为研究样本。具体个股分别为景谷林业、罗牛山、农产品、双汇发展和顺鑫农业。

（1）股票每 5 分钟收益率采用对数差分的形式：

$$R_{it}=\ln(P_{it})-\ln(P_{it-1}) \tag{3-9}$$

其中，R_{it}和 P_{it}分别表示股票 i 在第 t 时刻的收益率和价格。

（2）股票交易量采用对数形式表示即：

$$V_{it}=\ln(Vol_{i}) \tag{3-10}$$

其中，Vol_{it}表示股票 i 在第 t 时刻的交易量。

根据式（1－1），对 5 家样本公司高频收益率的 TGARCH 模型参数进行了模型估计，具体结果如表 3－14 所示。

表 3-14　5 家样本公司高频收益率的 TGARCH 模型参数估计值

股票名称	δ	ω	α	γ	β
景谷林业	0.1769 (4.9511)	2.25E-07 (5.8371)	0.0789 (4.6212)	0.0866 (2.6265)	0.8318 (49.1331)
罗牛山	0.1988 (4.6800)	5.44E-07 (5.243100)	0.1729 (4.3286)	-0.0544 (-1.1441)	0.5942 (8.2379)
农产品	0.1793 (4.4189)	2.95E-07 (3.6055)	0.1056 (3.8121)	0.0375 (1.0797)	0.74262 (12.9971)
双汇发展	0.00465 (0.1084)	2.14E-07 (5.9391)	0.26916 (5.3250)	0.0008 (0.0115)	0.5541 (9.1875)
顺鑫农业	0.0634 (1.4019)	2.22E-07 (4.8746)	0.2155 (4.8120)	-0.1371 (-3.1478)	0.6385 (9.7343)

表 3-14 显示了 5 家样本公司高频收益率 TGARCH 模型参数估计值，我们发现景谷林业的 γ 值显著为正，农产品、双汇发展的 γ 值为正，但是不显著，说明景谷林业、农产品和双汇发展存在杠杆效应，其作用是使得波动加大，而顺鑫农业的 γ 值显著为负，罗牛山的 γ 值为负，但不显著，说明顺鑫农业和罗牛山存在的杠杆效应使得波动减小了。同样是农业类上市公司，其非对称特征存在很大的差别，这很可能是和公司本身的微观特性分不开。

我们运用 EGARCH 模型分析检验样本公司的非对称性特征的表现，数据见表 3-15。

表 3-15　5 家样本公司高频收益率的 EGARCH 模型参数估计值

股票名称	δ	α_0	α_1	β	γ
罗牛山	0.1694 (4.3946)	-4.2967 (-5.3536)	0.2650 (5.8231)	0.0767 (2.6364)	0.6872 (11.5808)
农产品	0.2006 (4.8197)	-1.8517 (-3.7396)	0.2543 (6.5747)	-0.0312 (-1.2909)	0.8729 (24.1640)
双汇发展	0.0090 (0.2278)	-3.6880 (-6.5625)	0.4972 (9.3695)	0.0089 (0.2532)	0.7604 (19.6604)
顺鑫农业	0.0868 (2.0965)	-2.6692 (-7.4750)	0.2935 (7.4888)	0.0940 (3.7864)	0.8222 (33.8107)
景谷林业	0.1708 (4.7757)	-1.1730 (-6.8453)	0.2527 (11.9084)	-0.0189 (-0.8156)	0.9208 (72.3540)

通过EGARCH模型分析检验，我们发现，景谷林业、农产品的β值为负，且0>β>-1，但是统计上不显著，说明景谷林业、农产品存在非对称性特征，而罗牛山、顺鑫农业的β值显著为正。所有5家公司的α_1值均在1%的水平显著为正，但是其数值都在0.2左右，说明样本公司股票GARCH效应明显，但是波动持续的时间不长。

资本市场交易量和价格变动之间的关系已被众多学者研究，而且大量的实证研究显示它们之间存在正相关。但是运用高频数据验证二者关系的文献却很少，高频数据表现的特征更为准确。

为了检验农业类上市公司股票交易量和价格变动的关系及检验其股票价格的非对称性特征，通过在EGARCH模型中加入交易量来分析交易量在股票价格非对称性特征表现的作用。分析所选个股5分钟高频交易量数据和高频收益率数据之间的相关系数，详见表3-16。

表3-16　交易量与收益率的相关系数

股票名称	景谷林业	罗牛山	农产品	双汇发展	顺鑫农业
Correlation	0.1929	0.1129	0.0252	0.0351	0.0426
Probability	0.0000	0.0012	0.4721	0.3188	0.2245

从表3-16发现景谷林业、罗牛山交易量和收益率之间存在显著的相关关系，而农产品、双汇发展和顺鑫农业其交易量与收益率的相关性不显著。

加入高频交易量变量进行分析，结果见表3-17。

表3-17　基于交易量的EGARCH（1，1）模型参数估计值

股票名称	δ	α_0	α_1	β	γ	λ
罗牛山	0.1146 (3.3163)	-19.8004 (-14.2900)	0.0971 (1.4713)	0.0227 (0.4890)	0.3368 (6.2563)	2.3200 (13.6961)
农产品	0.1301 (3.3830)	-11.0597 (-13.9781)	0.2054 (4.1828)	-0.0980 (-2.9062)	0.5815 (14.3345)	1.1290 (14.7424)
双汇发展	-0.0131 (-0.3140)	-5.3518 (-8.6345)	0.4107 (10.7185)	0.0159 (0.5302)	0.8031 (31.8743)	0.4721 (6.6025)
顺鑫农业	0.0052 (0.1480)	-17.1291 (-16.3120)	0.2423 (4.4275)	0.0551 (1.6091)	0.5808 (20.8977)	2.4068 (15.8525)
景谷林业	0.0766 (2.2801)	-19.0199 (-20.0608)	0.2223 (3.5088)	-0.0032 (-0.0748)	0.3813 (9.3190)	2.4465 (20.7223)

将交易量纳入 EGARCH 模型后检验结果表明：5 个样本公司的 α_1 值显著为正，和表 3－15 相比，其数值有所下降，其中罗牛山的 α_1 值明显下降，表明随着交易量加入方差方程，收益率波动持续性变小，条件异方差性的持续性大多数被交易量效应吸收了（王燕辉、王凯涛，2004）。但是，高频数据所表现的持续性要小于低频日数据；所有样本公司的 λ 值均显著为正，而且有 3 家公司数值都在 2 以上，可以认为所选农业类上市公司的交易量对收益率方差有很大的解释作用；农产品和景谷林业在加入交易量后，其 β 值的显著性增强，说明交易量增加了农产品和景谷林业股票价格的非对称性特征；但是，和已有的研究相比，发现农业类上市公司（从样本公司中发现）其并未因为农业行业的特殊性而使得其非对称性特征表现突出；相反，计算的 β 值有 3 家为正，说明农业类上市公司并没有像已有的研究文献所描述的那样农业类上市公司在资本市场表现出弱质的特征。

本章小结

本章对上证综指、深证综指、工业指数与农业类上市公司及其各子行业的股票价格收益率序列进行了基本统计检验，并对其相关性和协整性进行了统计分析，现就其基本统计特征归纳如下：

（1）从基本统计量、正态性、独立性、厚尾性、平稳性等特征来看农业类上市公司股票价格收益率与市场总体水平和工业行业差异不大。

（2）分别以日数据和个股的高频数据验证了农业类上市公司的聚集性特征，股票收益率数据中存在明显的条件方差聚集现象，波动具有一定的持久性。但是，即使是同一行业的上市公司，在集聚性的表现上也存在差异，笔者认为，股票价格特征的表现与上市公司本身的特性是存在紧密关系的，股票价格的信息含量比较大（详见第四章）。

（3）通过分析农业类上市公司与上证、深证及工业指数的协整关系，发现各指数的相关性很大，但是在分析农业类上市公司各子行业之间的相关性中，观测到种植业与畜牧业之间系数为 0.5634。同时协整检验结果说明从指数协整角度考察农业类上市公司股票价格收益率序列在长期的范围内并没有出现异于工业指数的特性。

（4）运用 TGARCH 和 EGARCH 模型分析了农业类上市公司中 5 家公司的高频收益率的非对称性特征，研究结果显示农业类上市公司（从样本公司中发现）

其并未因为农业行业的特殊性而使得其非对称性特征表现突出；相反，计算的 β 值有 3 家为正，说明农业类上市公司并没有像已有的研究文献所描述的那样农业类上市公司在资本市场表现弱质的特征。

第四章 农业类上市公司股票价格的同步性特征

股票价格的同步性特征已被多数研究文献所验证，为了进一步揭示农业类上市公司股票价格特征的内涵，本章从行业角度出发，以农业政策的发布为考察事件分析探讨农业类上市公司股票价格的同步性特征，分析验证惠农政策的实施对农业类上市公司产生的短期效应；同时与非农业类上市公司对农业政策产生的效应进行比较，找出差异和原因。从农业类上市公司股票价格信息含量的测度，探讨农业板块出现的同涨同跌的特性，从农业类上市公司本身挖掘原因，不但利于农业类上市公司在资本市场的健康发展，而且利于对农业股“偏好”和“厌恶”的投资者提供一个理论借鉴。

第一节 股票价格表现的同步性概述

股票价格同步性说法较早来自 Morck（2000）的文章，他定义了同步性的概念，即某个公司股票价格的变动与整体市场平均变动水平之间的相关度，通俗的说法就是“同涨共跌”现象，即资本市场里的多数股票价格表现出在一段时间内同时上涨或者同时下跌。Morck 的研究结论表明，股票价格表现的同步性越高，说明公司特有信息在股票价格中的含量越少；同时具体到公司，其个体差异表现得越少，违背了价格是价值的表现形式这一价值规律；从而站在价格的视角难以正确评价一个公司的盈利水平、发展前景以及管理质量等公司基本面的特点。

有关我国资本市场同步性的研究，很多学者也进行了深入的探讨。最典型的是游家兴（2007）对我国 1992 ~ 2004 年的重大政策出台及对股市的影响进行了系统研究，并发现：在研究样本期间，每次重大政策出台当日，股票市场价格波动都表现出非常明显的同涨共跌现象，同时上涨或者同时下跌的股票所占比例都达到90%以上。同时，笔者认为我国证券市场股票价格经常由于国家调控政策同涨共跌，受政策干预现象非常明显。

农业类上市公司一直以来被誉为农业企业的典范，同时，国家连续多年对农业行业给予政策扶持，因此，农业政策的出台是否能对农业类上市公司的股票价格产生影响？为了深入探讨农业类上市公司是否在资本市场健康发展，有必要分析农业类上市公司股票价格是否存在同步性特征？其表现与整体资本市场以及其他行业有什么差异？继而分析差异的原因何在。

第二节　农业政策对农业类上市公司股票价格的效应分析

众多学者研究发现，我国资本市场股票的价格，在国家出台宏观调控政策以后，无论在长期还是在短期都出现同涨共跌的现象，尤其是同行业或同板块的股票价格表现显著。本节引入了我国为了发展农业而出台的相关重要农业政策事件，以考察农业政策事件出台对农业类上市公司股票价格的影响。

农业是一国国民经济的基础，其基础地位的稳定，不仅关系到一国的经济是否稳定，而且关系到该国的政治是否稳定。为了发展和保护农业，我国政府已经采取了一系列强有力的保护措施，并制定了一系列扶持政策，这些扶持政策对我国农业的发展发挥着重要的作用。农业类上市公司作为农业企业中的佼佼者，政府给予了更多的扶持政策。尤其是中央关于“三农”问题连续几年出台的关于“三农”问题的“一号文件”，反映了国家对农业发展问题的重视。本书以农业行业角度为切入点，探究我国相关农业政策的宣布对农业类上市公司股票价格反应，着重分析是否因政府政策的出台而有投资者期望的利好影响。

国内外关于股票价格表现与政策之间关系的研究一直是很多研究者关注的重点问题，相关的文献很多。其比较典型的研究有 Yuli Su、Yewmun Yip 和 Rickie W. Wong（2002）对东南亚金融危机时香港特区政府的干预行为进行实证研究，研究发现政府行为不仅改变了股票市场的趋势，而且减少了价格波动的程度，政府在股票市场健康发展中扮演着重要的角色。

国家为取得经济的长期稳定发展必须调整和优化产业结构，提高产业素质。因此，国家的产业政策在长期发展政策中居于核心地位。产业政策的有效实施既需要其他经济政策的配合，也要求国民经济各部门按产业政策的总要求，相应调整各自职权范围内的政策措施。这样国家产业政策会对股市的长期发展有重要影响。然而，股票市场不一定全面地反映政策的方向和力度，吕继宏和赵振全（2000）研究发现，中国股票市场受政策的影响很大，市场上几次较大的异常波动都是由政府政策引起的，政策在短期内稳定市场的作用十分有限。许均华和李启亚（2001）对政府政策对股市波动的影响做过实证分析。分析结果表明，目前的连续性政策与我国股市之间存在正相关关系，但其解释程度较小；股市运行受短期性的政策事件影响较大，但政策事件对股市冲击作用在逐步弱化，股市政策调控趋于成熟。彭文平和肖继辉（2002）建立理论模型证明，由于股市政策内生的动态不一致性，政府运用股市政策不但不能稳定股市，反而会造成和加剧股市的波动。孙培源和施东晖（2002）研究结果表明，在政策干预频繁和信息不对称严重的市场环境下，我国股市存在一定程度的“羊群行为”，并导致系统风险在总风险中占有较大比例。汤新华（2003）从农业类上市公司这个特殊行业的角度出发以45家农业类上市公司为研究对象，采用统计分析与财务分析的方法，对1999～2001年政策扶持对农业类上市公司业绩的影响进行研究，发现农业类上市公司的业绩对政策扶持产生了巨大的依赖性。

吴振信和许宁（2006）建立了GARCH－M（1，1）模型，以研究利率、货币供应量与股价波动之间的关系。结果表明，利率波动与股价的关系和持续性影响都较弱，而货币供应量的波动对股价则表现出很强的联系性和持续性，从而验证了我国股市的资金市特征。徐晓光和黄国辉（2007）将我国近年来所发生的与股市有关的重大政策事件作为政策干预变量引入ARCH类模型，进行实证分析的结果表明，我国股价波动受政策因素的影响显著。为了规避我国股市政策性风险，必须转变政府在股市中的地位，调整股市的功能，完善股市的自律监管和信息披露机制等，保证我国股市的健康发展。宋玉臣（2007）分析了政府行为对股票市场的影响，对近年来我国政府调控股票市场的政策行为进行评价。股票市场对信息既存在过度反应，又存在反应不足的现象，政府调控股票市场必须考虑到股票市场这一信息反应特征。在一项调控政策出台之前，政府也不能完全把握该政策的市场反应程度，很多时候，一样的政策在不同的时间公布会产生不同的市场反应，这是股票市场有别于其他市场类型的显著特征。

世界各国股票市场发展的实践都表明，国家宏观政策的实施会对股票市场价格走势产生一定的影响，只是不同的市场对政策的敏感性和反应程度不同。

一、研究方法

本书的股票价格部分数据来自CCER数据库，部分财务数据来自金融界网站。日交易数据来自大智慧行情交易软件，收益率采取向后复权计算。

本书选取的样本是以《上市公司行业分类指引》为参考标准，选入A类即农业、林业、牧业、渔业的上市公司，以及参照现行的国家统计局工业普查的分类方法，按照以下标准来统计农业类上市公司：①上市公司所从事的主营业务为大农业类，主营业务收入与利润主要来自与农业相关的生产与经营，或者农业生产经营业务是企业的主要业务之一。②上市公司与农户或农村其他组织有直接的利益联动关系。本书统计的农业类上市公司或暂可列入农业类上市公司的企业截至 2009 年 12 月共有 102 家。

根据研究需要，本书剔除了三种情况的样本数据：①第 9 个中央“一号文件”发布之前长期停牌的股票。由于有些股票暂时退市，没有交易数据，无法计算其日收益率，因此剔除。②没有财务数据或财务数据残缺不全的数据。③第 9 个中央“一号文件”发布之前不满 150 个交易日的股票。剔除了这些样本之后，最后所得样本数量共有 83 个。

采用事件研究法来分析农业政策的宣布对涉农上市公司股价的影响，从而研究投资者是否在其中获得收益，也就是分析涉农上市公司股票是否存在超额收益。经济学家应用事件研究法的历史悠久。早在 1933 年 Dolley 就以美国 1921 ~ 1935 年股票拆分事件为样本进行研究。Ball 和 Brown（1968）的文章是第一篇最具代表性的研究，且创造出著名的“事件研究法”（Event Study），文章旨在探讨盈余宣告期间公司盈余变动（未预期盈余）与市场的报酬变动（异常报酬）之关联性。Fama 等（1969）利用事件研究红利增长的影响股本分拆的影响，后来利用事件研究法来研究证券市场的论文基本都是延续 FFJR（1969）文章的标准做法。笔者将标准的事件研究法应用于本书，事件研究法的具体步骤如下：

1. 事件的定义与事件窗口的选择

在事件分析过程中，关键问题就是识别出某一宏观公开信息事件与市场变化之间的关联关系，这样就需要排除两类因素的影响即除该宏观信息以外的其他多个信息对市场的共同作用及市场自身因素的影响。本书选取第 9、10、11 个中央“一号文件”的发布以及党的十七届三中全会决定的发布作为分析期内重大的农业政策事件，研究这些事件对农业类上市公司股票价格的影响。

（1）2007 年 1 月 29 日，《中共中央国务院关于积极发展现代农业扎实推进社会主义新农村建设的若干意见》公布，提出用现代物质条件装备农业，用现代科学技术改造农业，用现代产业体系提升农业，用现代经营形式推进农业，用现代发展理念引领农业，用培养新型农民发展农业。

（2）2008 年 1 月 30 日，《中共中央国务院关于切实加强农业基础建设进一步促进农业发展农民增收的若干意见》公布，提出要走中国特色农业现代化道路，建立以工促农、以城带乡长效机制，形成城乡经济社会发展一体化新格局。

（3）2008 年 10 月 9 ~ 12 日，党的十七届三中全会的《关于推进农村改革发展若干重大问题的决定》，使农村经济体制更加健全，城乡经济社会发展一体化体制、机制基本建立；现代农业建设取得显著进展，农业综合生产能力明显提高，国家粮食安全和主要农产品供给得到有效保障；农民人均纯收入比2008年翻一番，消费水平大幅提升，绝对贫困现象基本消除；农村基层组织建设进一步加强，村民自治制度更加完善，农民民主权利得到切实保障。

（4）2009年2月1日，中央“一号文件”再次关注“三农”，这是中央从2004年以来连续第六年将“一号文件”的落脚点锁定于“三农”领域，也是新中国成立以来决策层对“三农”的最长关注周期。

2. 估计窗口的选择

事件研究法为了估计正常收益率必须选取估计窗口。本书选取的估计窗口为选取的第9个中央“一号文件”发布前的180个交易日到中央“一号文件”发布前的20个交易日。选取160个交易日作为估计窗口的原因主要有两点：①160天的估计窗口已经能够正确地反映涉农上市公司不受政策事件影响的股票价格走势。②较长的估计窗口长度能保证涉农公司的股票价格不受涉农公司IPO时股票价格波动非常大的影响；选取发布前20个交易日的原因是为了避免在消息发布前，市场提前预期，对股票价格产生影响。

3. 计算超额收益率和累积超额收益率

（1）个股日收益率的计算。对于个股的日收益率的计算可以采用对数收益率和简单的算术收益率。本书采用的是算术收益率。

$$R_t = (P_t - P_{t-1})/P_{t-1} \tag{4-1}$$

其中，P_t为农业类上市公司股票在t时期的收盘价。如果存在分红送股，则采用向后复权的方式进行复权计算。

（2）指数日收益率的计算。对于指数日收益率的计算，使用下面的公式：

$$R_{m(t1,t2)} = Index_{t2}/Index_{t1} - 1 \tag{4-2}$$

（3）正常收益率的计算。运用事件研究法进行研究过程中，正常收益率的计算有很多种方法。为了研究的科学性，笔者分别采用市场模型、市场调整模型分别计算事件中的正常收益率。在已有的研究中对政策时间市场效应实证分析，采用市场调整模型的相对较多。由于篇幅限制，利用市场模型计算，其结果省略不予一一列示。

用市场模型估计正常收益率的公式：

$$R_{it} = \alpha_i + \beta_i R_{mt} + \varepsilon_i \tag{4-3}$$

其中，R_{mt}为上证综合指数或深证成分指数t时期的收益率。α_i和β_i为市场模型中常数项和斜率项在事件窗口的估计值。

用市场调整模型估计正常收益率的公式：

$$E[R_{it}|X_t]=R_{mt} \tag{4-4}$$

（4）事件产生的超额收益率、累积超额收益率的计算。超额收益率就是股票价格或其他证券价格在事件窗口期间的实际发生的收益率与该股票价格或其他证券价格在事件窗口期间的正常收益率；正常收益率是指在假定事件不发生的情况下，该证券价格在事件窗口期间的期望收益率。因此，股票或其他证券 i 在事件窗口期间第 t 日可得的超额收益率通过下式来计算：

$$AR_{it}=R_{it}-E[R_{it}|X_t] \tag{4-5}$$

其中，AR_{it}、R_{it}和 $E[R_{it}|X_t]$ 分别为股票或其他证券 i 在第 t 日的超额收益率、实际收益率和正常收益率。X_t 为信息集。在得到证券 i 在事件窗口期间第 t 日的超额收益率后，那么，该证券从起始日到第 T 日（含第 T 日）的累积超额收益率可通过下式来计算：

$$CAR_{iT}=\sum_{t}^{T}AR_i \tag{4-6}$$

4. 平均超额收益率和累积平均超额收益率的计算公式

如果一个证券投资组合包含了 N 种证券，则证券组合的平均超额收益率和累积平均超额收益率分别通过下面两式来计算：

$$AAR_t=\frac{1}{N}\sum_{t}^{T}AR_i \tag{4-7}$$

$$ACAR_T=\sum_{t}^{T}AAR_i \tag{4-8}$$

5. 累计平均超额收益率的检验：构造 T 统计量

$$T=\frac{AAR_t}{S(AAR_t/\sqrt{N})} \tag{4-9}$$

二、市场反应的实证结果分析

在本节将涉农公司与工业类部分上市公司按照不同事件点进行报告。笔者报告了四个事件窗口的超额收益率与累积超额收益率以及相应的检验统计量，并进行了对比分析。

表 4-1 给出了农业类上市公司及工业类部分上市公司在第一个事件窗口的市场反应。即从中央“一号文件”宣布前 17 个交易日到后 20 个交易日共 38 个交易日的超额收益率和累积超额收益率（因为由于事件发生的前 20 天涉及了跨年度，故在选取窗口长度的时候为了和我国年财务报表一致，只选取了事件发生前 17 天的窗口）。图 4-1 给出了农业类上市公司及工业类部分上市公司在第一个事件期的累积超额收益率走势。从表 4-1 可以看出，无论是农业类上市公司还是工业类上市公司，事件窗口从 -17 天到 -1 天，每天的平均超额收益率大多

表4－1　农业类上市公司及工业类部分上市公司在第一个事件窗口的市场反应

日期	农业类上市公司			工业类部分上市公司		
	平均超额收益	累积平均超额收益	T统计	平均超额收益	累积平均超额收益	T统计
－17	－0.0388	－0.0388	－10.0374	－0.0261	－0.0261	－2.0011
－16	0.0111	－0.0277	3.7256	0.0357	0.0096	1.9751
－15	0.0465	0.0189	12.9998	0.0335	0.0431	5.6754
－14	0.0112	0.0301	3.7036	－0.0007	0.0424	2.5133
－13	－0.0269	0.0031	－6.4386	0.0020	0.0444	2.7954
－12	0.0182	0.0213	5.6998	0.0118	0.0562	3.8791
－11	0.0246	0.0459	7.2888	0.0006	0.0569	0.0095
－10	0.0066	0.0525	1.4926	－0.0077	0.0492	0.7677
－9	－0.0020	0.0505	－0.5766	0.0012	0.0504	－0.3572
－8	0.0089	0.0593	2.2453	0.0055	0.0560	2.1132
－7	0.0229	0.0822	5.9033	0.0081	0.0641	1.6541
－6	0.0378	0.1200	7.7068	0.0133	0.0774	0.0009
－5	－0.0031	0.1169	－0.6727	0.0052	0.0826	－0.3213
－4	0.0012	0.1181	0.3150	0.0025	0.0851	0.0896
－3	0.0025	0.1207	0.6059	0.0006	0.0857	0.5764
－2	0.0056	0.1263	1.3844	0.0169	0.1026	1.0025
－1	－0.0016	0.1246	－0.3102	－0.0061	0.0964	0.2100
0	－0.0060	0.1187	－1.1046	－0.0005	0.0960	－0.9673
1	0.0167	0.1353	4.0109	0.0044	0.1003	2.7611
2	0.0245	0.1598	5.1901	0.0191	0.1195	3.3001
3	0.0078	0.1676	1.6367	－0.0164	0.1030	0.9972
4	0.0076	0.1753	2.0499	0.0025	0.1055	1.8969
5	0.0367	0.2119	8.1646	－0.0006	0.1050	3.1667
6	0.0301	0.2421	6.0141	0.0139	0.1189	5.1769
7	0.0027	0.2448	0.6465	－0.0136	0.1053	0.3567
8	－0.0007	0.2441	－0.1768	0.0060	0.1113	0.0021
9	0.0106	0.2547	3.5667	0.0080	0.1192	1.9676
10	0.0090	0.2637	2.3537	－0.0028	0.1164	2.1111
11	－0.0010	0.2627	－0.1780	0.0033	0.1197	－0.0085
12	0.0017	0.2644	0.4118	0.0059	0.1256	0.3212

续表

日期	农业类上市公司			工业类部分上市公司		
	平均超额收益	累积平均超额收益	T 统计	平均超额收益	累积平均超额收益	T 统计
13	-0.0065	0.2578	-1.7522	0.0044	0.1301	-2.1577
14	-0.0062	0.2516	-1.7950	0.0015	0.1316	-0.9695
15	0.0175	0.2691	4.9882	0.0134	0.1450	0.2579
16	0.0261	0.2952	5.7214	0.0195	0.1645	5.1613
17	0.0152	0.3105	2.9462	-0.0124	0.1521	-1.9536
18	0.0187	0.3291	3.8517	0.0128	0.1650	3.5107
19	0.0239	0.3530	4.1478	0.0006	0.1655	1.9501
20	0.0063	0.3593	1.8958	-0.0017	0.1638	-1.1009

注：由于事件发生的前20天涉及了跨年度，故在选取窗口长度的时候为了和我国年财务报表一致，只选取了事件发生前17天的窗口。

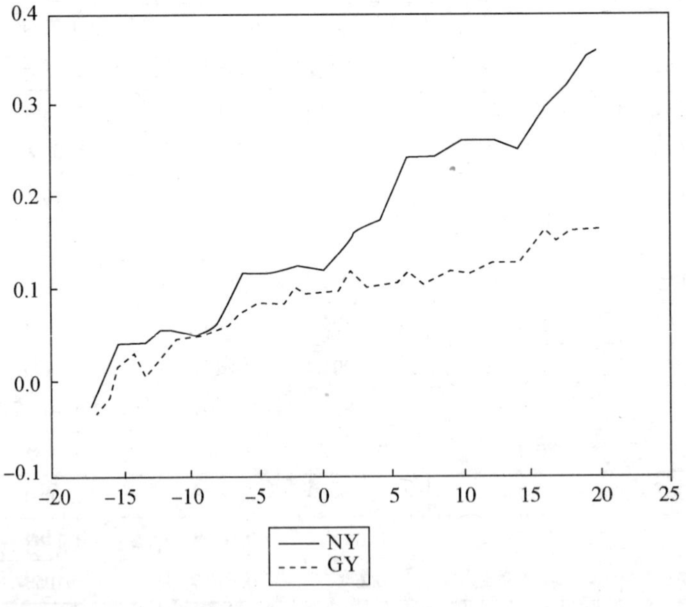

图4-1　农业类上市公司及工业类部分上市公司在第一个事件期的累积超额收益率走势

注：图中NY表示农业，GY表示工业。

为正值，从-17天到-1天相应的累积超额收益率即ACAR（-17，-1）达到了12.46%，农业类上市公司的T统计量在1%的显著性水平下显著；但是，工业类上市公司的显著水平较差。从T检验的结果来看，在“t = -16”、“t = -15”、“t = -14”、“t = -12”、“t = -11”、“t = -8”、“t = -7”、“t = -6”时，农业类上市公司的超额收益率都显著为正，说明了农业类上市公司的股价对农业政策宣布做出了提前反应，和工业类上市公司比较来看，工业类上市公司同样也受到农业类上市公司的影响，在部分窗口也存在反应。这可能是投资者对中央“一号文件”的出台都抱有良好预期，因此相应的投资者对农业类板块的提前炒作表现得愈演愈烈，农业类上市公司的股价大幅度上涨是投资者的积极预期所致。当然也不排除的原因是在股市中已经收到了政策宣布的消息，自然也会出现政策消息公布前的提前拉升的效应，这个结论与奉立城和胡永宏（2008）是一致的。

从图4-1中笔者也可以看出，农业类上市公司及工业类部分上市公司在中央“一号文件”宣布前17天至后20天的超额收益率和累积超额收益率运行。农业类上市公司的累积超额收益率从事件窗口的-15天开始显著，一直持续到-1天，并且从“t = -4”时起累积超额收益率表现出陡然上升的状况。在中央“一号文件”发布日的当天，平均超额收益率显著为正，这从行业板块的角度说明了中国证券市场在一定程度上信息的传递是有效率的。工业类上市公司的累积超额收益率虽然也处于上升的趋势，但是程度明显弱于农业类上市公司，这说明农业政策的实施对其他行业有一定波及效应，但是效应的大小明显小于农业行业。

表4-2 农业类上市公司及工业类部分上市公司在第二个事件窗口的市场反应

日期	农业类上市公司			工业类部分上市公司		
	平均超额收益	累积平均超额收益	T统计	平均超额收益	累积平均超额收益	T统计
-20	0.0087	0.0087	2.7697	-0.0003	-0.0003	-2.1257
-19	0.0406	0.0493	11.4043	0.0003	0.0000	1.9586
-18	0.0113	0.0607	2.4104	0.0026	0.0026	1.8988
-17	0.0072	0.0679	2.0216	-0.0001	0.0025	-1.0569
-16	0.0276	0.0954	6.6310	0.0010	0.0035	2.6319
-15	-0.0252	0.0703	-6.9668	-0.0053	-0.0018	-3.5792
-14	0.0382	0.1084	9.1662	0.0139	0.0121	7.2145
-13	-0.0146	0.0939	-4.6907	-0.0028	0.0093	-3.9137
-12	-0.0131	0.0808	-3.9454	-0.0069	0.0024	-3.5314
-11	0.0164	0.0972	4.9673	0.0102	0.0126	4.5136
-10	0.0363	0.1335	8.6385	0.0155	0.0281	4.8975
-9	0.0400	0.1736	7.8638	0.0228	0.0509	3.8572
-8	-0.0205	0.1531	-6.0773	-0.0019	0.049	-3.7792

续表

日期	农业类上市公司			工业类部分上市公司		
	平均超额收益	累积平均超额收益	T 统计	平均超额收益	累积平均超额收益	T 统计
-7	-0.0066	0.1465	-1.4579	-0.0003	0.0487	-0.9578
-6	0.0107	0.1571	2.0176	0.0009	0.0496	1.7809
-5	0.0075	0.1646	1.4224	0.0012	0.0508	1.0058
-4	0.0253	0.1899	6.4432	0.0012	0.0521	2.0312
-3	0.0463	0.2362	8.6078	0.0163	0.0683	3.6159
-2	-0.0256	0.2106	-6.6499	-0.0025	0.0658	-4.3795
-1	-0.0086	0.2020	-2.0453	0.0002	0.0660	1.4798
0	0.0091	0.2111	2.5975	0.0046	0.0706	2.1769
1	0.0130	0.2241	2.6309	0.0063	0.0769	1.5967
2	-0.0375	0.1866	-9.0716	-0.0013	0.0756	-2.3716
3	-0.0195	0.1671	-4.3441	-0.0161	0.0595	-2.1928
4	0.0062	0.1733	2.1436	-0.0003	0.0592	-1.1475
5	0.0196	0.1929	5.9663	-0.0007	0.0585	-3.9013
6	0.0220	0.2149	8.0754	0.0025	0.0610	5.1653
7	0.0104	0.2253	2.9422	0.0084	0.0694	1.9212
8	0.0248	0.2501	5.1398	0.0116	0.0810	2.1561
9	0.0263	0.2764	6.4502	-0.0003	0.0807	-2.4702
10	-0.0038	0.2726	-0.8808	0.0001	0.0808	0.8979
11	0.0376	0.3102	9.5676	0.0012	0.0820	6.5301
12	0.0232	0.3335	5.7934	0.0162	0.0982	3.6511
13	0.0091	0.3426	2.3128	0.0085	0.1067	2.0005
14	0.0037	0.3463	1.0479	-0.0061	0.1006	-0.0099
15	-0.0130	0.3333	-3.1815	-0.0050	0.0956	-2.9587
16	0.0108	0.3441	3.4155	-0.0002	0.0954	-3.1601
17	0.0204	0.3644	4.7902	0.0008	0.0962	2.5776
18	0.0054	0.3699	1.3348	0.0011	0.0973	1.1123
19	0.0256	0.3954	6.0853	0.0139	0.1112	3.7549
20	0.0308	0.4262	6.8342	0.0117	0.1229	5.5421

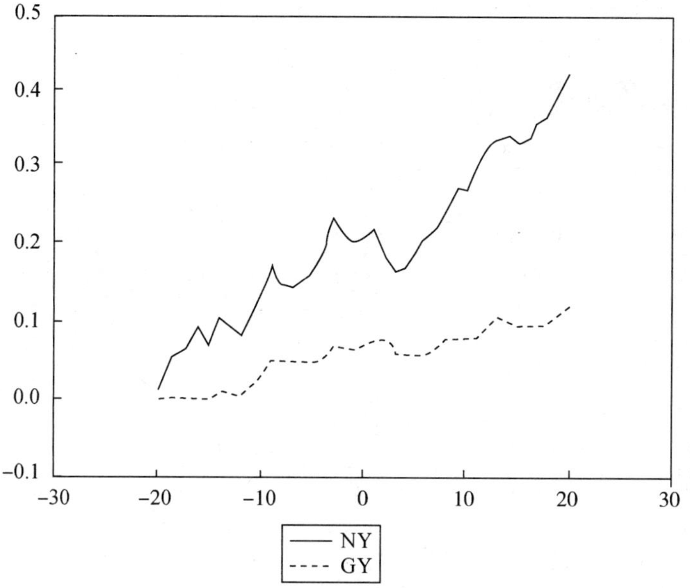

图4－2　农业类上市公司及工业类部分上市公司在第二个事件期的累积超额收益率走势

注：图中 NY 表示农业，GY 表示工业。

表4－2报告了农业类上市公司及工业类部分上市公司在第二个事件窗口的市场反应，即研究从2008年中央“一号文件”宣布前20个交易日到文件宣布后20个交易日股票价格表现的超额收益率与累积超额收益率，图4－2给出了农业类上市公司及工业类部分上市公司在第二个事件期的累积超额收益率走势。从表4－2所示的超额收益率来分析，农业类上市公司在惠农政策再次中央“一号文件”发布时，农业类公司受到了投资者的看好，显示出国家政策支撑的强大“财富效应”。从T检验的结果来看，超额收益率在事件窗口下多数显著性水平下显著为正。和事件一的效应一样，工业类上市公司同样存在政策效应的影响，但表现明显弱于农业行业。

由于农业类上市公司在不同的事件宣布反应差异比较大，所以，一一给出了第三个事件和第四个事件窗口的市场反应及累积超额收益率走势图。

表4－3　农业类上市公司及工业类部分上市公司在第三个事件窗口的市场反应

日期	农业类上市公司			工业类部分上市公司		
	平均超额收益	累积平均超额收益	T统计	平均超额收益	累积平均超额收益	T统计
－20	0.0101	0.0101	1.0521	0.0037	0.0037	0.0561
－19	－0.0012	0.0090	－0.1905	0.0012	0.0048	0.0121

续表

日期	农业类上市公司			工业类部分上市公司		
	平均超额收益	累积平均超额收益	T统计	平均超额收益	累积平均超额收益	T统计
-18	0.0289	0.0379	4.0640	-0.0023	0.0026	-2.2375
-17	-0.0102	0.0277	-1.5740	0.0011	0.0037	1.2007
-16	0.0008	0.0284	0.1502	0.0008	0.0044	0.0959
-15	-0.0237	0.0047	-4.2737	-0.0028	0.0017	-3.0598
-14	-0.0301	-0.0254	-4.4169	-0.0122	-0.0105	-2.1756
-13	0.0010	-0.0244	0.1962	-0.0021	-0.0126	-1.1692
-12	0.0009	-0.0235	0.2452	0.0023	-0.0103	1.7965
-11	0.0050	-0.0184	0.7280	-0.0007	-0.0110	-0.5529
-10	0.0089	-0.0095	1.4767	0.0174	0.0064	1.6526
-9	0.0124	0.0029	1.5621	0.0123	0.0187	1.6851
-8	0.0346	0.0374	3.6215	0.0225	0.0412	2.7767
-7	-0.0017	0.0357	-0.1957	-0.0177	0.0235	-0.2129
-6	-0.0198	0.0159	-3.3339	-0.0015	0.0220	-2.2581
-5	-0.0303	-0.0144	-5.5465	0.0148	0.0368	1.9566
-4	-0.0085	-0.0228	-1.4217	-0.0044	0.0324	-0.9799
-3	0.0172	-0.0057	2.2928	-0.0014	0.0310	-1.2564
-2	-0.0152	-0.0209	-3.2057	0.0001	0.0311	0.9985
-1	0.0160	-0.0049	1.2669	-0.0011	0.0299	-1.1658
0	0.0695	0.0646	5.6707	-0.0033	0.0266	-3.5708
1	-0.0077	0.0569	-1.4232	0.0035	0.0301	2.8553
2	0.0021	0.0591	0.2677	0.0055	0.0355	0.3001
3	-0.0048	0.0542	-0.5935	0.0062	0.0417	0.9566
4	-0.0279	0.0263	-3.8661	-0.0052	0.0365	-2.9307
5	-0.0055	0.0208	-0.7148	-0.0238	0.0127	-0.8078
6	-0.0052	0.0156	-0.9539	0.0124	0.0251	1.1126
7	-0.0131	0.0025	-2.2044	-0.0043	0.0207	-2.0009
8	-0.0017	0.0008	-0.2012	-0.0012	0.0195	-0.9546
9	0.0106	0.0114	1.8527	0.0062	0.0258	2.1101
10	0.0229	0.0343	4.0026	-0.0081	0.0176	-2.0061
11	-0.0015	0.0327	-0.2616	0.0047	0.0224	0.7807
12	0.0060	0.0387	0.6713	-0.0094	0.0129	-0.5962

续表

日期	农业类上市公司			工业类部分上市公司		
	平均超额收益	累积平均超额收益	T统计	平均超额收益	累积平均超额收益	T统计
13	0.0131	0.0518	2.5113	-0.0013	0.0116	-1.0585
14	-0.0096	0.0422	-1.9961	0.0026	0.0142	0.8996
15	-0.0038	0.0384	-0.5420	0.0001	0.0144	0.5765
16	-0.0131	0.0254	-2.3280	-0.0137	0.0007	-1.4512
17	-0.0131	0.0123	-1.8145	0.0097	0.0104	1.2321
18	-0.0078	0.0045	-1.5481	0.0027	0.0131	1.0563
19	-0.0056	-0.0011	-0.8630	0.0029	0.0160	0.9577
20	0.0043	0.0032	0.5507	-0.0042	0.0119	-0.9884

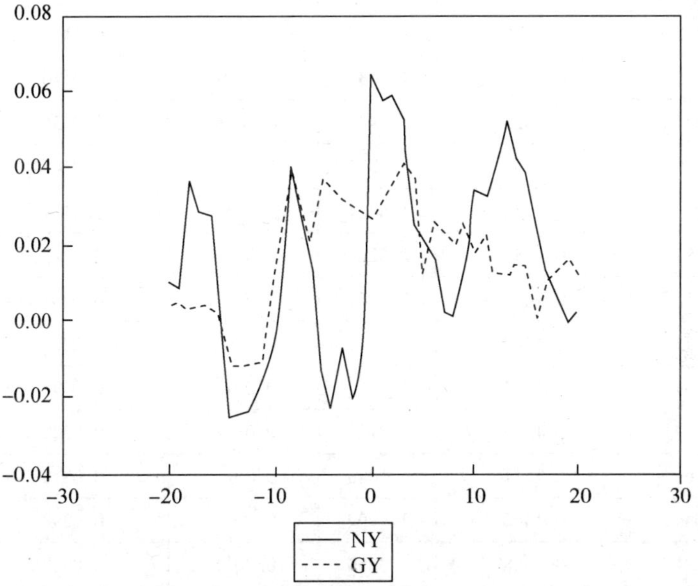

图4-3 农业类上市公司及工业类部分上市公司在第三个事件期的累积超额收益率走势

注：图中NY表示农业，GY表示工业。

从表4-3笔者发现在事件窗口三中“t=0”时，农业类上市公司的累积超额收益显著为正，说明存在显著的政策效应，但是从事件发生的前后40天整体考察，发现事件三并未存在提前反应的状况，累积超额收益率表现出随机游走的模式，并无规律可循。探究其原因，认为事件三不同于事件一、事件二和事件四，事件一、事件二、事件四都是中央“一号文件”的发布时间，而事件三是党的十七届三中全会发布相关惠农政策的决定，该政策的力度显著小于中央“一号文件”的力度。同样，工业类上市公司也没有表现出突出的效应反应，超额收益的数值更小。

表 4-4 农业类上市公司及工业类部分上市公司在第四个事件窗口的市场反应

日期	农业类上市公司			工业类部分上市公司		
	平均超额收益	累积平均超额收益	T 统计	平均超额收益	累积平均超额收益	T 统计
-20	0.0205	0.1357	4.0031	0.0117	0.0117	2.3120
-19	-0.0070	0.1287	-0.9643	-0.0016	0.0101	-0.5754
-18	-0.0034	0.1253	-0.5571	-0.0016	0.0085	-1.0061
-17	0.0173	0.1425	3.5280	0.0085	0.0170	0.9309
-16	0.0000	0.1425	0.0014	0.0001	0.0171	0.9596
-15	-0.0055	0.1370	-1.1432	-0.0001	0.0170	-1.0501
-14	-0.0047	0.1323	-1.2932	-0.0016	0.0154	-0.9867
-13	-0.0160	0.1163	-4.1317	-0.0009	0.0145	-3.8442
-12	0.0093	0.1256	1.8884	0.0052	0.0197	1.0171
-11	0.0087	0.1344	2.5221	0.0016	0.0213	2.1132
-10	0.0112	0.1456	3.1871	-0.0010	0.0203	-0.4763
-9	-0.0073	0.1383	-1.3074	-0.0001	0.0202	-0.1738
-8	0.0139	0.1522	3.5676	-0.0011	0.0191	-0.7275
-7	0.0152	0.1673	5.8773	0.0131	0.0322	3.3179
-6	-0.0162	0.1511	-5.1048	-0.0012	0.0310	-0.6747
-5	-0.0044	0.1466	-1.9999	-0.0013	0.0297	-0.4963
-4	0.0082	0.1548	2.3259	0.0011	0.0308	0.3144
-3	-0.0021	0.1334	-0.5335	-0.0005	0.0286	-0.2238
-2	0.0054	0.1388	1.2832	0.0015	0.0301	0.4187
-1	0.0012	0.1400	0.3598	0.0006	0.0307	0.2377
0	0.0045	0.1444	1.0286	0.0036	0.0343	0.8196
1	0.0237	0.1681	4.0409	0.0131	0.0474	1.7982
2	0.0156	0.1837	2.3702	0.0096	0.0570	0.9317
3	-0.0088	0.1750	-1.6964	0.0002	0.0572	0.3287
4	-0.0078	0.1671	-2.2502	-0.0023	0.0549	-0.7187
5	0.0147	0.1818	1.9946	0.0003	0.0552	0.3457

续表

日期	农业类上市公司			工业类部分上市公司		
	平均超额收益	累积平均超额收益	T统计	平均超额收益	累积平均超额收益	T统计
6	-0.0122	0.1696	-2.3331	0.0009	0.0561	0.5794
7	-0.0102	0.1594	-2.7358	-0.0053	0.0508	-0.9341
8	0.0198	0.1792	3.0100	0.0116	0.0624	0.9718
9	-0.0143	0.1650	-2.6330	-0.0043	0.0581	-0.8127
10	0.0021	0.1671	0.2807	0.0009	0.0590	0.5718
11	0.0103	0.1774	1.4986	-0.0001	0.0589	-0.2324
12	0.0005	0.1779	0.0780	0.0006	0.0595	0.4769
13	-0.0014	0.1765	-0.2118	0.0012	0.0607	0.8459
14	0.0142	0.1907	2.3443	0.0106	0.0713	1.1997
15	0.0078	0.1985	2.0622	0.0058	0.0771	0.8473
16	0.0165	0.2150	4.5186	0.0078	0.0849	1.0371
17	0.0153	0.2303	3.7866	0.0093	0.0942	1.0743
18	-0.0013	0.2290	-0.2439	-0.0001	0.0941	-0.0688
19	0.0278	0.2568	3.8731	0.0153	0.1094	2.1258
20	-0.0225	0.2343	-2.9854	-0.0021	0.1073	-1.8577

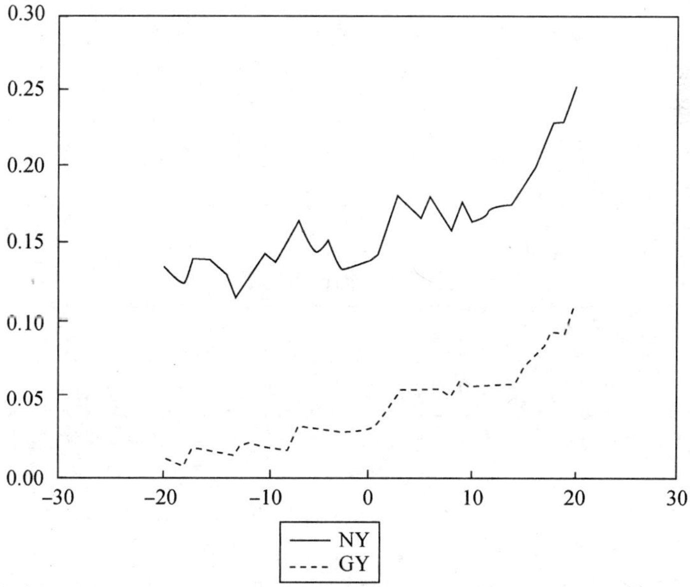

图 4-4 农业类上市公司及工业类部分上市公司在第四个事件期的累积超额收益率走势

注：图中 NY 表示农业，GY 表示工业。

表4－4的数据显示，在t＝－20、t＝－17、t＝－13、t＝－11、t＝－10和t＝－7时，都表现了显著的效应，说明国家在连续几年以中央“一号文件”形式发布惠农政策，并且在政策的实施过程中，农业类上市公司从中受益，因此人们对事件四的发生已经有了好的预期。从图4－4中笔者发现，累积超额收益是显著增加的，同时工业类上市公司保持了与农业类上市公司同步增加的趋势，再次证明了股票价格具有同步性的特征。但是从图形上可以看出，工业类上市公司表现的政策效应仍然低于农业类上市公司表现，这也说明了农业政策突出了惠及农业的特点。

总之，从图4－1～图4－4，笔者可以看出第一、二个事件和第四个事件的发生也就是中央发布分别在2007年、2008年、2009年3个“一号文件”，农业类上市公司存在着显著的累积超额收益率，而在第三个事件的发生也就是党的十七届三中全会的召开和相关政策的出台对涉农上市公司的股票价格起到一个利好政策推动的作用。

表4－5给出了农业类上市公司的第四个事件的累积超额收益率描述统计量，从中可以看出，所有农业类上市公司的累积平均超额收益率为25.45%，中位数为22.677%，标准差为21.15%，最大值达到了137.72%，而最小值则为－13.24%。有1个农业类上市公司的股票累计超额收益率低于或等于－10.33%，占了全部农业类上市公司的1%；有4个农业类上市公司的累积超额收益率不高于－5.53%，占了全部农业类上市公司的5%；累计超额收益率的下三分位点和上三分位点的累积超额收益率分别为13.53%和22.67%，说明了有一半的农业类上市公司所反映的累积超额收益率集中在这个范围内波动；90%百分点和99%百分点的累积超额受益率分别为48.52%和81.78%。

表4－5　描述统计量

样本数	均值	标准差	最大值	最小值	1%百分点
80	0.2545	0.2115	1.3772	－0.1324	10.33%
5%百分点	25%百分点	50%百分点	75%百分点	90%百分点	99%百分点
5.53%	13.53%	22.67%	22.67%	48.52%	81.78%

表4－6给出了农业类上市公司第四个事件窗口不同分组情况的ACAR（－20,20）。将农业类上市公司按照不同交易所分别分为深圳交易所与上海交易所；按照具体主营业务分为农林牧渔类与农副产品加工及农药化肥类的上市公司；按照上市公司所处的地区分为东部发达地区上市公司与中西部欠发达地区上

市公司：按照总股本大小将样本分为高股本公司与低股本公司，分别比较高股本组的超额收益率与累积超额收益率。

表 4－6　农业类上市公司在第四个事件窗口的累计超额收益率按不同分组情况的比较

分类方法	不同组别	均值	标准差	最小值	25%百分点	50%百分点	75%百分点
按不同交易所分类	上交所	0.2754	0.2204	－0.1324	16.16%	25.79%	36.40%
	深交所	0.1865	0.1717	－0.0712	7.32%	17.80%	33.17%
按具体主营业务分类	农林牧渔	0.2019	0.1835	－0.1324	7.32%	18.78%	31.40%
	农副产品加工及农药化肥	0.2879	0.2267	－0.1297	17.52%	27.93%	36.79%
按上市公司所处的地区分类	东部发达地区	0.2466	0.1869	－0.1324	10.57%	24.01%	38.19%
	中西部欠发达地区	0.2144	0.1216	－0.0089	13.33%	19.93%	31.55%
按总股本大小分类	高股本组	0.2038	0.1639	－0.1324	11.32%	18.77%	33.87%
	低股本组	0.2543	0.1722	－0.1297	14.82%	25.03%	37.70%

三、不同组别农业类上市公司市场反应比较分析

在接下来的这部分内容中，分析考察不同特征的涉农公司对政策市场反应的差异性。将所有涉农公司按照一定的标准分为不同的组别，再分别依次分析不同组别之间的超额收益率与累积超额收益率之间存在的差别，并据此得出一些结论。

1. 沪市、深市农业类上市公司的比较

按照农业类上市公司上市的交易所将涉农上市公司分成两组，一组为上海交易所上市的涉农公司，另一组为深圳交易所上市的涉农公司。这样分组的原因是为了检验沪深两市涉农公司在中央“一号文件”发布，股票超额收益率是否存在不同的反应。

表 4－7、表 4－8 分别列示了在不同交易所上市的农业类上市公司在第一个事件窗口和第二个事件窗口的超额收益率与累积超额收益率，同时运用 T 统计量进行了检验。图 4－5、图 4－6 分别描述了在不同交易所上市的涉农公司的第一个事件窗口和第二个事件窗口的累积超额收益率运行走势。

从表 4－7 笔者可以看出，在深圳交易所上市的农业类上市公司在第一个事件点的 ACAR1（－17，－1）达到了 13.95%，但在统计上不显著。从这 17 个交易日看，有 6 个交易日为负，11 个交易日为正，并且在“t＝－16、－15、－14、－12、－11、－8、－7、－6”时超额收益率显著为正。但是，在政策发布的当天，

表4-7 沪市、深市农业类上市公司在第一个事件窗口的比较

日期	深市农业类上市公司			沪市农业类上市公司		
	平均超额收益	累积平均超额收益	T统计	平均超额收益	累积平均超额收益	T统计
-17	-0.0446	-0.0446	-11.3282	-0.0267	-0.0267	-2.6964
-16	0.0130	-0.0316	3.8015	0.0065	-0.0203	0.9643
-15	0.0485	0.0170	12.2003	0.0407	0.0204	4.5158
-14	0.0095	0.0265	3.1118	0.0199	0.0403	2.1605
-13	-0.0322	-0.0058	-7.4756	-0.0155	0.0248	-1.3126
-12	0.0242	0.0184	7.7100	-0.0029	0.0219	-0.3790
-11	0.0263	0.0447	7.5748	0.0208	0.0427	2.1585
-10	0.0096	0.0544	1.8389	-0.0018	0.0409	-0.1811
-9	-0.0004	0.0540	-0.0937	-0.0146	0.0263	-1.7940
-8	0.0128	0.0668	2.9214	-0.0065	0.0198	-0.7225
-7	0.0223	0.0891	4.8665	0.0213	0.0411	2.5086
-6	0.0466	0.1357	8.1784	0.0160	0.0571	1.7562
-5	-0.0050	0.1307	-0.9195	-0.0001	0.0570	-0.0067
-4	-0.0028	0.1279	-0.5988	0.0146	0.0716	2.0692
-3	-0.0007	0.1273	-0.1394	0.0166	0.0881	1.7100
-2	0.0095	0.1367	1.9571	-0.0038	0.0843	-0.4739
-1	0.0028	0.1395	0.4376	-0.0159	0.0684	-1.6537
0	-0.0057	0.1338	-0.8587	-0.0041	0.0643	-0.3888
1	0.0178	0.1516	3.4394	0.0158	0.0801	2.0798
2	0.0279	0.1795	5.3958	0.0065	0.0866	0.5845
3	0.0086	0.1881	1.4054	0.0032	0.0898	0.4352
4	0.0091	0.1972	1.9779	0.0062	0.0960	0.8873
5	0.0406	0.2378	7.3889	0.0331	0.1292	4.6161
6	0.0304	0.2682	4.8513	0.0338	0.1630	3.9393
7	-0.0035	0.2647	-0.7534	0.0218	0.1848	3.9393
8	0.0021	0.2667	0.4435	-0.0069	0.1779	-0.9013
9	0.0100	0.2767	3.0221	0.0127	0.1906	1.5826
10	0.0048	0.2815	1.0803	0.0140	0.2046	2.0649
11	0.0016	0.2831	0.2278	-0.0086	0.1960	-0.7195
12	0.0020	0.2850	0.4017	-0.0061	0.1898	-0.8096

续表

日期	深市农业类上市公司			沪市农业类上市公司		
	平均超额收益	累积平均超额收益	T 统计	平均超额收益	累积平均超额收益	T 统计
13	-0.0074	0.2776	-1.7736	-0.0099	0.1800	-1.1553
14	-0.0062	0.2714	-1.4993	-0.0060	0.1740	-0.7780
15	0.0151	0.2865	3.5840	0.0235	0.1975	3.2818
16	0.0239	0.3104	4.4934	0.0387	0.2362	4.6148
17	0.0156	0.3261	2.8341	0.0222	0.2584	1.5557
18	0.0198	0.3459	3.6038	0.0159	0.2743	1.2775
19	0.0229	0.3688	3.6477	0.0347	0.3091	2.2831
20	0.0095	0.3783	2.5711	0.0012	0.3103	0.1755

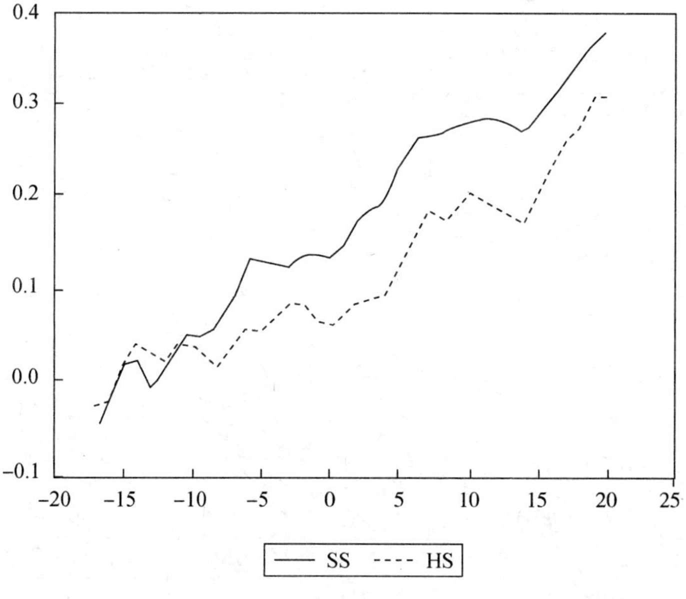

图 4-5　沪市、深市农业类上市公司在第一个事件期的累积超额收益走势

注：图中 SS 表示深市，HS 表示沪市。

超额收益率却是负值，不过，从统计上看不显著。上海股票交易所的涉农公司表现的结果类似。这些结果说明了两市涉农公司中央“一号文件”发布前投资者已经过早地进行了好的预期，在很大程度上消化了政策效应，市场提前做出了反应。但是，从事件的整个窗口来看，深市的涉农上市公司表现的政策效应明显强于上市的涉农上市公司的表现。图 4 - 5 显示了不同交易所涉农上市公司对政策的不同反应。说明，即使是相同的行业，由于在不同的市场，其表现也存在差异。

表 4 - 8　沪市、深市农业类上市公司在第二个事件窗口的比较

日期	深市农业类上市公司			沪市农业类上市公司		
	平均超额收益	累积平均超额收益	T 统计	平均超额收益	累积平均超额收益	T 统计
-20	0.0030	0.0030	0.3903	0.0107	0.0107	2.9726
-19	0.0394	0.0424	4.4707	0.0411	0.0518	10.3850
-18	0.0076	0.0501	0.4468	0.0129	0.0647	3.4616
-17	0.0155	0.0656	1.7635	0.0049	0.0696	1.2023
-16	0.0089	0.0745	1.0901	0.0352	0.1048	7.3518
-15	-0.0244	0.0501	-2.8395	-0.0256	0.0792	-6.1368
-14	0.0248	0.0750	2.5510	0.0443	0.1235	9.5742
-13	-0.0143	0.0606	-1.7303	-0.0156	0.1079	-4.5567
-12	-0.0025	0.0582	-0.3055	-0.0166	0.0913	-4.4560
-11	0.0048	0.0630	0.8746	0.0200	0.1113	4.8644
-10	0.0322	0.0952	3.4930	0.0402	0.1516	8.3227
-9	0.0233	0.1185	3.1465	0.0482	0.1998	7.6638
-8	-0.0274	0.0911	-3.3850	-0.0181	0.1817	-4.6771
-7	-0.0078	0.0833	-1.3700	-0.0059	0.1758	-0.9830
-6	-0.0030	0.0804	-0.2773	0.0153	0.1910	2.3814
-5	-0.0033	0.0771	-0.3211	0.0132	0.2042	2.0886
-4	0.0137	0.0908	2.0821	0.0297	0.2339	6.0253
-3	0.0316	0.1224	2.0821	0.0515	0.2854	8.4099
-2	-0.0292	0.0933	-6.4848	-0.0243	0.2611	-4.7759
-1	-0.0111	0.0822	-1.3555	-0.0081	0.2530	-1.5648
0	0.0074	0.0896	1.0535	0.0105	0.2635	2.4692
1	0.0252	0.1148	3.3343	0.0102	0.2737	1.6367
2	-0.0299	0.0849	-4.1897	-0.0410	0.2327	-7.9153
3	-0.0169	0.0679	-1.4003	-0.0206	0.2121	-4.1878
4	0.0000	0.0680	0.0014	0.0080	0.2201	2.3379
5	0.0159	0.0839	2.8723	0.0207	0.2408	4.9463
6	0.0239	0.1078	3.3778	0.0222	0.2630	7.3934
7	-0.0050	0.1028	-0.7267	0.0167	0.2798	4.1065
8	0.0363	0.1391	3.8129	0.0223	0.3020	3.7904

续表

日期	深市农业类上市公司			沪市农业类上市公司		
	平均超额收益	累积平均超额收益	T统计	平均超额收益	累积平均超额收益	T统计
9	0.0242	0.1633	3.5627	0.0282	0.3302	5.4320
10	-0.0093	0.1541	-1.1050	-0.0037	0.3265	-0.7123
11	0.0308	0.1849	3.6356	0.0422	0.3687	9.3817
12	0.0135	0.1984	1.6609	0.0275	0.3962	5.7044
13	0.0085	0.2069	0.9592	0.0085	0.4047	1.8361
14	0.0079	0.2148	1.5388	0.0026	0.4073	0.5640
15	-0.0130	0.2018	-1.5115	-0.0121	0.3952	-2.4739
16	0.0084	0.2102	1.4223	0.0129	0.4081	3.3064
17	0.0361	0.2463	2.5481	0.0163	0.4244	4.4239
18	-0.0134	0.2329	-1.5941	0.0128	0.4372	2.7813
19	0.0261	0.2590	3.7016	0.0270	0.4642	5.0975
20	0.0299	0.2889	2.9353	0.0308	0.4950	5.8342

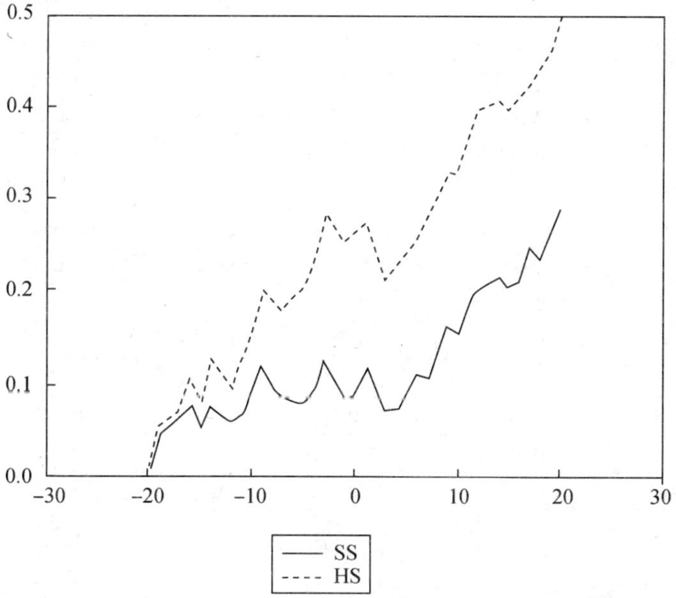

图4-6 沪市、深市农业类上市公司在第二个事件期的累积超额收益走势

注：图中SS表示深市，HS表示沪市。

表4-8中，在第10个中央“一号文件”发布前后，对不同市场的涉农上市公司的影响差异更大。从整个事件窗口来看，上市的涉农上市公司对政策的反应

比较显著，在中央“一号文件”发布的当天其超额收益率达到了1.05%，而且是显著为正的。而深市的涉农上市公司只有0.74%，而且统计上不显著。图4-6反映出，在中央“一号文件”发布的前后几天，两市的涉农上市公司的反应表现出相反的状态，但从整个事件窗口来看，两市的走势是一致的。ACAR1（-17，20）内，深市的数值达到28.89%，沪市的数值达到49.5%，并且是显著为正。

2. 农业类上市公司农林牧渔类上市公司与农副产品加工及农药化肥类上市公司的比较

将农业类上市公司按照依托自然农业的程度分为农林牧渔类与农副产品加工及农药化肥类。按照事件窗口进行比较分析，详见表4-9、表4-10。

表4-9　农林牧渔类上市公司与农副产品加工及农药化肥类上市公司在第一个事件窗口的比较

日期	农林牧渔类			农副产品加工及农药化肥类		
	平均超额收益	累积平均超额收益	T统计	平均超额收益	累积平均超额收益	T统计
-17	-0.0473	-0.0473	-9.5637	-0.0378	-0.0378	-6.6026
-16	0.0122	-0.0352	2.7033	0.0148	-0.0231	3.8930
-15	0.0424	0.0073	8.9884	0.0510	0.0280	9.0249
-14	0.0172	0.0245	3.3655	0.0057	0.0336	1.4820
-13	-0.0273	-0.0028	-4.2248	-0.0308	0.0029	-5.5224
-12	0.0119	0.0091	2.0572	0.0236	0.0265	6.6652
-11	0.0251	0.0342	5.0145	0.0234	0.0500	4.7012
-10	-0.0024	0.0318	-0.4174	0.0147	0.0646	2.0861
-9	-0.0070	0.0248	-1.5235	-0.0007	0.0639	-0.1336
-8	0.0139	0.0387	1.9746	0.0055	0.0693	1.0958
-7	0.0298	0.0685	4.8338	0.0172	0.0865	3.2387
-6	0.0339	0.1024	3.9282	0.0461	0.1326	7.2795
-5	-0.0007	0.1018	-0.1059	-0.0069	0.1258	-0.9553
-4	0.0001	0.1019	0.0178	0.0017	0.1275	0.3030
-3	0.0040	0.1059	0.6844	-0.0018	0.1257	-0.3042
-2	0.0091	0.1150	1.2497	0.0011	0.1267	0.2548
-1	-0.0034	0.1115	-0.4401	0.0010	0.1278	0.1239
0	-0.0048	0.1067	-0.4884	-0.0033	0.1244	-0.4718
1	0.0174	0.1241	3.2187	0.0156	0.1400	2.3496
2	0.0195	0.1436	2.5980	0.0279	0.1679	4.3772
3	0.0076	0.1512	0.9118	0.0090	0.1769	1.3814
4	0.0048	0.1560	0.6647	0.0121	0.1890	2.7364
5	0.0343	0.1902	4.2436	0.0440	0.2330	8.0251

续表

日期	农林牧渔类			农副产品加工及农药化肥类		
	平均超额收益	累积平均超额收益	T 统计	平均超额收益	累积平均超额收益	T 统计
6	0.0404	0.2306	5.9118	0.0257	0.2587	3.2792
7	0.0077	0.2384	1.1432	-0.0033	0.2554	-0.5637
8	0.0019	0.2403	0.2330	-0.0006	0.2548	-0.1699
9	0.0087	0.2490	1.8541	0.0109	0.2656	2.5868
10	0.0142	0.2632	2.0560	0.0015	0.2671	0.3719
11	-0.0142	0.2490	-1.8500	0.0098	0.2769	1.0875
12	0.0004	0.2494	0.0467	-0.0007	0.2762	-0.1503
13	-0.0114	0.2380	-1.7309	-0.0071	0.2691	-1.6317
14	-0.0070	0.2310	-1.5800	-0.0044	0.2647	-0.7804
15	0.0199	0.2508	3.7465	0.0136	0.2783	2.8013
16	0.0284	0.2793	4.1208	0.0250	0.3034	3.8819
17	0.0338	0.3130	3.8645	0.0065	0.3099	1.0109
18	0.0256	0.3386	2.7585	0.0131	0.3229	2.2419
19	0.0393	0.3780	3.4576	0.0155	0.3385	2.5222
20	0.0049	0.3828	0.8685	0.0063	0.3447	1.6781

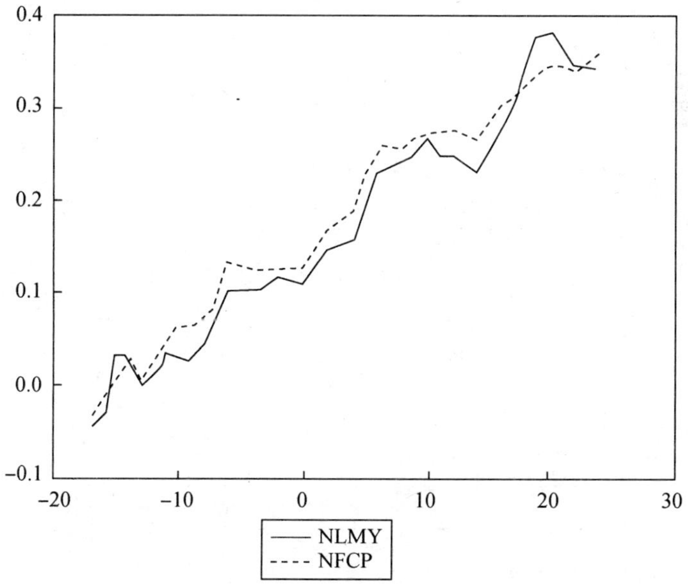

图 4-7　农林牧渔类上市公司与农副产品加工及农药化肥类上市公司在第一个事件期的累积超额收益走势

注：图中 NLMY 表示农林牧渔类，NFCP 表示农副产品加工及农药化肥类。

表4－9给出了农林牧渔类上市公司与农副产品加工及农药化肥类上市公司在第一个事件窗口表现的累积超额收益率ACAR（－17，20）、平均超额收益率以及相应的T统计量。图4－7给出了相应的累计超额收益率走势。从表4－9中可以看出，农林牧渔类上市公司与农副产品加工及农药化肥类上市公司在中央"一号文件"宣布前后共38个交易日里，对政策是反应差异不大，都能反映出政策的短期效应。从走势图可以看到，农副产品加工及农药化肥类上市公司的累积超额收益率要略高于农林牧渔类上市公司的累积超额收益率。但是，值得注意的是，在中央"一号文件"发表前后两天，农林牧渔类上市公司的超额收益率反而是负的，并且在统计上不显著，笔者认为主要原因是投资者对政策的预期效应已提前释放，导致在发布日前后并没有强烈的效应表现。

表4－10　农林牧渔类上市公司与农副产品加工及农药化肥类上市公司在第二个事件窗口的比较

日期	农林牧渔类			农副产品加工及农药化肥类		
	平均超额收益	累积平均超额收益	T统计	平均超额收益	累积平均超额收益	T统计
－20	0.0104	0.0104	1.4430	0.0106	0.0106	2.2262
－19	0.0115	0.0219	7.4967	0.0397	0.0503	8.2571
－18	0.0107	0.0326	2.3321	0.0123	0.0626	1.5499
－17	0.0105	0.0431	2.3485	0.0038	0.0664	0.7310
－16	0.0102	0.0533	3.0635	0.0323	0.0987	6.2062
－15	0.0091	0.0624	－5.5118	－0.0229	0.0758	－4.2529
－14	0.0104	0.0728	5.8957	0.0354	0.1112	6.9189
－13	0.0095	0.0823	－3.2929	－0.0136	0.0976	－3.3313
－12	0.0101	0.0924	－0.5643	－0.0210	0.0767	－5.0830
－11	0.0112	0.1036	3.1879	0.0130	0.0897	3.6699
－10	0.0114	0.1150	7.3068	0.0260	0.1157	5.9657
－9	0.0099	0.1249	5.1153	0.0437	0.1593	6.1778
－8	0.0089	0.1338	－3.1361	－0.0196	0.1397	－4.9888
－7	0.0099	0.1437	－1.3075	－0.0043	0.1354	－0.7997
－6	0.0107	0.1544	0.4316	0.0161	0.1515	2.3638
－5	0.0110	0.1654	0.9813	0.0114	0.1629	1.5038
－4	0.0111	0.1765	3.8704	0.0240	0.1869	4.7820
－3	0.0104	0.1869	5.1295	0.0458	0.2327	6.2783
－2	0.0088	0.1957	－3.6322	－0.0222	0.2105	－5.6495

续表

日期	农林牧渔类			农副产品加工及农药化肥类		
	平均超额收益	累积平均超额收益	T统计	平均超额收益	累积平均超额收益	T统计
-1	0.0105	0.2063	-1.8437	-0.0059	0.2047	-1.0175
0	0.0117	0.2179	1.4030	0.0102	0.2148	2.4222
1	0.0118	0.2297	4.5163	0.0010	0.2158	0.1475
2	0.0108	0.2405	-4.3447	-0.0441	0.1717	-7.9206
3	0.0130	0.2535	-4.4825	-0.0117	0.1600	-1.8520
4	0.0156	0.2690	1.8883	0.0035	0.1636	0.8930
5	0.0160	0.2850	3.2257	0.0186	0.1822	5.0252
6	0.0156	0.3006	5.0932	0.0220	0.2042	5.9461
7	0.0150	0.3156	1.8753	0.0116	0.2158	2.5218
8	0.0153	0.3309	3.6465	0.0184	0.2342	3.5111
9	0.0136	0.3446	3.7283	0.0263	0.2605	5.1791
10	0.0126	0.3572	-0.6955	-0.0041	0.2564	-0.7350
11	0.0144	0.3716	7.5355	0.0346	0.2911	6.8722
12	0.0112	0.3828	2.1423	0.0285	0.3196	6.4568
13	0.0104	0.3932	0.4261	0.0124	0.3320	2.1616
14	0.0116	0.4048	0.7571	0.0037	0.3357	0.7524
15	0.0128	0.4176	-1.7084	-0.0119	0.3238	-2.1427
16	0.0176	0.4352	2.1068	0.0116	0.3354	2.8567
17	0.0190	0.4542	3.0716	0.0235	0.3589	3.5465
18	0.0197	0.4738	-0.0262	0.0106	0.3695	1.8053
19	0.0296	0.5035	5.3135	0.0214	0.3909	3.6264
20	0.0270	0.5305	3.7347	0.0318	0.4227	5.1676

表4-10给出了农林牧渔类上市公司与农副产品加工及农药化肥类上市公司在第二个事件窗口的累积超额收益率数值，从表中发现，其结果明显不同于第一个事件的表现，在中央“一号文件”发布前20个交易日里，农副产品加工及农药化肥类上市公司的超额收益率显著高于农林牧渔类上市公司的超额收益率，在“t=-3”时，其累积平均超额收益率已经达到了23.27%，而且在统计里是显著为正的，而农林牧渔类上市公司此时的累积平均超额收益率为18.69%，这其中的可能原因是，大多数农副产品加工及农药化肥类公司在中央“一号文件”发布前投资者都预期惠农政策以及2008年的雪灾都会对该类公司产生影响，投资者

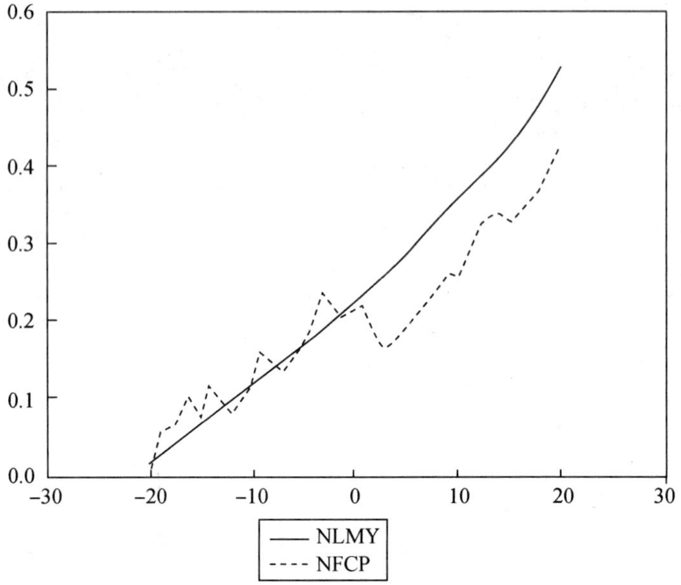

图 4－8　农林牧渔类上市公司与农副产品加工及农药化肥类上市公司在第二个事件期的累积超额收益走势

注：图中 NLMY 表示农林牧渔类，NFCP 表示农副产品加工及农药化肥类。

对农副产品加工及农药化肥类公司盈利能力抱有很大的信心。同时，该类上市公司的风险要小于农林牧渔类上市公司的风险，从规避风险的角度，投资者会对该类上市公司产生偏好。

但是在中央“一号文件”出台后的几个交易日内，农副产品加工及农药化肥类上市公司对政策反应却明显弱于农林牧渔类上市公司，笔者认为，主要原因是文件发布以后，根据惠农的具体政策，基础农业受益程度要强于农副产品加工业和农药化肥行业，故在政策发布后，农林牧渔类上市公司表现了很强的反应。考察整个事件窗口，发现 41 个交易日内，农林牧渔类上市公司的累积平均超额收益率达到了 53.05%，农副产品加工及农药化肥类上市公司累积平均超额收益率达到了 42.27%，低于同期的农林牧渔类上市公司的累积收益率 10.78%。图 4－8 中也能清晰地看到两者的差异与走势。

3. 东部发达地区与中西部欠发达地区的比较

由于我国经济发展水平存在东部和西部有着较大差异的现象，不同地区上市公司的发展会受到当地经济发展和政府支持程度的影响，并且，新经济地理学认为，地理位置和历史优势是企业发展的基本条件，国家虽然以中央“一号文件”的形式支持农业等的稳步发展，但是因为地区差异的存在，从农业类上市公司股票价格的溢价及股票交易的货币形态都可以看到这一点。同时也可以看到，不同地区的上市公司在资本市场上遵守的规则是一致的，所以对于这些公司而言，中央“一号文件”的宣布，不仅表现在东部发达地区，而且也表现在中西部欠发达地区。同时，有研究（罗忠洲和谢之辰，2011）表明，我国东部和中部大部分省份存在股市的财富效应，而西部只有少数省份存在股市的财富效应，这一结论反映了我国东西部地区间经济发展水平和股市参与程度的巨大差异。因此，将涉农公司分为东部发达地区上市公司与中西部欠发达地区上市公司，来比较两组之间在政策宣布事件的发生时其股票价格变动的差异。

表 4－11　东部发达地区上市公司与中西部欠发达地区上市公司在第一个事件窗口的比较

日期	东部			中西部		
	平均超额收益	累积平均超额收益	T 统计	平均超额收益	累积平均超额收益	T 统计
－17	－0.0393	－0.0393	－9.7536	－0.0469	－0.0469	－5.0839
－16	0.0134	－0.0259	3.8951	0.0121	－0.0348	2.1653
－15	0.0484	0.0225	11.4308	0.0442	0.0094	5.5490
－14	0.0108	0.0333	2.7593	0.0107	0.0200	2.1320
－13	－0.0263	0.0070	－4.9209	－0.0321	－0.0120	－4.3655
－12	0.0166	0.0236	4.1350	0.0208	0.0088	3.6130
－11	0.0231	0.0467	5.9833	0.0281	0.0368	3.6374
－10	0.0101	0.0568	1.8785	0.0001	0.0369	0.0055
－9	－0.0031	0.0537	－0.7658	－0.0047	0.0322	－0.5947
－8	0.0078	0.0615	1.5548	0.0113	0.0435	1.5419
－7	0.0172	0.0787	3.6273	0.0333	0.0768	4.3283
－6	0.0419	0.1206	6.8297	0.0359	0.1127	3.6996
5	－0.0075	0.1130	－1.3741	0.0050	0.1177	0.4903
－4	0.0031	0.1162	0.6426	－0.0030	0.1147	－0.3983
－3	0.0023	0.1185	0.4236	0.0009	0.1155	0.1411
－2	0.0052	0.1237	1.2818	0.0028	0.1183	0.2985
－1	－0.0035	0.1202	－0.5092	0.0045	0.1228	0.4645
0	－0.0096	0.1105	－1.6379	0.0082	0.1310	0.5987
1	0.0176	0.1282	3.6072	0.0131	0.1442	1.4207
2	0.0187	0.1469	3.5038	0.0353	0.1794	3.4510
3	0.0114	0.1583	1.9907	－0.0024	0.1770	－0.2255
4	0.0057	0.1640	1.1446	0.0161	0.1931	2.5906
5	0.0338	0.1978	7.3166	0.0529	0.2460	4.7473
6	0.0389	0.2367	7.6552	0.0137	0.2597	1.0540

续表

日期	东部			中西部		
	平均超额收益	累积平均超额收益	T 统计	平均超额收益	累积平均超额收益	T 统计
7	0.0057	0.2424	1.1582	-0.0067	0.2530	-0.7118
8	-0.0021	0.2403	-0.5544	0.0054	0.2584	0.4872
9	0.0078	0.2481	2.2487	0.0152	0.2735	2.4122
10	0.0048	0.2529	1.3053	0.0113	0.2848	1.1619
11	-0.0083	0.2446	-1.7750	0.0172	0.3020	0.9718
12	0.0062	0.2508	1.5081	-0.0157	0.2863	-1.5308
13	-0.0061	0.2447	-1.6489	-0.0153	0.2710	-1.6938
14	-0.0054	0.2393	-1.1894	-0.0058	0.2652	-0.9314
15	0.0191	0.2584	4.6933	0.0135	0.2787	1.6392
16	0.0314	0.2897	5.3545	0.0150	0.2937	2.2960
17	0.0156	0.3054	2.8439	0.0219	0.3156	1.6279
18	0.0203	0.3256	3.8810	0.0157	0.3313	1.2319
19	0.0343	0.3600	5.0550	0.0037	0.3350	0.3152
20	0.0069	0.3669	1.7027	0.0050	0.3401	0.9719

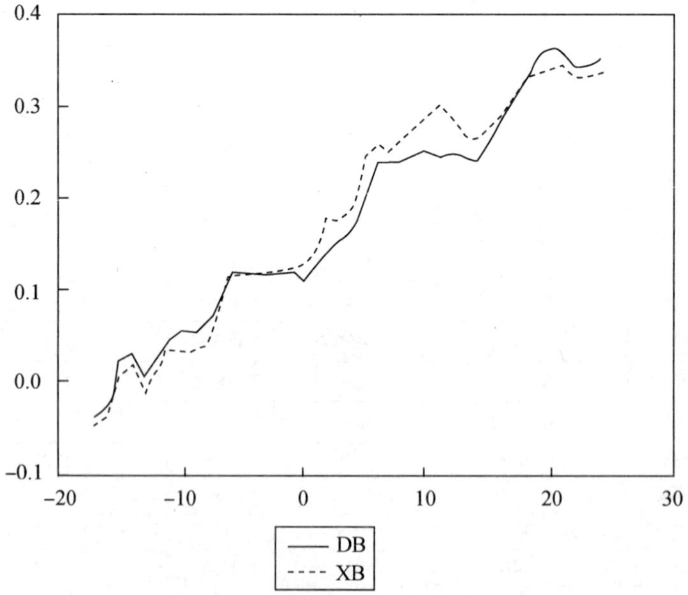

图 4-9　东部发达地区上市公司与中西部欠发达地区上市公司在第一个事件期的累积超额收益走势

注：图中 DB 表示东部，XB 表示西部。

表 4-12　东部发达地区上市公司与中西部欠发达地区上市公司在第二个事件窗口的比较

日期	东部			中西部		
	平均超额收益	累积平均超额收益	T 统计	平均超额收益	累积平均超额收益	T 统计
-20	0.0114	0.0114	2.7692	0.0029	0.0029	0.5245
-19	0.0385	0.0500	10.1241	0.0473	0.0502	5.5563
-18	0.0136	0.0636	3.0281	0.0062	0.0564	0.4657
-17	0.0032	0.0667	0.7799	0.0178	0.0742	2.1563
-16	0.0278	0.0945	5.6043	0.0299	0.1041	3.3793
-15	-0.0280	0.0665	-7.1849	-0.0182	0.0859	-2.0451
-14	0.0424	0.1088	8.4376	0.0312	0.1171	3.7542
-13	-0.0166	0.0923	-4.7309	-0.0126	0.1045	-1.7032
-12	-0.0166	0.0756	-4.3056	-0.0066	0.0979	-0.8989
-11	0.0144	0.0901	4.0232	0.0217	0.1196	2.6290
-10	0.0349	0.1249	7.5615	0.0455	0.1651	4.7080
-9	0.0499	0.1749	8.2430	0.0248	0.1899	2.5547
-8	-0.0182	0.1567	-4.0236	-0.0248	0.1650	-4.6158
-7	-0.0118	0.1449	-2.5003	0.0037	0.1688	0.3239
-6	0.0120	0.1569	2.0881	0.0093	0.1781	0.6955
-5	0.0090	0.1659	1.4205	0.0117	0.1898	1.0954
-4	0.0264	0.1923	6.3913	0.0237	0.2135	2.3105
-3	0.0508	0.2431	9.0871	0.0360	0.2495	2.5844
-2	-0.0245	0.2186	-6.5695	-0.0268	0.2227	-2.5301
-1	-0.0158	0.2028	-4.2194	0.0082	0.2310	0.7165
0	0.0112	0.2140	2.7379	0.0066	0.2375	0.8467
1	0.0112	0.2252	1.9462	0.0184	0.2559	1.7106
2	-0.0414	0.1838	-8.6284	-0.0302	0.2258	-3.2589
3	-0.0293	0.1545	-7.2567	0.0041	0.2299	0.3513
4	0.0055	0.1601	1.7321	0.0063	0.2362	0.9015
5	0.0176	0.1777	5.7514	0.0250	0.2612	2.6884
6	0.0230	0.2008	8.0104	0.0213	0.2825	3.0625
7	0.0120	0.2127	2.9470	0.0107	0.2933	1.3319
8	0.0284	0.2411	5.2474	0.0181	0.3114	1.5778
9	0.0266	0.2677	5.7794	0.0237	0.3351	2.8573

续表

日期	东部			中西部		
	平均超额收益	累积平均超额收益	T统计	平均超额收益	累积平均超额收益	T统计
10	-0.0086	0.2591	-1.6863	0.0052	0.3403	0.5973
11	0.0391	0.2983	8.9369	0.0356	0.3759	4.6888
12	0.0242	0.3224	5.2071	0.0233	0.3992	2.5209
13	0.0108	0.3332	2.3463	0.0025	0.4017	0.2807
14	0.0019	0.3351	0.4789	0.0089	0.4105	1.0796
15	-0.0049	0.3302	-1.1126	-0.0276	0.3830	-3.1140
16	0.0118	0.3420	3.2619	0.0115	0.3944	1.5796
17	0.0177	0.3597	4.8733	0.0283	0.4227	2.2373
18	0.0098	0.3695	2.0160	-0.0026	0.4201	-0.3083
19	0.0330	0.4025	6.6424	0.0087	0.4288	1.1684
20	0.0364	0.4389	6.6364	0.0142	0.4430	1.7457

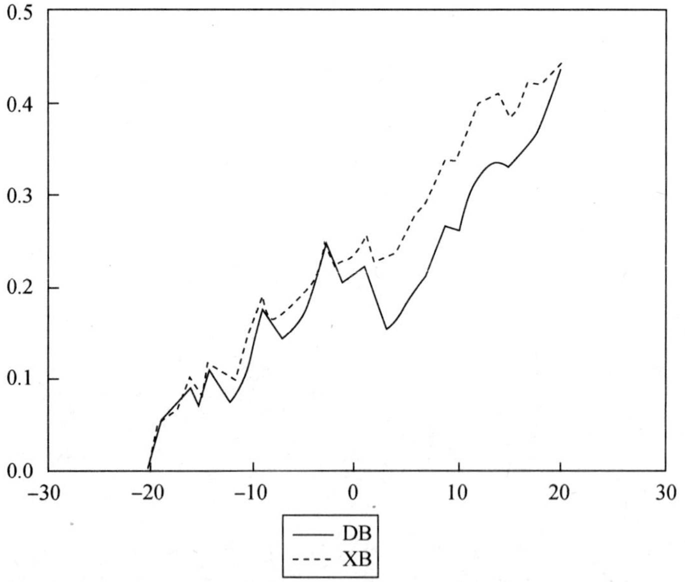

图4-10 东部发达地区上市公司与中西部欠发达地区上市公司在第二个事件期的累积超额收益走势

注：图中DB表示东部，XB表示西部。

表4-11、表4-12分别给出了东部发达地区涉农公司与中西部欠发达地区涉农公司第一个事件窗口和第二个事件窗口的平均超额收益率、累计平均超额收

益率以及相应的T统计量。图4－9、图4－10分别标志了第一个事件点和第二个事件点农业类上市公司表现的累积超额收益率的走势。从表4－11、表4－12来看，针对中央“一号文件”的发布，无论是在事件一的窗口还是在事件二的窗口，农业类上市公司虽然所处的地域具有很大的差异，但是对我国政策支持所产生效应差异不是很大。从图4－9、图4－10也看到了东西部地区涉农公司的累积超额收益率走势是一致的，西部地区的农业类上市公司在事件二窗口，表现的政策效应要低于东部地区的农业类上市公司，说明相对而言，投资者追捧的对象仍然是东部发达地区的上市公司。

4. 根据农业类上市公司的股本分为高股本与低股本的比较

按照农业类上市公司总股本的大小，考察不同股本之间的上市公司股票价格变动规律。将所有农业类上市公司从小到大排序，所有农业类上市公司的股本低于50000万股的作为低股本组，所有涉农上市公司的股本高于50000万股的作为高股本组，分别比较低股本农业类上市公司与高股本农业类上市公司在两个事件点所反映的平均超额收益率与累积平均超额收益率。

表4－13　高股本农业类上市公司与低股本农业类上市公司在第一个事件窗口的比较

日期	高股本			低股本		
	平均超额收益	累积平均超额收益	T统计	平均超额收益	累积平均超额收益	T统计
－17	－0.0397	－0.0397	－7.4989	－0.0427	－0.0427	－8.5780
－16	0.0078	－0.0319	1.5207	0.0140	－0.0287	4.0675
－15	0.0443	0.0125	4.5296	0.0481	0.0194	12.4404
－14	0.0128	0.0253	1.6950	0.0105	0.0300	3.1594
－13	－0.0229	0.0024	－2.6119	－0.0290	0.0010	－5.7361
－12	0.0178	0.0201	2.8119	0.0177	0.0187	4.4684
－11	0.0132	0.0333	2.6001	0.0289	0.0475	6.6205
－10	0.0017	0.0350	0.1556	0.0094	0.0569	1.7779
－9	－0.0037	0.0313	－0.4416	－0.0031	0.0538	－0.7725
－8	0.0045	0.0358	0.4648	0.0103	0.0641	2.2838
－7	0.0197	0.0554	2.7062	0.0232	0.0873	4.6540
－6	0.0317	0.0872	4.4797	0.0432	0.1306	6.5297
－5	－0.0018	0.0853	－0.3116	－0.0050	0.1256	－0.7767
－4	0.0134	0.0988	1.3182	－0.0031	0.1225	－0.7389
－3	0.0080	0.1068	1.0892	0.0000	0.1225	－0.0009
－2	－0.0051	0.1017	－0.7569	0.0076	0.1301	1.5989
－1	－0.0053	0.0964	－0.5772	0.0001	0.1302	0.0201
0	－0.0094	0.0869	－0.9090	－0.0044	0.1258	－0.6420

续表

日期	高股本			低股本		
	平均超额收益	累积平均超额收益	T统计	平均超额收益	累积平均超额收益	T统计
1	0.0124	0.0993	1.5605	0.0180	0.1438	3.4043
2	0.0158	0.1151	1.8821	0.0280	0.1718	4.9528
3	0.0081	0.1232	0.7934	0.0073	0.1791	1.1959
4	0.0059	0.1291	1.0947	0.0096	0.1887	1.8787
5	0.0264	0.1555	3.0710	0.0433	0.2319	7.8683
6	0.0182	0.1737	2.1381	0.0368	0.2688	5.6260
7	0.0143	0.1879	1.7556	-0.0019	0.2669	-0.3627
8	-0.0058	0.1821	-1.2494	0.0014	0.2683	0.2695
9	0.0100	0.1921	2.1871	0.0099	0.2782	2.5389
10	0.0054	0.1975	0.7404	0.0069	0.2851	1.5140
11	-0.0019	0.1956	-0.1595	-0.0003	0.2848	-0.0350
12	-0.0028	0.1928	-0.4109	0.0012	0.2860	0.2181
13	-0.0105	0.1823	-1.3310	-0.0090	0.2770	-2.1470
14	-0.0075	0.1748	-1.2218	-0.0044	0.2726	-0.9622
15	0.0097	0.1846	1.1380	0.0199	0.2925	4.8815
16	0.0411	0.2257	3.7496	0.0220	0.3146	4.4975
17	0.0124	0.2380	1.6816	0.0190	0.3336	2.7025
18	0.0190	0.2571	1.7826	0.0182	0.3518	3.0265
19	0.0306	0.2876	2.6528	0.0241	0.3759	3.2934
20	0.0033	0.2909	0.6318	0.0077	0.3836	1.9053

从表4-13中可以看到，在中央“一号文件”发布前后共38个交易日里，低股本农业类上市公司的超额收益率有20个交易日显著为正，ACAR（-17，20）为38.36%；而高股本农业类上市公司的超额收益率有11个交易日显著为正，ACAR（-17，20）为29.09%；在整个事件窗口低股本农业类上市公司的超额收益率高出高股本农业类上市公司的9.27%。从上面的对比结果可以看出，低股本农业类上市公司对政策的反应较之高股本农业类上市公司显著，这其中的原因可能是由于对农业类上市公司中低股本上市公司炒作所需资金较之大盘股要少得多，所以较易吸引主力投资者介入，因而一旦政策出台，股票价格的涨跌幅度表现得较大；而大盘股因为盘子太大，需要较为雄厚的资金才能炒作这类股票，主力投资者介入受到实力和资金的限制，所以他们不敢轻易介入（许伟河，2007）。

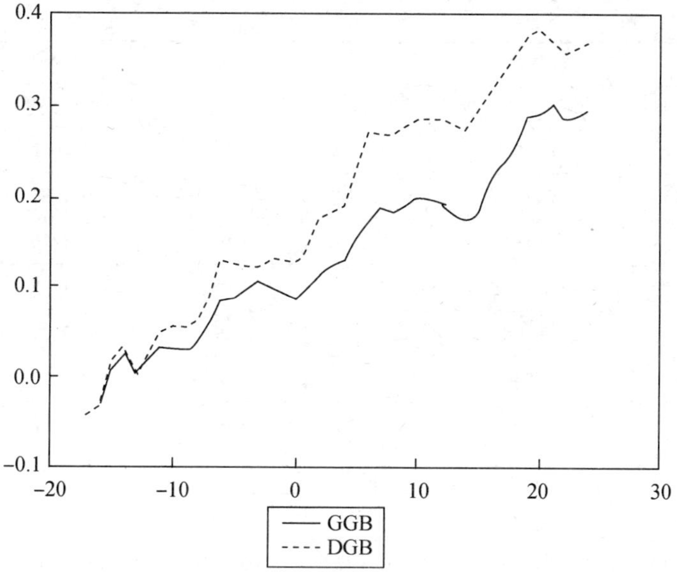

图 4－11　高股本农业类上市公司与低股本农业类上市公司在第一个事件期的累积超额收益走势

注：图中 GGB 表示高股本，DGB 表示低股本。

表 4－14　高股本农业类上市公司与低股本农业类上市公司在第二个事件窗口的比较

日期	高股本			低股本		
	平均超额收益	累积平均超额收益	T 统计	平均超额收益	累积平均超额收益	T 统计
－20	0.0140	0.0140	2.1648	0.0085	0.0085	2.0632
－19	0.0432	0.0572	5.6410	0.0410	0.0494	9.8252
－18	0.0187	0.0759	2.4431	0.0085	0.0579	1.3913
－17	0.0011	0.0770	0.1487	0.0104	0.0684	2.3875
－16	0.0293	0.1063	4.5046	0.0268	0.0952	4.8770
－15	－0.0237	0.0827	－3.2211	－0.0250	0.0701	－5.6346
－14	0.0368	0.1194	5.3091	0.0392	0.1093	7.3746
－13	－0.0289	0.0906	－7.8823	－0.0107	0.0986	－2.6561
－12	－0.0056	0.0850	－0.7952	－0.0163	0.0823	－4.1449
－11	0.0176	0.1026	2.6207	0.0166	0.0988	4.0559
－10	0.0354	0.1380	4.2877	0.0407	0.1396	7.6496
－9	0.0336	0.1716	5.6442	0.0449	0.1845	6.6078

续表

日期	高股本			低股本		
	平均超额收益	累积平均超额收益	T 统计	平均超额收益	累积平均超额收益	T 统计
-8	-0.0118	0.1598	-1.6708	-0.0223	0.1622	-5.3718
-7	-0.0158	0.1440	-2.8201	-0.0039	0.1583	-5.3718
-6	0.0023	0.1463	0.2167	0.0136	0.1719	2.0701
-5	0.0218	0.1681	1.9865	0.0059	0.1778	0.9561
-4	0.0278	0.1959	3.2489	0.0253	0.2031	5.3431
-3	0.0406	0.2365	4.0487	0.0472	0.2502	6.8353
-2	-0.0130	0.2235	-1.3246	-0.0292	0.2210	-7.2157
-1	-0.0049	0.2185	-0.4662	-0.0100	0.2111	-2.1542
0	0.0035	0.2221	0.6880	0.0123	0.2234	2.7118
1	0.0140	0.2361	1.6363	0.0126	0.2360	2.0220
2	-0.0334	0.2027	-3.6867	-0.0397	0.1963	-8.1385
3	-0.0180	0.1846	-2.1025	-0.0199	0.1765	-3.5332
4	0.0008	0.1855	0.1469	0.0077	0.1842	2.1983
5	0.0236	0.2091	3.1448	0.0184	0.2026	4.8180
6	0.0151	0.2242	3.8160	0.0248	0.2274	6.9784
7	0.0054	0.2296	1.3032	0.0138	0.2412	2.9261
8	0.0157	0.2453	1.8763	0.0288	0.2700	4.7138
9	0.0213	0.2666	3.3805	0.0272	0.2972	5.4946
10	-0.0049	0.2617	-0.6009	-0.0034	0.2938	-0.6377
11	0.0307	0.2924	5.4384	0.0406	0.3344	8.7233
12	0.0186	0.3110	3.5370	0.0254	0.3598	4.7223
13	0.0255	0.3365	4.1827	0.0029	0.3627	0.5844
14	0.0090	0.3455	1.6292	0.0022	0.3648	0.4739
15	-0.0224	0.3231	-3.3339	-0.0072	0.3577	-1.4126
16	0.0066	0.3296	1.3460	0.0132	0.3709	3.2316
17	0.0176	0.3472	4.0706	0.0218	0.3927	3.7123
18	0.0026	0.3499	0.4763	0.0073	0.4000	1.3689
19	0.0138	0.3637	1.7225	0.0314	0.4314	6.2360
20	0.0348	0.3985	5.2388	0.0282	0.4596	4.8473

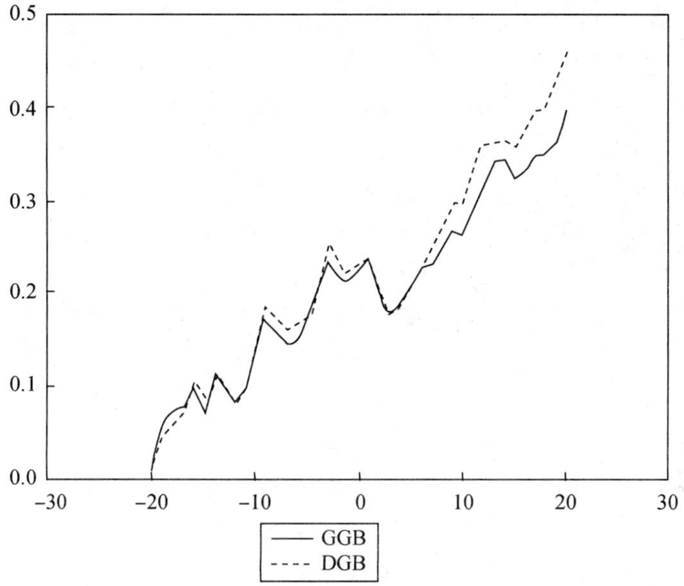

图 4－12 高股本农业类上市公司与低股本农业类上市公司在第二个事件期的累积超额收益走势

注：图中 GGB 表示高股本，DGB 表示低股本。

从表 4－14 中可以看出中央“一号文件”发布前后 40 个交易日里，t 在（－20，10）内，高股本农业类上市公司与低股本农业类上市公司累积超额收益率差异不大，t 在（10，20）内，低股本农业类上市公司表现的政策效应较高股本农业类上市公司显著。但是总的来看，无论是高股本农业类上市公司还是低股本农业类上市公司，都表现了显著的政策效应，突出了农业类上市公司股票价格同跌同涨的同步性特征，突出反映了我国惠农政策的效应。

四、实证分析

对国家发布农业政策的经济事件对农业类上市公司的影响，也就是产生累计超额收益率的影响因素到底有哪些进行探讨。股票价格的变动原因是多方面的，诸如宏观经济的影响、微观主体的因素，为此，我们通过运用多元回归分析的方法进行分析。由于篇幅的限制，本书仅以第四个政策宣布所产生的累计超额收益率作为研究的因变量，选取在本书中假设提到的全部变量为自变量来进行分析。

1. 研究假设

为了找出中央宣布“一号文件”的事件中有哪些因素或者信息对市场有影响，影响的程度与方向如何，采用多元回归分析模型来进行分析能够达到预期的目的。为此，本书试图找出影响整个涉农公司累计超额收益率的可能因素，并提出了相应的理论假设。

公司的财务指标是公司各方面能力的全面综合反应，尤其对上市公司而言也是股票价格的基础，是投资者判断公司投资价值的重要依据。在利好政策推动下，如果公司的财务指标越好，财务业绩较好的公司可供分配利润较高，现金流较充裕，可能发放较多的股利（杨淑娥等，2000）。采用总资产收益率、流动比率、资产负债率指标来作为公司基本面的指标。

由于总资产收益率（ROA）反映了一个企业在扣除非经常性损益后的盈利能力，预期ROA越高，公司在利好政策推动下获得投资者承认的可能性就越大，股票价格就越高。因此，假设1：总资产收益率与整个事件窗口的累积超额收益率成正比。

流动比率是当年的平均流动资产与平均流动负债的比例，它反映了一个企业的短期偿债能力。流动比率越高，表示短期偿债能力越强，流动负债获得清偿的机会越大，债权越有保障。从债权人的角度讲，此比率越高越好。但是，对企业来说，此比率过高，可能是企业持有的现金或流动资产较多，也可能是应收及暂付款项过多，未能及时冲销的结果，但是这些都说明企业的资产利用率不高。因此，假设2：流动比率与第四个事件窗口的累积超额收益率关系不能确定。

资产负债率 =（平均负债总额 ÷ 平均资产总额）×100%

通常情况下，企业的资产负债率越小，说明该企业长期偿债能力越强，所以，相应政策宣布后公司受到的影响相对就越小，相应的股票价格上涨的幅度就越小。因此，假设3：资产负债率与第四个事件窗口的累积超额收益率成反向关系。

2. 变量定义

选取的解释变量与被解释变量定义如下：

（1）被解释变量：农业类上市公司从政策宣布前20个交易日到后20个交易日的累积平均超额收益率作为第四个事件窗口的累积超额收益率ACAR（-20，20）。

（2）解释变量，将其细分如下：

公司基本面变量：包括总资产收益率、资产负债率、流动比率。

总资产收益率（ROA）：选取农业类上市公司在第四个事件前一个年度的净收益与总资产的比值。

资产负债率（DA）：选取农业类上市公司在第四个事件前一年的总负债与总资产之比值。

流动比率（CURRAT）：选取农业类上市公司在第四个事件前一年的流动资产÷流动负债×100%。

控制变量：选取股本、哑变量 IsSZ 和哑变量 IsMain 作为控制变量。

股本（Size）：选取农业类上市公司在政策宣布前一年的股本的对数。

IsSZ：如果农业类上市公司来自深交所，则取值为 1，否则取值为 0。

IsMain：如果选取农业类上市公司，则取值为 1，否则取值为 0。

3. 相关指标的描述统计分析以及相关系数分析

表 4－15 提供了笔者选取的相关指标的描述统计量。可以看到事件前期市场表现出较大的差异。

表 4－15　解释变量的描述统计

变量	均值	最大值	最小值	标准偏差	中位数	25%百分点	75%百分点
事件点前 20 日平均股价－每股净资产	4.9329	24.0515	－0.6105	4.2460	3.7310	1.9864	6.1963
流动比率	1.1021	3.1900	0.1500	0.5577	0.9650	0.7100	1.2975
资产负债率	60.9736	714.4000	20.0400	76.4096	53.1950	42.2250	64.9800
总资产收益率	－1.0040	23.4111	－139.4160	17.6151	1.3272	－0.2675	3.8135
总股本对数	4.5664	5.2341	4.0682	0.2751	4.5087	4.3658	4.7372

表 4－16 列示了所选取的自变量相互关系分析数值。通过自变量的相互关系分析，使单变量分析中的实证结果变得不那么抽象；有效避免了在多变量回归设计中，因为一些自变量存在高度相关从而产生多重共线性的问题。

根据自变量的 Pearson 相关系数发现：MP（表示中央"一号文件"宣布前 20 日收盘价平均值减去每股净资产的数值）与流动比率、总资产收益率正相关（许伟河，2007），与总股本、主板公司显著负相关；流动比率与总资产收益率显著正相关，与资产负债率在统计上显著负相关，而与主板公司负相关，但统计上不显著；资产负债率与是否是深交所上市表现出显著负相关，与总资产收益率也表现出显著负相关，并且相关系数达到了－0.896，鉴于此，为了避免多重共线性，根据统计原理在多变量分析中将总资产收益率与资产负债率置于不同的模型中分别加以考察；总资产收益率与是否是深圳交易所上市负相关，但统计上不显著；公司规模与是否是深圳交易所上市正相关；深圳交易所上市与主板公司负相关，不显著。

表 4-16 变量的相关系数

相关关系（相关概率）	事件点前 20 日平均股价－每股净资产	总资产收益率	资产负债率	流动比率	股本	是否是深交所上市	是否是主板市场
事件点前 20 日平均股价－每股净资产	1.0000						
	—						
总资产收益率	0.1670	1.0000					
	0.1439	—					
资产负债率	-0.0123	-0.8957	1.0000				
	0.9149	0.0000	—				
流动比率	0.1273	0.2494	-0.2920	1.0000			
	0.2667	0.0277	0.0095	—			
股本	-0.2563	0.0121	-0.0035	-0.0135	1.0000		
	0.0235	0.9161	0.9755	0.9063	—		
是否是深交所上市	-0.0945	-0.1228	0.1932	0.0311	0.1757	1.0000	
	0.4104	0.2842	0.0901	0.7868	0.1239	—	
是否是主板公司	-0.1798	-0.0882	0.0479	-0.1533	-0.0413	-0.1556	1.0000
	0.1153	0.4424	0.6773	0.1803	0.7193	0.1738	—

4. 实证结果与分析

根据以上的分析结论，建立了如下的回归模型来实证分析究竟是哪些因素影响了中央“一号文件”推动下产生累积超额收益率。

首先，采用全部自变量进行回归分析的方法。根据上文的自变量相关分析，总资产收益率与资产负债率高度负相关，为了避免多重共线性存在的麻烦，将总资产收益率与资产负债比例置于两个不同的回归模型。

为此，建立回归模型式（4-10）、式（4-11）：

$$ACAR(-20, 20)_i = \alpha_i + \beta_1 MP_i + \beta_2 CURRAT_i + \beta_3 ROA_i + \gamma_1 Size_i + \gamma_2 IsSZ_i + \gamma_3 IsMain_i + \varepsilon_i \quad (4-10)$$

$$ACAR(-20, 20)_i = \alpha_i + \beta_1 MP_i + \beta_2 DA_i + \beta_3 CURRAT_i + \gamma_1 Size_i + \gamma_2 IsSZ_i + \gamma_3 IsMain_i + \varepsilon_i \quad (4-11)$$

表 4-17 中，从式（4-10）的回归结果可以看出，事件四的累积超额收益率与政策宣布前 20 日收盘价平均值与每股净资产之差成反比，但不显著。因此，假设 1 没有得到有力的证明；对假设 2 的检验结果显示，农业类上市公司的流动比率越高，所产生的累积超额收益率越高，但是检验结果并不显著；与公司规模、

表 4-17　多元回归分析结果

被解释变量	解释变量	模型（4-10）		模型（4-11）	
		系数	T 统计	系数	T 统计
累积超额收益率	事件点前 20 日平均股价 - 每股净资产	-0.0047	-1.1475	-0.0054	-1.3348
	总资产收益率	-0.0009	-0.8957		
	资产负债率			0.0003	1.1697
	流动比例	0.0067	0.2189	0.0112	0.3618
	股本	-0.0772	-1.2465	-0.0787	-1.2800
	是否是深交所上市	-0.0185	-0.5075	-0.0234	-0.6386
	是否是主板公司	-0.1065	-1.2189	-0.1072	-1.2329
	截距项	0.5783	1.8718	0.5711	1.8560

主板公司成反比，但是不显著，从式（4-11）也可以得到，实证检验的结果与假设 3 不一致。

其次，采用逐步回归来决定最优的解释变量的方法。逐步回归分析的方法是不断地将方程引入或者剔除变量的过程。计算步骤为：从一个变量开始做：①每次选入一个对因变量影响显著的变量，直到无法选入时转到②。②每次剔除一个对因变量影响不显著的变量，直到无法剔除时转到①。③当无法选入也无法剔除时停止筛选，从而使最后回归方程只保留重要的变量（高铁梅，2006）。

采用逐步回归的方法选取了影响超额收益率的因素，得到最终的自变量，建立了如下的回归模型式（4-12）。

$$ACAR(-20, 20)_i = \alpha_i + \beta_1 MP_i + \beta_2 DA_i + \gamma_1 Size_i + \gamma_2 IsSZ_i + \gamma_3 IsMain_i + \varepsilon_i \quad (4-12)$$

表 4-18　逐步回归结果

被解释变量	解释变量		
		系数	T 统计
累积超额收益率	事件点前 20 日平均股价 - 每股净资产	-0.0052	-1.3106
	资产负债率	0.0002	1.1192
	股本	-0.0789	-1.2898
	是否是深交所上市	-0.0223	-0.6138
	是否是主板公司	-0.1106	-1.2874
	截距项	0.5875	1.9424

从逐步回归结果表 4 – 18 可以看出，选取的第四个事件所产生的超额收益率与农业类上市公司的公司业绩无关，可以认为相应的投资者并不关心公司的未来发展，投资者不关注农业类上市公司的前景；与公司规模成反比；与宣布前 20 日的平均价格与净资产之差成反比，但是不显著，说明了投资者关心的是农业类上市公司股票的历史成本；与公司的资产负债率是正相关的关系，但是从统计意义上看不显著；主板的农业类上市公司所产生的超额收益率要低于中小板的农业类上市公司，深交所上市的农业类上市公司的超额收益率高于上交所上市的农业类上市公司。

本节以农业类上市公司为样本公司，运用事件研究的方法，分别分析了我国在 2007 年、2008 年、2009 年发布中央“一号文件”以及党的十七届三中全会的惠农政策对农业类上市公司的股票价格影响。研究结果如下：

（1）涉农上市公司对我国 2007 年、2008 年、2009 年的中央“一号文件”的惠农政策的宣布存在着显著的反应，有着显著的累积超额收益率。

（2）党的十七届三中全会报告虽然涉及关注的“三农”问题，但是在报告发布的事件过程中，并没有像预期的那样会对涉农上市公司的股票价格产生一定的冲击。

（3）探究了在事件一、事件二和事件四中产生超额收益率的相关影响因素，发现超额收益率与公司的业绩相关度不大，笔者认为主要是投资者并不关注农业类上市公司的发展前景。在农业政策发布后农业类上市公司能够产生显著的超额收益率体现了政策的短期效应。

关于在第三个事件期即党的十七届三中全会惠农政策发布以后为什么会没有出现第三节预期的市场反应，其原因有待进一步深入分析研究。

第三节　农业类上市公司股票价格信息含量的测度分析

股票市场的一个主要角色就是生产和传递信息，同时，公司个股股票收益率反映了整体市场的信息、公司所处行业的行业信息以及公司本身特有的信息。正如 Roll（1988）研究的那样，股票价格波动程度是与市场和公司层面的因素紧密联系在一起的。因为不同行业的上市公司所面对的市场结构、所具有的发展水平、行业受宏观政策的影响以及所处的行业本身的特性和地位等不相同，公司经营业绩和股票价格的收益率表现也就具有显著的差异。分析研究行业层面的信息和公司特有的信息不仅能为投资者提供有用的信息，而且对政府进行相关宏观调控提供了依据，同时，有助于公司管理者的有效管理经营。

我国的资本市场虽然还被定为新兴资本市场，但是从股市发展的20年历程来看，尤其是近10年来表现非常活跃。从不同行业观测，不难发现，同行业的上市公司股票通常的价格变动态势是表现出同涨同跌的，而不同行业的上市公司股票的收益率则存在巨大差异。

农业类上市公司在我国证券市场是一个特殊的行业板块，其所担负的角色不言而喻。然而，截至2009年末，由宏源证券披露的沪深两市的上市公司（A股）有1702家，其中涉及农业的上市公司（包含其上下游企业）共有102家，占沪深两市上市公司总数的6.0%，平均总股本规模为43296.76万股，数量少、规模小，这与我国GDP中农业占17%的比重和国家加强农业基础地位的产业导向极不相称。因此，农业类上市公司能否健康成长，不仅是证券市场的一个重要问题，也事关整个国民经济。本书基于2002年1月4日~2009年12月31日的股票市场日数据，对我国A股市场中的农业类上市公司股票价格中行业信息和公司特有信息进行分析研究，旨在探讨我国农业类上市公司的表现特性，以期为其发展提供有用信息。

股票价格信息量的研究已经得到部分国内外经济学界、各国政府及金融机构的关注，学术界对此也进行了相关的理论研究与实证研究。

Livingston（1977）最早研究发现行业影响因素是股票收益率的重要因素。Campbell和Lettau（1999）对美国市场股票价格波动分析时，将其波动分为市场、行业和公司三个层面研究。Campbell等（2001）又提出了基于CAPM定价模型的特质波动间接分离法。Roll（1988）提出了股票价格同步性的概念，利用R^2指标衡量股票价格同步性的程度，Morck（2000）、Durnev（2004）利用（$1-R^2$）衡量股票价格信息含量指标，从而判断股票价格中受公司层面的影响程度。Durnev等（2003）发现较低的股价波动同步性的股票，其收益包含了更多的有关未来盈余的信息，从而验证了Roll（1988）的一个假说：公司之间同步性的差异应归因于股票价格特质信息含量的差异。Durnev等人从资本预算效率的角度研究，发现有效的价格信息机制为促进公司投资效率提高的论点提供了新的证据。Wurgler（2000）认为，当股价波动同步性越低时，股票价格包含更多的公司特质信息，价格作为信号传递机制的作用将得以强化，进而有助于资源配置效率的改善。Chen（2005）认为，在西方发达国家成熟的资本市场，股价波动同步性较低，公司层面信息的变动对股票价格波动的影响较大，同时发现，公司层面的信息含量对企业经理和投资者有影响，他们还研究了股票价格信息量对企业投资的敏感性。

史美景（2002）、范龙振和王海涛（2003）、蔡伟宏等（2006）运用不同的统计计量方法，实证研究了股票收益率的行业影响因素，结果表明：行业因素显著影响了股票收益率；经过系统性因素解释后，我国股票市场的行业指数之间仍具有很高的相关性。杨小燕和王健稳（2008）检验了 2006 年 1 月 ~2007 年 4 月不同行业的股票指数周平均收益率，运用 Kruskal - Wallis H 非参数统计方法验证了行业效应，行业不同，其股票周平均收益率也具有显著的不同。劳兰珺和邵玉敏（2004）、张雷（2004）从不同行业间收益率的差异问题上分析，发现不同时期不同行业收益率间的相似性发生了较大变化；各行业之间的波动率非常大，各行业的波动率与行业性质的相关性是显著的。黄波等（2006）从公司特质风险角度分析，他们认为公司规模因子与账面市值比因子属于公司特征风险因子，也能导致公司的特质波动，在计算特质波动时不应排除这两个因子的影响，这也从侧面说明了公司是存在特质信息影响着股票价格。张继袖（2004）用因子分析法，研究了上市公司财务指标的行业效应，发现我国上市公司行业门类对上市公司的盈利能力具有显著的解释能力。

当然也有学者研究得出，我国资本市场不存在行业效应的结论。郭鹏飞和杨朝军（2003）指出，不同行业的公司，其股票价格收益和风险的差异是不显著的，故股票价格行为的行业特征不显著。与西方成熟股市相比，我国股市的趋同性较强，而且股价收益不能反映出公司经营业绩的差异。陈梦根和曹凤岐（2005）认为，在中国这种转轨经济新兴市场中，证券市场处于行政机制的控制之下，投资者受政策性预期主导，极易产生“预期同构”。根据相同的信息做出相同的投资决策，由此造成证券市场价格联动特征被显著强化，不同行业板块股价齐涨同跌。在这种格局下，证券价格波动与公司业绩“两张皮”。频繁的政策变动诱发投资者对政策因素的过度依赖，市场行为短期化，投机严重，演变成一个典型的“政策市”，系统性风险非常高。显然，他们认为政策因素导致了股票价格行业差异的不显著。

本节在已有的研究基础上，借鉴 Durnev（2004）的研究方法，以农业类上市公司为研究对象，探析农业类上市公司的行业特征。

一、实证研究

（1）样本选择。为了研究农业类上市公司的股票价格表现的特性，并且保持样本的一致性，本节选取的样本与第四章的样本一致。

（2）研究区间。研究区间为 2002 年 1 月 4 日 ~2009 年 12 月 31 日，共 1806 个交易日。选择该研究区间的原因是：①农业类上市公司在 2002 年以后已粗具规模，从行业板块研究的角度来看，以 2002 年作为研究区间的起点。②在此区间，中国股市经历了国有股减持、股权分置改革、大小非解禁，故研究区间比较典型。③由于笔者研究的是农业类上市公司，其对象特殊，我国2004~2010年连续7年以中央“一号文件”的形式出台政策大力扶持农业，对农业类上市公司而言研究其不同环境下股票价格表现特性是有必要的。股票i（i=1，2，…,70）在各交易日的收盘价 P_{it} 和成交量 V_{it} 的数据来源于CCER数据库及宏源证券。

1. 研究变量与模型

（1）自变量与控制变量的选取。

A. 股票价格的信息量。

股票每日收益率采用对数差分的形式：

$$R_{it} = \ln(P_{it}) - \ln(P_{it-1}) \tag{4-13}$$

其中，R_{it} 和 P_{it} 分别为股票i在第t日的收益率和收盘价。

1964年，夏普在他的博士论文中，提出了著名的资本资产定价模型（CAPM）：

$$R_i = R_f + \beta_i(R_m - R_f) \tag{4-14}$$

其中，R_i 为股票i的预期收益率，R_f 为无风险收益率，R_m 为市场平均收益率水平，β_i 为股票i的贝塔系数。

这一模型已成为现代投资理论的核心。这一模型解释了每个股票都会遭遇两种风险即市场整体风险和公司特有的风险。股票价格与市场价格波动的联系紧密。股票价格非同步性指标则衡量了上市公司股票价格反映行业层面和公司特有层面信息的多少。该指标越小，反映公司本身特有的信息就越少；该指标越大，反映公司本身特有的信息就越多。因此，股票价格非同步性指标能够有效地测度股票价格波动中公司层面信息的含量大小。股票价格高信息含量指标度量股票价格中所包含的行业面信息，剔除了市场层面的信息成分，表示股票收益率反映的该行业的状况。进一步度量公司特有信息时，同样剔除了市场层面和行业层面的信息。从统计学的角度来说，公司特有信息对股票收益影响大时，公司个股的收益表现出离散的现象，进而市场信息对公司个股解释就小。也就是回归方程的拟合系数（R^2）较小。R^2 可以较好地度量第i只股票收益所反映出的信息含量的比例构成。

根据已有的理论研究，借鉴Durnev（2004）的研究方法，建立假设条件：①股票价格信息量可以明确划分为整个市场的信息、影响某个行业的行业信息，以及公司特有的信息即只影响单个上市公司的信息。②针对不同的公司而言，导致其股票收益率不一致的主要原因之一是公司所处行业的信息及公司本身内在特有信息的差异。③不同行业间的行业信息是独立的，不同股票间的公司信息变量是独立的。在以上三个假设前提下推导公式：

$$R_{ht} = C_h + \beta_h R_{mt} + \varepsilon_h \quad (4-15)$$

其中，R_{ht}表示行业 h 在时间 t 的日收益率，β_h 表示行业 h 的收益率对市场信息的反应程度，R_{mt}表示上证指数或深证指数在时间 t 的日收益率。根据已有的研究，把回归方程的 R^2 作为市场信息对行业收益率的解释程度。其中，方程的残差序列表示为所处行业的信息带来的影响度，$1-R^2$ 则表示行业信息对行业收益率的解释程度。

同理，进一步推导公式：

$$R_{hit} = C_{hi} + \beta_{hm} R_{mt} + \beta_{hi} E_{ht} + \varepsilon_i \quad (4-16)$$

其中，R_{hit}表示行业 h 中第 i 只股票在时间 t 的收益率，$E_{ht} = R_{ht} - \beta_h R_{mt}$表示行业收益率中未被市场信息解释的部分，将其作为行业信息的替代变量。β_{hm}、β_{hi}分别表示市场信息和行业信息对股票收益率的影响系数。同样把回归方程的 R^2 作为公司特有信息对收益率的解释程度。方程的残差序列可视为公司特有信息带来的冲击，$1-R^2$ 表示股票价格信息含量。

下面涉及的农业行业的收益率分别为，上海交易所上市的农业类上市公司平均收益率和深圳交易所上市的农业类上市公司的平均收益率。

B. 股票价格的波动。

根据投资理论，股票价格波动越大其风险也就会越大，通常用股票价格的波动表示股票的风险。而风险和收益又是股票投资者最关注的问题，尤其研究的对象是农业类上市公司，农业企业的生产经营除了受市场环境的影响，还要受到自然条件的影响，因此，农业行业的公司特有的非系统风险无疑就会大于相同市场上其他行业的风险。选用衡量农业类上市公司的风险指标是股票日收益率的标准差，即表示股票价格的波动。

C. 公司的盈利水平（ROA）。

国内外众多学者研究发现，股票的价格和企业的盈利水平有很高相关性，即高盈利的企业相对来说其股票收益率会相对高，同时，盈利水平高的企业投资者的获利空间就会大，因此，选用企业的资产收益率作为控制变量。

D. 行业特征表现（MIR）。

考虑到，笔者是从行业角度出发研究股票价格的信息含量，又选用了主营业务利润增长率作为行业特征的替代变量作为控制变量。

（2）因变量的设定。股票交易量的多少可以很好地反映资本市场上人们对某一公司股票的关注程度。股票交易量采用换手率的形式表示，可以有效避免各股票流通股变动的影响（Lo 和 Wang，2000），为了提高模型的精度，对交易量使用对数换手率表示。换手率也称周转率，指在一定时间内市场中股票转手买卖的频率，股票换手率直接表现为资金的活动量，所反映的是市场对该股票需求变化的一种市场行为。即：

$$V_{it} = \ln(Vol_{it}/Size_{it}) \tag{4-17}$$

其中，Vol_{it}和 $Size_{it}$分别表示股票 i 在第 t 日的交易量和总流通股份。

（3）各变量的基本统计特征，如表 4-19 所示。

表 4-19 各变量的基本统计特征

变量名称	换手率	股票价格的信息量	股票价格波动	资产收益率	主营业务利润增长率（%）	行业信息$_{上证}$	行业信息$_{深证}$
平均值	0.0202	0.5943	0.0329	2.1051	209.8129	-6.2139E-05	-3.1969E-05
中位数	0.0158	0.5756	0.0283	2.1782	12.3880	0.0006	0.0009
标准差	0.0149	0.2100	0.0179	5.9225	4336.6460	0.0225	0.0252
峰度	1.6880	-0.5986	15.4163	9.1113	557.5544	3.1388	4.0797
偏度	1.2924	0.2626	2.5798	-0.4363	23.5978	-0.4415	-0.4532
最小值	0.0023	0.0004	0.0000	-26.2209	-704.2396	-0.1080	-0.1296
最大值	0.0839	1.0000	0.1981	44.7625	102492.6113	0.1184	0.1509
J-B 统计量	218.2759	14.7191	6146.7470	1906.3160	716.3307	794.2860	1305.2300
P 值	0.0000	0.0006	0.0000	0.0000	0.0000	0.0000	0.0000
观测值	560	560	560	560	560	328	232

（4）构建模型。建立股票交易换手率和股票价格信息含量之间关系的基本模型：

$$V_{it} = C + \alpha F_i + \beta F_i UN_i + \gamma CONTROL + \varepsilon_i \tag{4-18}$$

其中，V_{it}表示股票换手率，C 表示回归方程的常数项，α 表示股票价格信息量和换手率的敏感系数，F_i表示股票价格的信息量指标，β 表示股票价格信息与股票价格波动的回归项的系数，UN_i 表示股票价格的波动指标，γ 表示控制变量的系数，CONTROL 表示控制变量，ε_i 表示随机误差项。由于目的是研究股票价格信息含量状况，所以在本书中主要关注的是 F_i、F_iUN_i 的回归系数。

2. 股票价格信息量的统计分析

股票价格信息含量指标由所选的农业类上市公司股票日收益率、市场收益率和农业行业收益率根据上文中式（4-15）、式（4-16）回归得到，其中农业行业收益率是根据所选取的样本计算其算术平均收益率。股票价格信息含量指标是衡量股票价格中所包含的公司信息量的多少。根据回归结果可以得出，在 2002

年1月4日~2009年12月31日，股票价格信息含量的最大值为1，最小值为0.0004，均值为0.5943，中位数为0.5756。从统计上看，该指标J-B统计量为14.7191，相应的P值为0.0006。从表4-20的数值区间分布来看，在［0，0.2）区间的频数为4，［0.2，0.4）区间的频数为98，而均值所在区间［0.4，0.6）的频数高达205，［0.6，0.8）区间的频数为151，［0.8，1.0）区间的频数为102，可见农业类上市公司股票价格信息含量指标在数值分布上表现出了明显的规律性。农业类上市公司是伴随着证券市场的发展而发展的，分析研究农业类上市公司这一板块需要结合整个证券市场的状况，农业板块既有本行业自身的特点，又具有明显的证券市场烙印。农业类上市公司股票价格反映其公司基本信息量的比例已达到59%，而整体市场股票价格反映上市公司基本面信息量的比例达到52%（陈梦根等，2007），而不是人们直观想象的那样，农业类上市公司没有表现出行业特性，由此可以看出股票价格信息可以体现公司的基本特性。

表4-20　农业类上市公司股票价格信息含量的分布

股票价格信息含量	均值	标准差	观测值
［0，0.2）	0.1442	0.0960	4
［0.2，0.4）	0.3145	0.0555	98
［0.4，0.6）	0.5041	0.0564	205
［0.6，0.8）	0.6856	0.0576	151
［0.8，1.0）	0.9267	0.0704	102
全样本	0.5943	0.2100	560

进一步分析了农业类上市公司股票价格信息量，2002~2009年在资本市场逐步完善和相应政策的引导下，其变化情况如表4-21所示。

表4-21　农业类上市公司股票价格信息含量的基本统计量

项目＼年份	2002~2009	2002	2003	2004	2005	2006	2007	2008	2009
均值	0.5757	0.4443	0.6231	0.6429	0.6462	0.7148	0.5350	0.4198	0.7278
中位数	0.5329	0.3915	0.5874	0.6083	0.6334	0.7042	0.5051	0.3789	0.7099
最大值	0.9980	0.9982	1.0000	0.9810	0.9916	0.9982	0.9992	0.9900	0.9991
最小值	0.3825	0.4334	0.3585	0.4263	0.4049	0.4334	0.2593	0.0004	0.2896
标准差	0.1407	0.1245	0.1647	0.1438	0.1443	0.1245	0.1781	0.2032	0.2521
观测值	560	70	70	70	70	70	70	70	70

从表 4 – 21 中知道，2002 年股票价格信息含量的均值为 0.4443，2003 年均值为 0.6231，2004 年均值为 0.6429，2005 年均值为 0.6462，2006 年均值为 0.7148，显然，2002 ~ 2006 年该指标是逐年提高的；而在 2007 年均值为 0.5350，2008 年均值为 0.4198，2009 年均值为 0.7278，从 2007 年开始降低，到 2009 年随着我国资本市场的逐步成熟，该指标又逐步升高。我国在 2005 年实施股权分置改革，随着政策的推出和实施效应的逐步淡化，股票价格信息含量指标在 2008 年以后又开始提升。2002 ~ 2006 年该指标的中位数也表现出逐年升高的，在 2007 年、2008 年中位数也表现出陡然下降的现象，在 2009 年开始陡然回升。与此同时，该指标的最小值 2002 ~ 2006 年差异不大，同样，在 2007 年其最小值陡然下降，在 2008 年最小值只有 0.0004，从 2009 年开始回升。因此，可以得出结论：农业类上市公司股票价格在国家进行宏观调控的时候，其公司基本面的含量表现非常小，在政策效应逐渐淡化以后，资本市场在逐步成熟后，股票价格信息含量中公司基本面的含量就逐步升高。也就是说，农业行业特征和农业类上市公司本身的特征越来越多地影响着其股票价格，其股票价格也表现出越来越多公司基本面的特征。

3. 回归结果

对模型中各变量之间的相关关系进行分析，从表 4 – 22 中可以看到，换手率、股票价格的信息量、股票价格波动、资产收益率和主营业务利润增长率之间的关系。

表 4 – 22　各变量之间的相关关系

各变量	换手率	股票价格的信息量	股票价格波动	资产收益率	主营业务利润增长率（%）
换手率	1.0000				
股票价格的信息量	0.0506	1.0000			
股票价格波动	0.3596	-0.1747	1.0000		
资产收益率	-0.1813	0.0879	-0.1041	1.0000	
主营业务利润增长率(%)	0.0141	-0.0378	0.0439	-0.0050	1.0000

研究的步骤是：先根据基本的模型，V_{it} 作为被解释变量，F_i 作为解释变量进行回归分析，然后逐步将其他解释变量和相关控制变量加入模型中，回归结果如表 4 – 23 所示。

从表 4 – 23 中看到了四个模型的回归结果，四个模型的回归结果相对一致，各解释变量回归系数估计值的符号都没有发生变化，F_iUN_i、MIR_i 回归项的回归系数在10%的水平下均不显著，其他回归项的回归系数均在1%的水平下显著。根据R^2、调整的R^2、AIC、SC等准则，模型4是相对较优的模型。

表4-23 回归分析

变量	模型1	模型2	模型3	模型4
C	0.0182 (0.9628)	0.0009 (0.2367)	0.0013 (0.3550)	0.0009 (0.2430)
F_i	0.0033 (1.1131)	0.0151 (2.4257)	0.0165 (2.6593)	0.0174 (2.7520)
F_iUN_i		-0.2087 (-1.2313)	-0.2264 (-1.3523)	-0.2486 (-1.4616)
ROA_i			-0.0004 (-3.9405)	-0.0004 (-3.9588)
MIR_i				0.0032 (0.0239)
UN_i		0.4311 (4.5211)	0.4286 (4.5531)	0.4386 (4.6075)
R-squared	0.0027	0.1491	0.1724	0.1722
Adjusted R-squared	0.0004	0.1445	0.1664	0.1647
AIC	-5.5761	-5.7282	-5.7523	-5.7480
SC	-5.5606	-5.6972	-5.7135	-5.7014

模型4中股票价格信息含量的系数估计值为0.0174，T统计量为2.7520，在1%的水平下显著，可以判断农业类上市公司股票价格信息含量对其交易换手率的影响是正相关的，即农业类上市公司股票价格信息含量越大，其换手率越高，也就是交易越活跃。农业类上市公司的股票价格的波动项的回归系数为0.4386，T统计量在1%的水平下值为4.6075，即交易换手率和农业类上市公司的股票价格的波动是正相关关系，也就是股票价格波动越大，交易越活跃。在农业行业板块上，相应的投资者同样表现了风险偏好，投资者在进行投资时没有考虑行业的特性，存在着明显的投机性。模型中交叉项股票价格信息含量和股票价格波动的回归系数在10%的水平下不显著，说明股票价格信息含量的高低不会影响交易活跃程度对股票价格波动的敏感性，该结论与已有的研究不一致，即国外成熟资本市场，股票价格信息含量越高，投资者交易对风险越不敏感。

模型4中资产收益率的系数估计值为负，并在1%的水平下显著，说明农业类上市公司的盈利水平对其股票交易率的影响是负的，即农业类上市公司的盈利水平越高其股票换手率越低。主营业务利润增长率的系数较小，而且在10%的水平下表现不显著，说明农业类上市公司的主营业务利润增长率对其股票交易率没有显著的影响。

二、稳健性检验

为了保证研究的严谨性，验证了上述模型的准确性。

1. 交易换手率与股票价格信息含量之间非线性关系检验

借鉴陈梦根等（2007）的方法进行如下回归：

$$V_{it} = a + bF_i + cF_i^2 + \varepsilon \tag{4-19}$$

表4-24 交易换手率与股票价格信息含量之间非线性关系检验

变量	系数	标准误差	T统计
a	0.0266	0.0046	5.7454
F_i	-0.0273	0.0157	-1.7436
F_i^2	0.0247	0.0124	1.9926
R-squared	0.0093	Akaike info criterion	5.5797
Adjusted-squared	0.0058	Schwarz criterion	-5.5564
F-statistic	2.6081	Prob（F-statistic）	0.0746

从回归结果可以看到，模型的调整R^2非常小，只有0.0058，F_i和F_i^2的系数估计值在10%的水平下都不显著，根据这些统计指标值完全可以判断交易换手率与股票价格信息含量之间不存在非线性关系，线性回归方程是有效的。

2. 分年度子样本检验

将所有选取的农业类上市公司分别按照2002、2003、2004……2009等8个子样本用模型4回归分析得到模型5～模型12，详细结果见表4-25。从中可以得出，除了2006年、2007年和2008年股票价格信息含量的回归系数为负以外，其他年度该指标的系数差异均不大，说明在我国进行股权分置改革实施的过程中，股票交易换手率与股票价格信息含量之间的关系表现了不同于其他年度的状况，国家宏观政策的实施影响了农业类上市公司股票价格信息含量与股票交易换手率的关系。交叉项股票价格信息含量和股票价格波动的回归系数在10%的水平下不显著，这和模型4的结果是一致的。而模型中ROA_i、MIR_i、UN_i三个指标的系数在各年度差异较大和模型4中结果也不一致，说明不同年份影响农业类上市公司的股票交易状况的因素有较大的差异，在资本市场环境发生变化时，农业行业板块同样随着市场发生变化。

表 4 – 25　分年度检验结果

变量	2002 年模型 5	2003 年模型 6	2004 年模型 7	2005 年模型 8	2006 年模型 9	2007 年模型 10	2008 年模型 11	2009 年模型 12
C	-0. 0216	-0. 014	-0. 0183	-0. 0247	0. 0435	0. 0559	0. 0305	0. 0311
	(-1. 5769)	(-1. 6808)	(-1. 0004)	(-1. 3753)	(2. 8195)	(3. 0731)	(1. 5572)	(3. 0215)
F_i	0. 04749	0. 0238	0. 0251	0. 0500	-0. 0274	-0. 0521	-0. 0431	0. 0008
	(2. 2436)	(2. 1321)	(0. 8956)	(2. 0653)	(-1. 2772)	(-1. 4808)	(-0. 8657)	(0. 0621)
F_iUN_i	-1. 2984	-0. 9724	-1. 0143	-1. 6598	0. 9921	0. 7656	0. 7727	0. 0847
	(-1. 5106)	(-2. 1405)	(-0. 9411)	(-1. 9807)	(1. 2034)	(0. 9984)	(0. 8374)	(0. 2442)
ROA_i	0. 0004	-0. 0002	-0. 0002	-0. 0001	-0. 0005	-0. 0007	-0. 0004	-0. 0018
	(1. 3263)	(-1. 3177)	(-1. 3724)	(-1. 1936)	(-1. 8694)	(-2. 2160)	(-1. 9630)	(-4. 1807)
MIR_i	-4. 10E -05	2. 51E -06	-1. 68E -06	-1. 12E -06	3. 81E -06	-1. 23E -06	3. 20E -08	1. 67E -06
	(-1. 1908)	(0. 2874)	(-0. 6191)	(-0. 0579)	(0. 1542)	(-0. 1031)	(0. 2214)	(0. 2541)
UN_i	1. 0738	0. 9739	1. 2477	1. 3161	-0. 4766	-0. 2249	0. 1232	-0. 0147
	(1. 9051)	(2. 6864)	(1. 7557)	(2. 0749)	(-0. 8048)	(-0. 5602)	(-0. 3395)	(-0. 0681)
R - squared	0. 1467	0. 2608	0. 3357	0. 0970	0. 1399	0. 1958	0. 1531	0. 2667
Adjusted R - squared	0. 0800	0. 2031	0. 2838	0. 0265	0. 0727	0. 1330	0. 0869	0. 2085
AIC	-5. 8570	-7. 7766	-7. 1457	-7. 1138	-6. 3315	-5. 4589	-5. 5170	-5. 9228
SC	-5. 6643	-7. 5839	-6. 9529	-6. 9211	-6. 1387	-5. 2662	-5. 3243	-5. 7285

本节以农业类上市公司为研究对象，以 2002 年 1 月 4 日 ~2009 年 12 月 31 日为整体样本研究区间，对其股票价格信息含量进行分析研究发现：

（1）我国农业类上市公司中有 59% 的公司其股票价格信息含量显著地反映了公司基本面的特征，说明从行业角度反映了我国证券市场逐步成熟，也反映了我国农业类上市公司在证券市场的表现也逐步提高。

（2）农业类上市公司的盈利水平与其股票交易率表现出负相关的关系，因此，可以得出农业类上市公司的盈利水平越高，其投资者中投机的成分越小。由于农业类上市公司属于资本市场被投资者认为的“劣势板块”，所以，要想稳定农业类上市公司的投资者，管理当局更应该从提高企业的盈利能力、获利水平方面努力，从而有利于农业类上市公司在资本市场健康的发展。

（3）我国进行股权分置改革政策的实施对农业类上市公司的股票价格信息含量有非常显著的影响，在股权分置改革前我国农业类上市公司的股票价格信息含量逐年提升，在改革实施后，股票价格信息含量明显下降，随着市场的逐步成熟，信息传递的渠道和速度改善，在 2009 年股票价格信息含量中公司特征的信息表现又逐步提升。

（4）在分年度对子样本检验时，发现各年度影响农业类上市公司股票交易状况并不是一样的。随着资本市场的环境发生变化，农业类上市公司也随着发生变化。

本章小结

本章从行业的角度出发，以农业类上市公司为样本公司，运用事件研究的方法，分析了我国 2007 年、2008 年和 2009 年发布的中央“一号文件”以及党的十七届三中全会的惠农政策的发布对农业类上市公司的股票价格影响。研究结果表明，涉农上市公司股票价格对中央“一号文件”的宣布存在显著的反应，说明国家在农业方面给予政策的扶持是很见效的；政策的效应能在短期内从实体经济传递到了相应行业的股票市场；但是在对党的十七届三中全会惠农政策的效应研究中，没有发现预期的反应。

同时，通过和工业类上市公司比较，发现对于国家的利好政策，工业类上市公司也表现了政策效应，但从表现的程度上农业类上市公司对农业政策表现的短期效益更为突出，证实了我国股票市场股票价格存在同步性特征，但是由于政策的惠及对象有所专指，所以表现的累积超额收益存在差异，其表现的累积超额收益显著弱于农业类上市公司，因此研究结果体现了我国农业类上市公司股票价格在行业板块上的同步性特征，即同跌同涨的特征。正是由于农业类上市公司股票价格表现的同步性特征，国家对扶持农业产业化的发展可以从加大农业类企业上市的数量考虑，使农业类上市公司达到一定的规模，通过充分利用资本市场有利条件的途径解决农业企业融资难的问题，并且可以采用政策扶持的方式降低农业类上市公司面临的农业行业存在的特质风险。

在已有的研究基础上，借鉴 Durnev、Morck 和 Yeung（2004）的研究方法，以农业类上市公司为研究对象，探析农业行业上市公司的股票价格信息含量，分析其股票价格中表现行业与公司特性的信息量。研究发现，我国农业类上市公司中有 59% 的公司其股票价格信息含量显著地反映了公司基本面的特征，农业类上市公司的盈利水平与其股票交易率表现出负相关的关系，因此，可以得出农业类上市公司的盈利水平越高，其投资者中投机的成分越小。所以，要想稳定农业类上市公司的投资者，管理当局应该提高企业的盈利能力、获利水平，从而有利于农业类上市公司在资本市场健康的发展。总之，通过对农业类上市公司股票价格信息含量的测度，一方面，发现股票价格反映了公司基本面的特征，也就是企业价值如果提升是有利于吸引投资者的；另一方面，进一步证实了行业板块的同跌同涨的特征。

第五章　农业类上市公司股票价格季节性特征的实证分析

众所周知，一年有春、夏、秋、冬四个季节，季节的变更对农业的发展有着重要的影响，会影响到农业的播种、生产和收获等各个方面。这里提到的季节是指反映的寒暑变化与农时规律和特点。从地理的角度来说，季节有天文季节、物候季节、气候季节和天气季节。季节现象是指现象在一年内随着季节的交替而引起的比较有规律的变动。通俗地讲，季节现象是按着时间顺序，根据数据表现出的特征从而反映出的规律趋势。作为依托农业生产的农业类上市公司股票价格，自然也会受到季节的影响而表现出不同于其他行业的波动特征。由于季节变动除了直接影响着农业生产发展，还会引起和农业相关的上游和下游企业设备和劳动力使用不平衡，原料供应变化、运输变化等必然给农业类上市公司生产盈利等带来影响。因此，了解季节变动对农业类上市公司有什么影响具有重要作用：一方面对农业类上市公司的管理层来说可以注重充分利用农业的资源优势，扩大生产规模，降低产品成本，尤其是研究者如果能根据已有的数据资料找出季节变动规律，就可以有效克服季节变动引起的不良影响，减少不必要的损失，从而达到稳定农业类上市公司在资本市场的健康有利的发展；另一方面对投资者来说根据农业类上市公司股票价格收益率表现出的季节特征，找准有利时机进行投资。

将自然界的状况和股票市场联系起来进行研究的文献，典型的是 Saunders（1993）的研究，他的研究表明笼罩纽约城的云的多寡程度和股票价格的变动之间存在联系。该文献为纽约股票价格的变动是否和笼罩纽约城的云的多寡有关提供了依据。同时，笔者的研究与 Hirshleifer 和 Shumway（2003）的研究有着必然的影响。Hirshleifer 和 Shumway（2003）的研究是关于在国际股票市场中，云层覆盖和股票收益之间关系的很具有影响力的研究。他们的研究也证明了股票收益与云层覆盖的关系。

关于研究亚洲股市及我国股票价格的规律性变动的研究文献比较多。在相对较早的文献中笔者发现，多数学者研究的结果是我国股市不存在成熟市场的“1月效应”。如奉立城（2002）、李锐（2003）、Kilman Shin 和陈维政等（2003）研究发现中国股票市场，并不存在绝大多数工业发达国家股票市场和其他某些新兴股票市场所普遍具有的“1 月效应”。

随着我国股市的发展趋于稳定和成熟以及研究方法的改进，关于股票价格规律变动的研究文献得出的结论和之前的文献有着大相径庭的差异。如徐国栋等（2004）运用 K－S 非参数检验和虚拟变量回归的方法，利用 1993～2003 年的股指数据，对我国沪深股市的季节效应进行分析和检验。研究结果表明，上海市场存在较为显著的季节效应，而深圳市场的季节效应并不明显。研究还发现，沪、深两市均存在较为显著的“12 月效应”，这与中国股市特殊的政策和市场背景是分不开的。

鞠英利（2007）从实证的角度研究了我国股市月高点、低点及收益率在一年之中的分布规律发现，我国股市存在明显的季节性变动。王如丰（2009）基于我国股票市场中一波最长的熊市和牛市行情，运用 GARCH 模型研究不同行情下的星期效应。研究发现，整个样本期间内星期效应并不显著，但在熊市和牛市子样本中却分别存在明显的星期效应。

总之，在多数国家的资本市场中，股票的价格或收益率表现出循环、规则性变化的现象。Aggarwal 等（1990）归纳总结了这些规律性的现象：1 月效应（January Effect）、月效应（Monthly Effect）、周末效应（Weekend Effect）、季效应（Quarterly Effect）和规模效应（Size Effect）。资本市场上学者们研究的季节效应是多种多样的，除了以上的规则效应外，还有开盘效应、收盘效应、假日效应和午间停盘效应等，虽然这些都与四季无关，但都被统称为季节效应。季节效应最初的提法源自于宏观经济指标。顾名思义，季节效应就是指与季节更替相关的规律性的表现特征。本章因为是站在行业的角度研究，为了突出行业的特点，所以，所关注的是农业类上市公司的股票价格收益率的月效应和与季节有关的季节效应。

季节变化是怎样影响农业类上市公司股票价格表现的呢？在资本市场上，农业类上市公司是否存在异于其他行业的季节效应呢？季节变化又是如何影响农业类上市公司股票收益的呢？从投资者心理角度来看，有研究表明天气及日照时间的长短等气候的变化会引起投资者的情绪变化，从而使投资者情绪与股票收益存在联系。从农业行业角度来具体研究农业类上市公司股价表现的变化及成因的文献还没有。而这一研究的意义在于，我国是一个农业大国，农业类上市公司是连接农业企业和资本市场的纽带，农业类上市公司因为依托农业的发展而发展，在农业企业发展中起着典范作用，农业又是受季节变化影响程度很大的行业，农业的这些特殊性和许多不可抗力性，很可能使农业类上市公司的运作表现的季节性行为与其他整体资本市场和其他行业板块不同。即使农业类上市公司有着与其他整体资本市场和其他行业板块相同的表现和行为，也能够更深入、具体、透彻地了解季节性运动的原因。

第一节　农业类上市公司股票价格的季节特征数据描述

以农业类上市公司月平均股票价格为研究对象，股票价格的选取时间自2002年1月1日~2009年12月31日。样本选取同前文，在此不再赘述。

一、各指数月平均数收益率的基本特征

统计特征和12个月的趋势图，如表5-1和图5-1所示。

表5-1　相关指数各月的收益率的基本统计概况

		1月	2月	3月	4月	6月
上证指数	平均	0.0006	0.0006	0.0001	0.0007	-0.0003
	标准差	0.0100	0.0094	0.0082	0.0089	0.0102
	峰度	1.7171	5.5936	2.3182	8.5216	6.3606
	偏度	-0.3061	-1.1367	-0.0552	0.9638	0.0369
	最小值	-0.0322	-0.0472	-0.0318	-0.0311	-0.0481
	最大值	0.0275	0.0243	0.0290	0.0553	0.0506
	观测数	136	126	175	169	170
深证指数	平均	0.0015	0.0007	0.0004	0.0007	-0.0003
	标准差	0.0105	0.0110	0.0094	0.0106	0.0112
	峰度	1.9387	6.3046	1.9136	7.9806	5.1031
	偏度	-0.3606	-1.5181	-0.1185	0.3102	0.2607
	最小值	-0.0350	-0.0549	-0.0324	-0.0483	-0.0451
	最大值	0.0303	0.0256	0.0324	0.0595	0.0555
	观测数	137	126	176	168	170

续表

		1月	2月	3月	4月	6月
工业指数	平均	0.0009	0.0007	-0.0001	0.0008	-0.0005
	标准差	0.0097	0.0098	0.0083	0.0091	0.0106
	峰度	1.7722	7.0153	2.4089	7.7948	6.2339
	偏度	-0.4587	-1.4519	-0.2972	0.8251	-0.0588
	最小值	-0.0316	-0.0516	-0.0325	-0.0324	-0.0521
	最大值	0.0268	0.0232	0.0262	0.0553	0.0492
	观测数	137	126	176	170	170
农业综合指数	平均	0.0029	0.0048	0.001	0.0015	-0.0024
	标准差	0.0283	0.0260	0.0257	0.0276	0.0308
	峰度	1.1557	3.2381	2.1411	6.2596	4.2085
	偏度	-0.3030	-0.9855	-0.2389	0.4037	-0.3618
	最小值	-0.0823	-0.1036	-0.1024	-0.095	-0.1120
	最大值	0.0774	0.0753	0.0832	0.1520	0.1349
	观测数	145	126	176	169	171

		7月	8月	9月	10月	12月
上证指数	平均	0.0006	-0.0006	0.0001	-0.0008	0.0009
	标准差	0.0072	0.0077	0.0086	0.0096	0.0068
	峰度	1.6561	2.3350	4.9358	3.2601	1.8580
	偏度	-0.1453	-0.5992	0.8598	-0.4116	-0.1822
	最小值	-0.0245	-0.0283	-0.0268	-0.0344	-0.0262
	最大值	0.0246	0.0274	0.0422	0.0339	0.0213
	观测数	179	175	168	139	153
深证指数	平均	0.0008	-0.0007	0.0000	-0.0007	0.0010
	标准差	0.0081	0.0083	0.0091	0.0094	0.0074
	峰度	2.2357	2.0644	3.4499	3.1547	1.7005
	偏度	0.0206	-0.3254	0.2579	-0.4685	-0.0717
	最小值	-0.0251	-0.0278	-0.0333	-0.0361	-0.0269
	最大值	0.0283	0.0270	0.0371	0.0293	0.0257
	观测数	178	176	168	139	177

续表

		7月	8月	9月	10月	12月
工业指数	平均	0.0005	-0.0006	0.0002	-0.001	0.0007
	标准差	0.0075	0.008	0.0083	0.0092	0.0066
	峰度	2.1864	1.8831	3.4139	2.2749	2.4652
	偏度	-0.1288	-0.6908	0.4447	-0.8114	-0.4522
	最小值	-0.0263	-0.028	-0.0304	-0.0338	-0.0274
	最大值	0.0259	0.024	0.0338	0.0217	0.0192
	观测数	178	176	168	139	154
农业综合指数	平均	0.0015	-0.0005	0.0002	-0.0051	0.0017
	标准差	0.022	0.0249	0.0238	0.0258	0.021
	峰度	2.9996	3.4387	3.0887	1.881	3.22
	偏度	0.0922	-0.7861	0.1164	-0.5473	-0.2208
	最小值	-0.0871	-0.1016	-0.0824	-0.089	-0.0833
	最大值	0.0922	0.0711	0.0989	0.0628	0.0738
	观测数	175	173	166	129	154

注：表中只列示了部分数据即省略了5月和11月的数据；农业类上市公司子行业特征数据未列示。

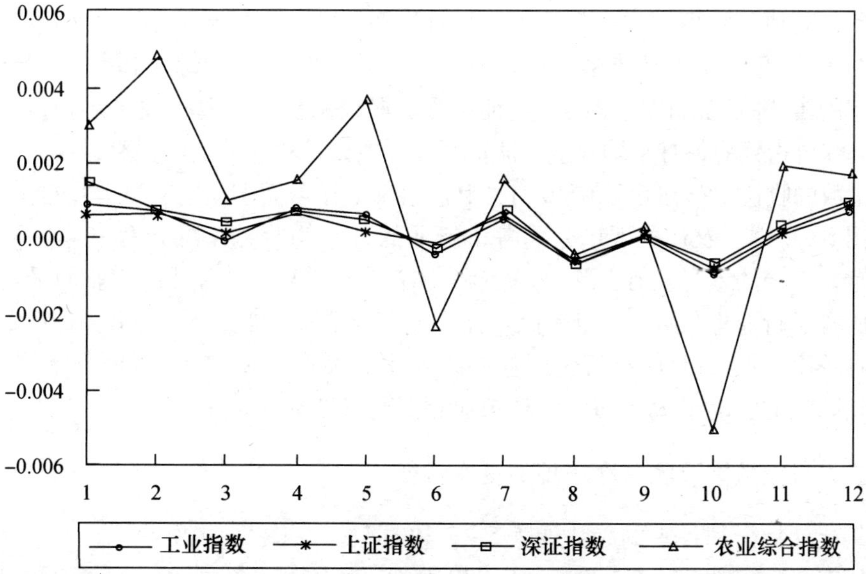

图5-1　各指数月收益率走势

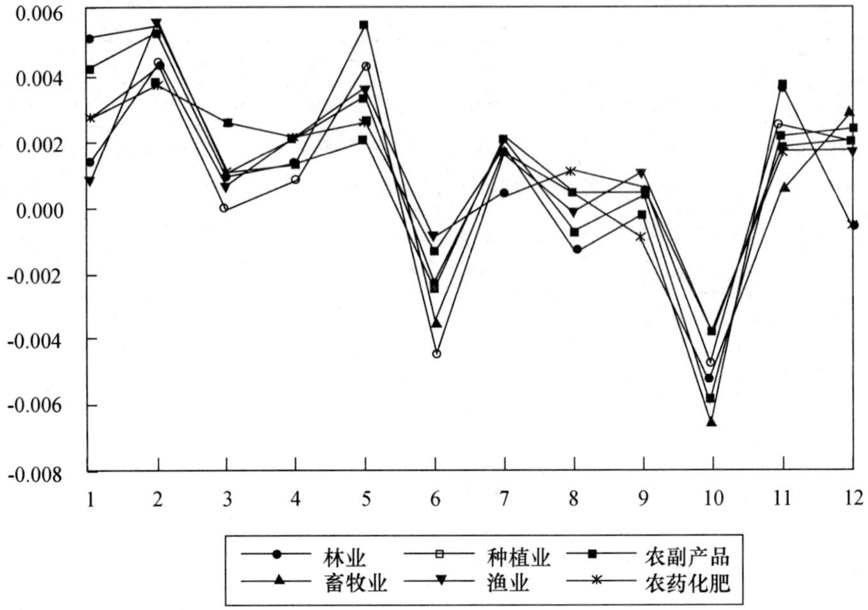

图 5－2　农业类上市公司各子行业月收益率走势

从表 5－1 和图 5－1 可以发现：上证指数每月的平均收益率 6 月、8 月和 10 月为负，其他月的平均收益率为正，每月的平均收益率的最大值和最小值差异很大；图 5－1 显示了上证指数、深证指数、工业指数和农业综合指数的每月平均收益率的走势状况。比较得出，上证指数、深证指数、工业指数走势很接近，而农业类综合指数的每月平均收益率波动很大，在 2 月和 5 月其收益率显著高于其他三类指数的收益率；在 6 月和 10 月，其收益率又显著低于其他三类指数的收益率。

图 5－2 中，农业类上市公司各子行业的月平均收益率的走势基本一致，但是也存在一定的差异。在几个波峰点和波谷点即在 2 月和 5 月畜牧业的平均收益率在所有子行业里最高，7 月农副产品和农药化肥业的收益率最高，10 月农药化肥的收益率最低，11 月农药化肥业的收益率又突高。从整个 12 个月走势来看，农药化肥业的波动最大，而农业种植业相对而言波动比较平缓。

二、各指数季节收益率表现的基本特征

其统计特征和各季的趋势如表 5－2 和图 5－3、图 5－4 所示。

从表 5－2 和图 5－3、图 5－4 可以看到，所有指数的季平均收益率在冬季、春季为正，夏季、秋季为负。工业指数的季平均收益率水平和整体市场的水平基本保持一致，相对而言，农业类上市公司的季平均收益率水平和整体市场水平有所偏

表 5－2　相关指数各季的收益率的基本统计概况

		平均	标准差	峰度	偏度	最小值	最大值	观测数
上证指数	冬季	0. 0007	0. 0087	3. 6234	－0. 6112	－0. 0472	0. 0275	416
	春季	0. 0003	0. 0086	4. 2291	0. 3665	－0. 0318	0. 0553	484
	夏季	－0. 0001	0. 0084	5. 3459	－0. 1804	－0. 0481	0. 0506	523
	秋季	－0. 0001	0. 0089	3. 2393	0. 0984	－0. 0344	0. 0422	477
深证指数	冬季	0. 0011	0. 0095	4. 5889	－0. 8236	－0. 0549	0. 0303	440
	春季	0. 0006	0. 0099	4. 0315	0. 0602	－0. 0483	0. 0595	486
	夏季	－0. 0001	0. 0093	4. 5848	0. 0550	－0. 0451	0. 0555	524
	秋季	－0. 0001	0. 0092	2. 4965	－0. 0330	－0. 0361	0. 0371	477
工业指数	冬季	0. 0008	0. 0087	4. 7158	－0. 8863	－0. 0516	0. 0268	417
	春季	0. 0004	0. 0088	4. 1113	0. 3085	－0. 0325	0. 0553	486
	夏季	－0. 0002	0. 0088	5. 3095	－0. 2634	－0. 0521	0. 0492	524
	秋季	－0. 0002	0. 0088	2. 2767	－0. 1591	－0. 0338	0. 0338	477
农业综合指数	冬季	0. 0012	0. 0090	2. 2128	－0. 5881	－0. 0375	0. 0265	418
	春季	0. 0003	0. 0097	1. 7939	－0. 2527	－0. 0369	0. 0447	486
	夏季	－0. 0007	0. 0099	4. 4502	－0. 6424	－0. 0432	0. 0504	523
	秋季	－0. 0005	0. 0087	1. 5935	－0. 2710	－0. 0327	0. 0294	467

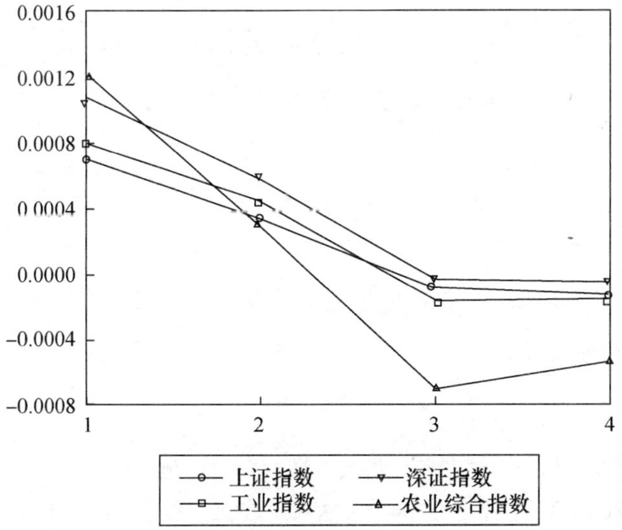

图 5－3　各指数季收益率走势

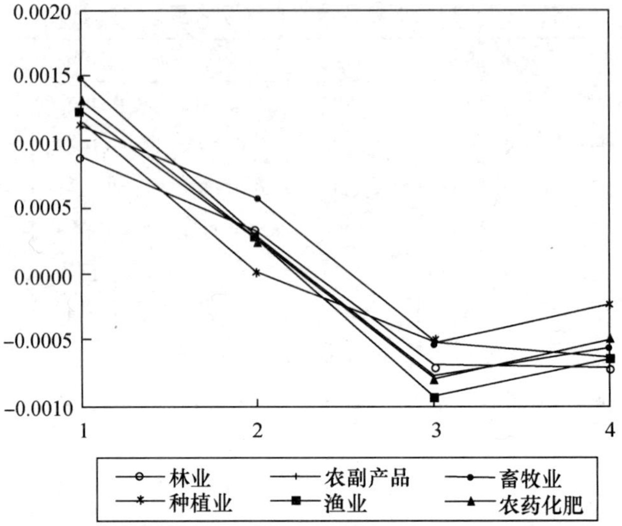

图 5－4　农业类上市公司各子行业季收益率走势

移。整体分析，我国股票市场的股票收益率存在显著的季节差异。从行业角度分析，农业类的季节性差异更加突出，这和农业本身受自然环境，季节变更，农牧产品的生产、生长、生殖的特殊性是分不开的。

第二节　季节变化对农业类上市公司股票收益率影响实证分析

一、OLS 法的实证结果

借鉴李锐（2003）的方法，将使用以下模型分析农业类上市公司股票价格收益存在的季节效应：

$$R_t = \sum_{i=1}^{k} \beta_i \times D_{it} + \varepsilon_t \tag{5-1}$$

其中，k 等于 12；R_t 指各个股票交易日价格收益率，D_{it}（i＝1，2，…，12 月，或 1，2，3，4 季）为月（季节）虚拟变量，若存在 1 月效应，则当收益率为 1 月的收益率时，$D_{1t}=1$，其他月，则 $D_{1t}=0$，以此类推在该模型中字母 t 表示第 t 个交易日；ε_t 表示残差项。检验结果中如果回归系数显著不为 0，就说明存在季节效应，即表示 i 月（季）的股票价格收益率在统计上显示高于（或低于）其他月（季）的收益率。

表 5－3　OLS 法的实证结果（季节）

		D_1	D_2	D_3	D_4	R^2
农业综合季节	系数	0.0012	0.0003	－0.0007	－0.0005	
	T 值	2.6655***	0.6825	－1.7162*	－1.2645	0.0064
	P 值	0.0078	0.4950	0.0863	0.2062	
上证季节	系数	0.0007	0.0003	－0.0001	－0.0002	
	T 值	1.6566*	0.8252	－0.2478	－0.3775	0.0015
	P 值	0.0978	0.4094	0.8043	0.7059	
深证季节	系数	0.0011	0.0006	－0.0001	－0.0001	
	T 值	2.3332**	1.2890	－0.1390	－0.1480	0.0024
	P 值	0.0197	0.1975	0.8894	0.8823	
工业季节	系数	0.0008	0.0004	－0.0002	－0.0002	
	T 值	1.8935*	1.0691	－0.4711	－0.4182	0.0022
	P 值	0.0584	0.2852	0.6376	0.6759	
林业	系数	0.0009	0.0003	－0.0007	－0.0007	
	T 值	1.3457	0.5124	－1.2036	－1.1355	0.0025
	P 值	0.1786	0.6084	0.2289	0.2563	
农药化肥业	系数	0.0013	0.0003	－0.0008	－0.0005	
	T 值	3.2698***	0.7025	－2.1891**	－1.2506	0.0092
	P 值	0.0011	0.4825	0.0287	0.2112	
种植业	系数	0.0011	0.0000	－0.0005	－0.0002	
	T 值	2.7553***	0.0523	－1.3715	－0.6109	0.0051
	P 值	0.0059	0.9583	0.1704	0.5413	
农副产品加工业	系数	0.0015	0.0003	－0.0008	－0.0006	
	T 值	2.9151***	0.5634	－1.7006*	－1.1397	0.0068
	P 值	0.0036	0.5732	0.0892	0.2546	
畜牧业	系数	0.0011	0.0006	－0.0005	－0.0006	
	T 值	1.8425*	0.9524	－1.0014	－1.1103	0.0035
	P 值	0.0656	0.3410	0.3168	0.2670	
渔业	系数	0.0012	0.0002	－0.0009	－0.0006	
	T 值	2.0137**	0.4243	－1.7022*	－1.1047	0.0044
	P 值	0.0442	0.6714	0.0889	0.2694	

注：*、**、*** 分别表示 10%、5%、1% 的显著性水平。

表 5-4 OLS 法的实证结果（月）

		D_1	D_2	D_3	D_4	D_5	D_6	D_8	D_9	D_{10}	R^2
农业综合指数	系数	0.001	0.002	0.000	0.000	0.001	-0.002	-0.001	0.000	-0.002	
	T值	1.597	2.201**	-0.096	-0.020	1.403	-2.369**	-0.917	-0.610	-2.583***	0.013
	P值	0.111	0.028	0.924	0.984	0.161	0.018	0.359	0.542	0.010	
上证指数	系数	0.001	0.001	0.000	0.001	0.000	0.000	-0.001	0.000	-0.001	
	T值	0.747	0.788	0.043	1.095	0.279	-0.390	-0.930	0.129	-1.118	0.003
	P值	0.456	0.431	0.966	0.274	0.780	0.697	0.353	0.897	0.264	
深证指数	系数	0.001	0.001	0.000	0.001	0.001	0.000	-0.001	0.000	-0.001	
	T值	1.704*	0.949	0.508	1.106	0.611	-0.378	-1.015	-0.023	-0.826	-0.001
	P值	0.089	0.343	0.612	0.269	0.541	0.706	0.310	0.982	0.409	
工业指数	系数	0.001	0.001	0.000	0.001	0.001	-0.001	-0.001	0.000	-0.001	
	T值	1.221	0.940	-0.117	1.180	0.818	-0.706	-0.891	0.296	-1.338	0.004
	P值	0.222	0.348	0.907	0.238	0.414	0.481	0.373	0.768	0.181	
林业	系数	0.001	0.001	0.000	0.000	0.002	-0.003	0.000	-0.001	-0.002	
	T值	0.431	1.157	-0.329	-0.150	1.490	-2.379***	-0.243	-1.076	-1.841***	0.008
	P值	0.666	0.247	0.742	0.881	0.137	0.018	0.808	0.282	0.066	
农药化肥	系数	0.002	0.002	0.000	0.000	0.000	-0.002	-0.001	0.000	-0.002	
	T值	2.229**	2.365**	0.388	0.352	0.488	-2.517**	-1.809***	-0.370	-2.688***	0.016
	P值	0.026	0.018	0.698	0.725	0.625	0.012	0.071	0.712	0.007	
种植业	系数	0.001	0.002	-0.001	0.000	0.000	-0.001	0.000	0.000	-0.002	
	T值	1.943*	2.363**	-0.981	0.695	0.432	-1.125	-0.573	0.177	-2.735***	0.012
	P值	0.052	0.018	0.327	0.487	0.666	0.261	0.567	0.860	0.006	
农副产品加工业	系数	0.002	0.002	0.000	0.000	0.001	-0.002	-0.001	0.000	-0.003	
	T值	1.937*	2.103**	-0.315	0.464	0.893	-2.179**	-1.110	-0.149	-2.888***	0.013
	P值	0.053	0.036	0.753	0.643	0.372	0.030	0.267	0.882	0.004	
畜牧业	系数	0.001	0.002	0.000	-0.001	0.003	-0.001	0.000	-0.001	-0.002	
	T值	0.860	1.960**	0.311	-1.087	2.550**	-1.482	-0.408	-1.034	-1.402	0.010
	P值	0.390	0.050	0.756	0.277	0.011	0.139	0.684	0.301	0.161	
渔业	系数	0.001	0.002	0.000	0.000	0.001	-0.002	-0.001	0.000	-0.002	
	T值	1.159	1.736*	0.186	-0.190	0.792	-2.317**	-1.004	-0.292	-2.142	0.009
	P值	0.247	0.083	0.853	0.849	0.429	0.021	0.316	0.770	0.032	

注：表中只报告了部分数据；*、**、*** 分别表示 10%、5%、1% 的显著性水平。

模型回归检验结果从月效应来看，结果详见表 5－3，发现上证指数、工业指数并不存在显著的月效应，深证指数在10%的显著性水平下存在1月效应；农业类综合平均收益率却表现出显著的2月效应、6月效应和10月效应。

将农业类上市公司按照具体行业分为农业种植业、农药化肥业、渔业、林业、农业副食品加工业和畜牧业。检验农业类上市公司具体子行业的月效应：除了畜牧业不存在显著的10月效应以外，其他几个子行业均存在显著的10月效应；农药化肥业和农副产品加工业同时表现出了1月效应、2月效应和6月效应；林业6月的月效应显著为负，农业种植业和农副产品加工业显示出1月和2月显著为正的月效应，10月的月效应显著为负；畜牧业、渔业2月的月效应显著为正，6月的月效应显著为负；同时，渔业又表现了显著为负的10月效应。

将12个月按照自然气候的变化规律把12月、1月和2月归为冬季，3月、4月和5月归为春季，6月、7月和8月归为夏季，9月、10月和11月归为秋季。从季节变化的角度考察各指数收益率的变化特征，如表5－4所示。上证指数、深证指数和工业指数的每月平均收益率均存在显著的冬季效应，农业类综合月平均收益率存在显著的冬季效应和夏季效应，且其夏季效应显著为负。

检验农业类上市公司具体子行业的季节效应：农药化肥业、农副产品加工业和渔业存在着冬季效应和夏季效应，林业则不存在季节效应，其他子行业均存在冬季效应。从模型的季节效应的系数值来看，各行业的显著系数值差异不大。

二、GARCH 模型的实证结果

为了使研究更具有可信度，在本书中使用了 GARCH 模型，进一步讨论季节效应的存在以及分析农业类上市公司股票价格表现的季节性特征。

$$\begin{cases} \text{均值方程} \quad R_t = \sum_{i=1}^{k} \beta_i \times D_{it} + \varepsilon_t \\ \text{方差方程} \quad \sigma_t^2 = \omega + \alpha\varepsilon_{t-1}^2 + \gamma\sigma_{t-1}^2 \end{cases} \qquad (5-2)$$

其中，R_t 为第 t 日的收益率；当 i 表示季节效应时，k 的取值为 4；当 i 表示月效应时，k 的取值为 12；D_{it} 表示第 t 日所属的季节或月的虚拟变量。

运用式（5－2）进行实证分析，结果见表 5－5。

表 5－5　GARCH 模型的部分回归结果（月效应）

		β_1	β_2	β_3	β_4	β_5
上证指数	系数	0.001	0.001	0.000	0.001	0.000
	Z 检验值	3.096 ***	1.132	－0.092	1.099	－0.110
	P 值	0.002	0.258	0.927	0.272	0.912

续表

		β_1	β_2	β_3	β_4	β_5
深证指数	系数	0.002	0.001	0.000	0.001	0.000
	Z 检验值	4.111***	1.108	0.182	1.588	0.222
	P 值	0.000	0.268	0.856	0.112	0.824
工业指数	系数	0.001	0.001	0.000	0.001	0.000
	Z 检验值	3.146***	1.351	-0.118	1.171	0.094
	P 值	0.002	0.177	0.906	0.242	0.926
农业综合指数	系数	0.002	0.001	0.000	-0.001	0.000
	Z 检验值	4.160***	1.758	-0.644	-1.349	-0.060
	P 值	0.000	0.079	0.520	0.177	0.952
林业	系数	0.001	0.001	-0.001	-0.001	0.001
	Z 检验值	1.720*	1.117	-0.525	-1.186	0.890
	P 值	0.085	0.264	0.600	0.236	0.374
农副产品加工业	系数	0.002	0.001	-0.001	0.000	0.000
	Z 检验值	3.797***	1.781*	-0.789	-0.250	-0.040
	P 值	0.000	0.075	0.430	0.803	0.968
畜牧业	系数	0.001	0.002	-0.010	-0.002	0.000
	Z 检验值	1.886*	1.826*	-27.859***	-3.006***	0.370
	P 值	0.059	0.068	0.000	0.003	0.712
种植业	系数	0.002	0.001	0.000	0.000	0.000
	Z 检验值	4.158***	2.403**	-0.591	0.398	-0.625
	P 值	0.000	0.016	0.554	0.690	0.532
渔业	系数	0.003	0.001	0.000	0.000	0.000
	Z 检验值	3.379***	1.155	-0.331	-0.225	-0.287
	P 值	0.001	0.248	0.741	0.822	0.775
农药化肥业	系数	0.002	0.001	0.000	0.000	-0.001
	Z 检验值	3.794***	1.757*	-0.224	-0.318	-1.832*
	P 值	0.000	0.079	0.823	0.750	0.067

		β_6	β_7	β_8	β_9
上证指数	系数	0.000	0.000	0.000	0.000
	Z 检验值	0.271	0.061	-0.366	-0.790
	P 值	0.786	0.952	0.715	0.430
深证指数	系数	0.000	0.000	0.000	-0.001
	Z 检验值	0.053	0.491	-0.413	-0.827
	P 值	0.958	0.623	0.679	0.408

续表

		β_6	β_7	β_8	β_9
工业指数	系数	0.000	0.000	0.000	-0.001
	Z检验值	0.093	-0.210	-0.348	-0.898
	P值	0.926	0.834	0.728	0.369
农业综合指数	系数	-0.001	-0.001	-0.001	-0.002
	Z检验值	-1.896*	-1.864*	-1.469	-2.629***
	P值	0.058	0.062	0.142	0.009
林业	系数	-0.001	-0.001	-0.001	-0.003
	Z检验值	-1.275	-0.741	-1.144	-3.360***
	P值	0.202	0.459	0.253	0.001
农副产品加工业	系数	-0.001	-0.001	0.000	-0.002
	Z检验值	-1.235	-1.801*	-0.502	-2.311**
	P值	0.217	0.072	0.616	0.021
畜牧业	系数	-0.001	0.000	-0.001	-0.001
	Z检验值	-1.165	-0.544	-2.230**	-1.078
	P值	0.244	0.587	0.026	0.281
种植业	系数	-0.001	-0.001	0.000	-0.002
	Z检验值	-1.065	-0.796	-0.135	-2.669***
	P值	0.287	0.426	0.893	0.008
渔业	系数	0.002	-0.002	-0.001	-0.002
	Z检验值	4.710***	-2.637***	-0.795	-2.158**
	P值	0.000	0.008	0.427	0.031
农药化肥业	系数	-0.001	0.000	-0.001	-0.001
	Z检验值	-2.428**	-0.305	-2.420**	-2.927***
	P值	0.015	0.761	0.016	0.003

注：由于篇幅所限，表中省略了部分数据；*、**、*** 分别表示10%、5%、1%的显著性水平。

从表5-5中的数据可以得出结论：上证指数、深证指数、工业指数及农业综合指数收益率均存在1月效应，农业综合指数收益率还表现出了2月效应、6月效应、7月效应和10月效应。进一步检验了农业类上市公司股票收益率存在不同于其他行业的月效应。从农业类上市公司各子行业月效应检验结果来看，各子行业均存在1月效应，农副产品加工业、种植业、畜牧业、农药化肥业几个子行业同时存在显著的2月效应；但是畜牧业还表现了3月效应、4月效应和9月效应，这样的结论与运用式(5-1)检验的结果相矛盾，其他子行业在具体表现的月效应上也存在一定的差异。总体来说，可以肯定，我国农业类上市公司股票价格收益率存在不同于其他行业的月效应。

表 5－6　GARCH 模型的部分回归结果（季节效应）

		β_1	β_2	β_3	β_4	ω	α	γ
上证指数	系数	0.001	0.000	0.000	0.000	0.000	0.091	0.902
	Z 检验值	3.133 ***	0.469	－0.474	－0.452	3.707 ***	8.583 ***	85.002 ***
	P 值	0.002	0.639	0.636	0.652	0.000	0.000	0.000
深证指数	系数	0.001	0.000	0.000	0.000	0.000	0.090	0.895
	Z 检验值	3.145 ***	1.017	－0.318	－0.433	5.166 ***	7.935 ***	73.727 ***
	P 值	0.002	0.309	0.751	0.665	0.000	0.000	0.000
工业指数	系数	0.001	0.000	0.000	0.000	0.000	0.094	0.901
	Z 检验值	3.184 ***	0.550	－0.707	－0.516	3.829 ***	8.935 ***	87.188 ***
	P 值	0.002	0.582	0.480	0.606	0.000	0.000	0.000
农业综合指数	系数	0.001	0.000	－0.001	－0.001	0.000	0.105	0.892
	Z 检验值	3.140 ***	－1.210	－2.118 **	－2.449 **	3.564 ***	10.043 ***	96.867 ***
	P 值	0.002	0.226	0.034	0.014	0.000	0.000	0.000
林业	系数	0.001	0.000	－0.001	－0.001	0.000	0.083	0.913
	Z 检验值	1.664 *	－0.641	－1.057	－2.165 **	4.119 ***	8.970 ***	99.751 ***
	P 值	0.096	0.522	0.291	0.030	0.000	0.000	0.000
农副产品加工业	系数	0.001	0.000	－0.001	－0.001	0.000	0.083	0.909
	Z 检验值	3.054 ***	－0.706	－1.849 *	－1.747 *	5.350 ***	9.923 ***	114.542***
	P 值	0.002	0.480	0.064	0.081	0.000	0.000	0.000
畜牧业	系数	0.000	－0.002	0.000	－0.001	0.000	0.050	0.943
	Z 检验值	0.773	－4.340 ***	－0.699	－1.271	4.939 ***	6.600 ***	130.971***
	P 值	0.440	0.000	0.485	0.204	0.000	0.000	0.000
种植业	系数	0.001	0.000	0.000	0.000	0.000	0.074	0.896
	Z 检验值	3.729 ***	－0.468	－1.166	－0.960	5.981 ***	6.858 ***	70.938 ***
	P 值	0.000	0.640	0.244	0.337	0.000	0.000	0.000
渔业	系数	0.001	0.000	－0.001	－0.001	0.000	0.098	0.891
	Z 检验值	2.098 **	－0.523	－1.210	－1.766 *	5.893 ***	9.959 ***	83.025 ***
	P 值	0.036	0.601	0.226	0.077	0.000	0.000	0.000
农药化肥	系数	0.001	0.000	0.000	－0.001	0.000	0.141	0.862
	Z 检验值	3.098 ***	－1.212	－1.609	－3.171 ***	3.185 ***	9.478 ***	65.421 ***
	P 值	0.002	0.226	0.108	0.002	0.001	0.000	0.000

注：*、**、*** 分别表示 10%、5%、1% 的显著性水平。

在检验季节效应的结果中，可以断定上证指数、深证指数和工业指数的每月平均收益率均存在显著的冬季效应，农业类综合指数月平均收益率存在显著的冬季和夏季效应，且其夏季效应显著为负，采用式（5－2）检验还表现出显著为负的秋季效应，而其他指数收益率则不存在这样的现象。

第三节　形成机理与结论

一、形成机理

（1）农业的发展受自然条件、季节变化的影响非常严重，我国农业几千年来靠天吃饭的局面到目前虽然有了很大的改变，但是从整体上看，风调雨顺在农业的丰收中起着重要的作用，自然灾害一旦发生就会严重影响农业的发展，而农业类上市公司的发展是以农业的发展为依托主体的，因此，自然条件、季节的变化自然就会影响着农业类上市公司股票价格的变动。

（2）从心理学角度考虑，季节变化会影响到人们的情绪、心理。已有研究显示，不同季节日照时间存在很大差异，而日照时间的不同影响着人们的情绪，情绪的不同变化导致人们的短期投资行为。因此，可以认为，农业类上市公司股票收益表现的季节效应也与此有关。

（3）从农业行业本身的行业特征来分析，中国冬季大部分地区受极地大陆气团控制，寒潮活动频繁。夏季受热带海洋气团和热带大陆气候影响，是世界同纬度上除沙漠干旱地区外最热的国家。从全年温带的季节分布看，夏季炎热，冬季寒冷。农业生产过程主要是在自然条件下进行的，气候是基本的自然因素，气候是自然环境中最易变化的因子。因此，在对农业生产有实际意义的主要自然因子中，气候起着主导作用。农业生产和产量随着气候、季节的变化而发生变化。

我国畜牧业在冬季是大量屠宰的季节，也就是获益的季节。对于牛羊等畜类，春季是抓绒剪毛季节，也是该行业获得现金收益的时机。

温带渔场受温带海洋性气候影响四季明显，春季生殖产卵、繁殖、生长。温度与渔业生产的关系十分密切。水温的变化直接影响鱼类的生长、摄食、产卵、洄游、死亡等，并影响鱼类种群的变化，最终影响到渔业资源的数量、质量及其开发利用。夏季水温最高，是鱼类食欲旺盛的生长期，10 月以后水温下降，鱼类逐渐停食，所以，在春季、夏季和秋季是鱼类繁殖生长的季节，对于企业来说所见的现金收益很少，而在冬季则是打捞获益的季节，故该行业存在显著的冬季效应。同时，我国目前水产品养殖业受自然环境的影响较大的现状未得到改善，尤其是海水养殖，对周边海洋环境具有较强的依赖性，由于海洋捕捞作业远离陆地，作业在很大的程度上又受海洋风浪等自然条件的影响。

林业行业在冬季是伐木收益的时机，所以冬季存在显著效应。农副产品深加工业在秋季购进大批量的农产品后进行深加工，自然会在冬季效应和春季获得一定的收益，因此该行业会存在显著的冬季效应和春季效应。

本书的目的是为了分析农业类上市公司股票价格收益率的季节特征，因此仅对农业类上市公司表现的季节效应进行原因分析，其他行业的季节效应的原因暂不讨论。

二、结论

分别运用最小二乘法和 GARCH 模型分析检验了我国农业类上市公司股票价格收益率是否存在异于其他行业的月效应和季节效应。

（1）运用最小二乘法检验上证指数、深证指数、工业指数和农业综合指数收益率，发现均存在 1 月效应，并且农业综合类指数收益率表现了不同于其他行业的月效应，还存在 2 月效应、6 月效应和 10 月效应；将一年中 12 个月按照冬、春、秋、夏四季检验，结果显示，上证指数、深证指数和工业指数的每月平均收益率均存在显著的冬季效应，农业类综合指数月平均收益率存在显著的冬季效应和夏季效应，且其夏季效应显著为负；农业类上市公司各子行业分别分析月效应和季节效应，则发现各子行业表现的季节效应也有一定的差异。

（2）运用 GARCH 模型检验结果再次验证了上证指数、深证指数、工业指数和农业综合指数收益率，均存在 1 月效应，而农业综合指数收益率还存在 2 月效应、6 月效应、7 月效应和 10 月效应。农业行业各子行业均表现了不同的月效应；按季节检验，结论仍是各指数收益率均存在冬季效应，所不同的是，农业综合指数还存在秋季效应。各农业子行业表现出了显著的季节效应。

第六章　农业类上市公司股票价格序列分形特征的实证分析

有效市场假说长期以来一直被誉为现代金融的理论基础，众多的学者对于该理论基础的理论研究和实证研究投入了很大的关注。继而关于资本市场的各种“异象”结论相继得出：“规模效应”、“季节效应”、“小公司1月效应”以及国外市场的“黑色星期一”现象（笔者目前未发现以我国资本市场为研究对象得出此结论的文献），使研究者去寻找更为合理的方法来探讨资本市场的奥秘。因此，分形理论和方法被引入了资本市场的研究中。有效市场是分形市场的一个特例，分形市场拓展了有效市场的含义；分形市场假说更广泛、准确地刻画市场（林水山，2005）。它导致了科学思想、科学思维方式和科学方法论的深刻变革，为人们认识世界提供了不同的视角和思路。在第三章中运用基本的统计方法检验，从统计意义上已经否定了我国农业类上市公司股票价格时间序列服从正态分布的假设，那么农业类上市公司的股票价格序列是否是杂乱无章和不可捕捉的呢，本章将以分形理论为基础探讨捕捉其股票价格的时间序列特征。

分形（Fractal）理论被研究者们誉为大自然的几何学，虽然学科归属上是现代数学的一个分支，但就其本质而言，该理论却提供了一种新的世界观和方法论。动力系统的混沌理论与之相辅相成、交叉结合。分形理论认为事物的局部和整体之间存在一定的相似方式的形状，对于一个分形客体，它的维数一般都不限于整数，而可取任何实数值，描述了分形客体是怎样将它所在的空间填满的，同时能够检验金融时间序列无序的程度。一个分形对象，就它本身来说是没有特征尺度的，人们是无法准确度量其长度和形态的，但是分形却是不变的。分形的概念准确而言是美籍法国数学家曼德勃罗（B. B. Mnadelbrot）在其1975年出版的法文专著《分形对象：形、机遇与维数》中首先提出的。他总结了自然界的非规整几何图形，将自然界液体湍动、曲折的海岸线、易变的天气、牛熊状态不定的股市等许多令人难以捉摸且纷杂无序的现象都统统归属到分形几何的框架之下，这样的归属给研究分析复杂的结构和现象提供了新的视角。

分形到目前为止还没有一个明确的理论定义，通常可以用一系列特征来说明：

（1）自相似性，即在不同的规模、空间、时间是相似的，但是又是不同一的。

（2）分形对象的规模范围具有广泛性。

（3）分形里的重要变量即分形维，可以很好的描述分形客体的规模变化。

（4）图形是不完整和规则的。直观上，这些分形图形没有规则，呈现出斑痕、麻点、破碎、扭曲、缠绕、纠结、折叠的特点。

根据分形原理，美国学者彼得斯认为，“资本市场是一个具有分形结构的市场，资本市场价格时间序列是分形时间序列”（Petors，1994）。也就是说，资本市场的整体和局部具有相似性，资本市场股票价格的变化是具有时间记忆，即价格序列前后是相互关联的，序列具有趋势性和循环性，价格记忆的长度随着时间的增加逐渐被消耗，具体消耗花费的时间是随机的，即循环周期是不确定的。但是，可以求出市场平均的循环周期，具体到每次循环的精确长度，是无法测算的。彼得斯以美国、德国、英国、日本等发达国家的资本市场为对象，采用经典的 R/S 方法对其进行深入研究，他自己的结论得到了验证，同时还计算了几个发达国家股票市场的平均循环长度。

在国内，用经典的 R/S 分析法对我国股票市场的分形特征进行研究也有所建树：张维和黄兴（2001）通过对沪深股市的 R/S 分析，研究证实了我国股票市场波动是具有非线性特征。他们的结论为后来研究我国资本市场的非线性特征有一定的参考价值。庄新田、庄新路和田莹（2003）基于标准差时间序列计算 Hurst 指数的方法，对沪市和深市的综合指数进行研究，结果表明，采用两种方法计算的赫斯特指数差异不大，可以认为两市不服从正态分布，因为 Hurst 指数均为 0.6 以上，C 值均不为零，所以具有长记忆特征和分形结构特征。崔振南等（2003）重新测算了上证综合指数的赫斯特指数，研究得出结论：上证综合指数的非循环周期大约为 130 个交易日。根据 Hurst 指数的功能即描述两个相邻事件发生可能性的状况，所以认为，上证综合指数时间序列具有持久性的特性，因为两个事件跟随的概率不是 0.5/0.5。研究认为，上证综合指数不遵循随机游走假设，而是可能遵循偏随机游走假设，由于研究发现上证综合指数时间序列上一个移动是正的，则下一个移动也是正的可能性更大。崔振南等给出的解释是序列中存在长期记忆效应。在理论上这个长期记忆效应是无限的，在实际中发现它是有限的，上证综合指数的长期记忆效应的消失点大约为 130 个交易日，也即非周期循环点。范英和魏一鸣（2004）对中国股票市场分形特征进行了研究，文章讨论分析了我国股票价格时间序列分形性质，运用重标极差（R/S）方法以深圳和上海两个股票市场的综合指数为对象，分析了两指数收益率序列在不同时间标度下的 Hurst 指数以及平均循环长度。研究证实两个市场是分形市场，得出了“更大的时间标度能更清晰地表现出市场的趋势”的结论。都国雄和宁宣熙（2007）选取了上证综合指数 1998～2005 年的数据，采用七种标度分析研究了市场的多重分形结构。研究显示：市场多重分形的强度随标度较小而减弱，但是现状不随之改变；随着时间范围的减小，市场的多重分形减弱。

显然，我国股票市场是一个具有分形结构的市场。然而从研究角度看，有众多的文献证明，我国的资本市场存在“板块现象”，也就是说上市公司所处的不同行业，其股票价格的时间序列是存在差异的。由于此类结论的文献相当多，这里不予以赘述。从直观现象，同样也可以验证我国股票市场存在着“板块异动”现象。2010 年我国在受到国际金融危机的影响后，资本市场虽然在逐步活跃起来，但是从各行业板块来看，很长一段时间市场出现了行业板块轮动的状况，有分析人士称其为“我国资本市场出现了百花齐放的状态”。但是综观已有的研究文献，发现很少有学者以农业行业为研究对象，分析其分形性质。本章从行业的角度出发，以农业行业为研究对象，选取农业类上市公司为样本，并按照其主营范围将其分为林业、渔业、畜牧业、种植业、农副产品加工业和农药化肥业 6 个子行业，深入研究我国农业类上市公司的股票价格是否存在分形特征，同时和市场总体水平进行比较研究，以探讨农业类上市公司股票价格时间序列的变化特征。

第一节 研究方法

关于研究分形结构的方法，学者们最常用的一种方法就是 R/S 分析法，其具体的名称即重标极差分析法。该方法是英国水文学家赫斯特最早提出运用的。后来相关研究人员在对经济数据进行研究时，发现了一些非有效市场假设的分布形态，同时基本的统计分析方法不能分析这些分布形态时，R/S 分析法被引入运用到了经济研究领域，用在各种时间序列的分析之中。因为，R/S 分析法的运用具有极其重要的作用，赫斯特指数的计算、非周期循环的估计都能通过该法解决。

本章为了分析研究农业类上市公司股票价格的分形特征，选取第二章中列举的农业类上市公司作为样本，同时为了探讨农业板块异于其他板块的特征，选取了上证指数、深证指数以及工业指数进行对比分析。对于农业类上市公司，将根据具体主营业务分成的6个子行业的日均价格收益率进行加权计算，分别得到了6个子行业的日收益率的时间序列。

具体的样本时间期间的选取为：2002年1月1日～2009年12月31日，共计1800多个交易日。

第二节　实证结果及分析

一、实证检验

从B=10开始进行分组，选取大于10天的增量，即在B大于等于10天开始估计赫斯特指数，这样处理应该能消除马尔科夫短期记忆性，以保持10天以上的各个非交叠区间的观测值是相互独立的（崔振南等，2003）。B值分别取值11、12、13…、800，进而进行分别计算实证。具体结果见表6－1。

表6－1　实证回归结果

股票指数	常数	H值	T统计	R^2	F统计	关联度C
上证	－0.5373	0.6372	119.9489	0.9744	14387.73	0.2095
深证	－0.4457	0.6216	121.7734	0.9751	14828.76	0.1835
工业	－0.5862	0.6533	125.5457	0.9766	15761.72	0.2367
农业综合	－0.2066	0.6083	170.0494	0.9871	28916.78	0.1620
种植业	－0.2196	0.6060	148.3336	0.9831	22002.86	0.1366
渔业	－0.2062	0.5924	174.3064	0.9877	30382.73	0.1366
畜牧业	－0.3715	0.6186	184.8434	0.9891	34167.07	0.1788
林业	－0.1626	0.5667	144.0458	0.9821	20749.18	0.0968
农副产品加工业	－0.1596	0.5823	115.7216	0.9725	13391.48	0.1209
农药化肥业	－0.0893	0.6080	124.8508	0.9763	15587.73	0.1614

注：方程为 $\log(R/S)_B = \log(U) + H \cdot \log(B)$。

从表6－1可以看出，所有指数的方程拟合得很好。T检验值和R^2显著的F检验值，说明在统计角度看，方程是有意义的。发现在各股票指数中，所有股票指数的赫斯特指数都在0.5～1，说明各指数都是一个持久性的时间序列。其中，工业指数的赫斯特指数最大为0.6533，林业、渔业和农副产品加工业的赫斯特指数小于0.6，及比较接近于0.5，说明这3个农业子行业的时间序列是一个相对较平稳的序列。从总体比较分析，发现工业指数的赫斯特指数和上证指数、深证指数的赫斯特指数相差较小，而农业行业的各子行业的赫斯特指数（除畜牧业以外）相对较小。从关联度指标考察，发现农业行业的各指数关联度都相对小于上证指数、深证指数和工业指数，数值都在0.2以下。说明上证指数、深证指数和工业指数的长期记忆效应较强，而农业行业各指数的长期记忆效应较弱。

按照前文所述的赫斯特指数估计的方法，计算了各指数每日的log（R/S）和相应的V_B。具体见图6－1～图6－10。根据所列示的图得出，不同的行业指数在不同的B点发生突变。

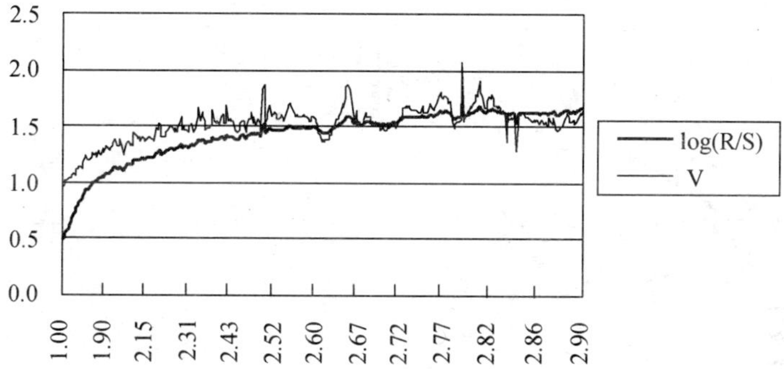

图6－1　农业综合指数

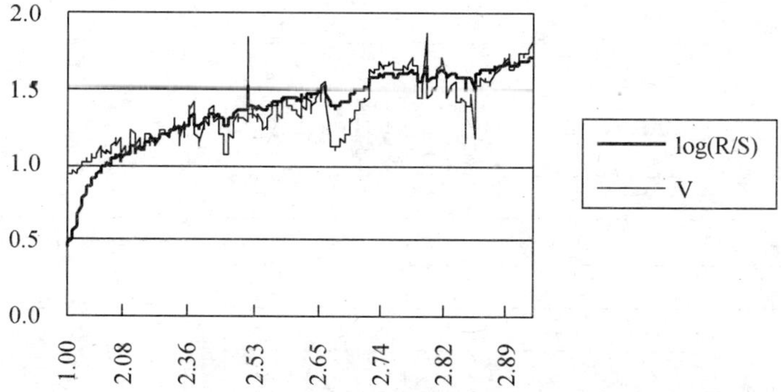

图6－2　工业指数

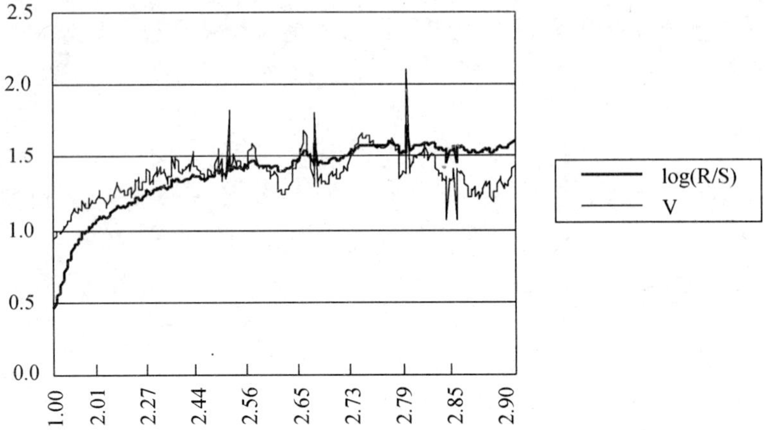

图 6－3　农副产品加工业

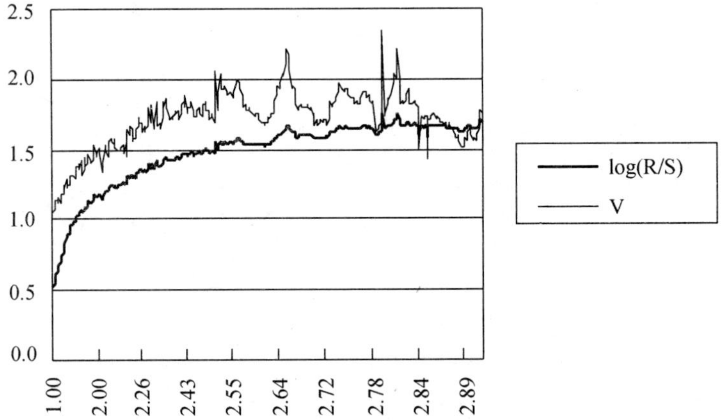

图 6－4　农药化肥

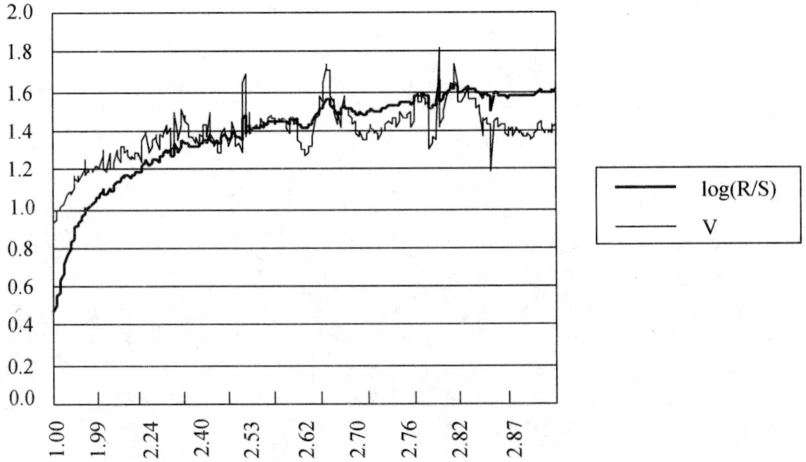

图 6－5　渔业

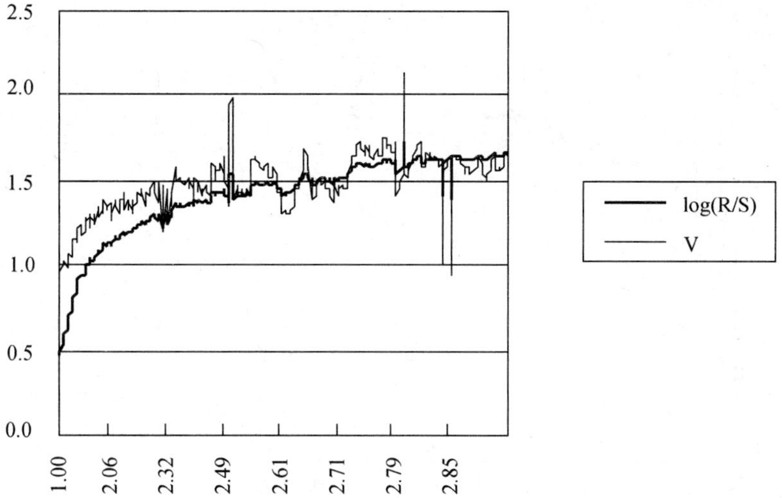

图 6－6　种植业

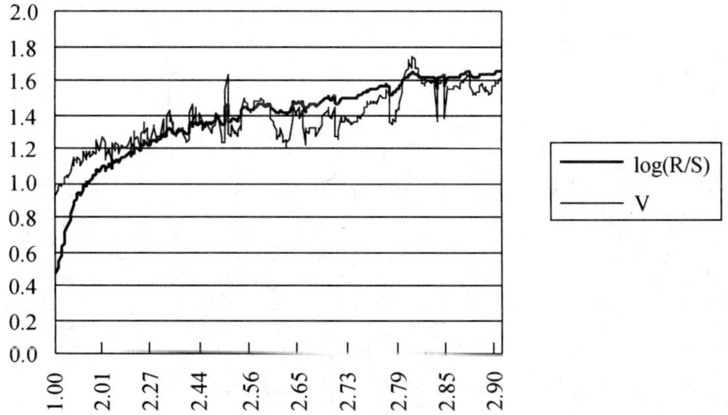

图 6－7　畜牧业

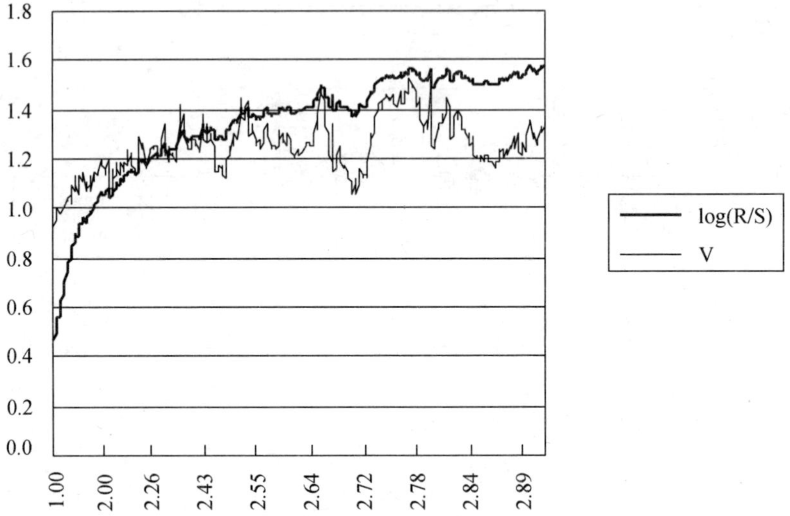

图 6-8　林业

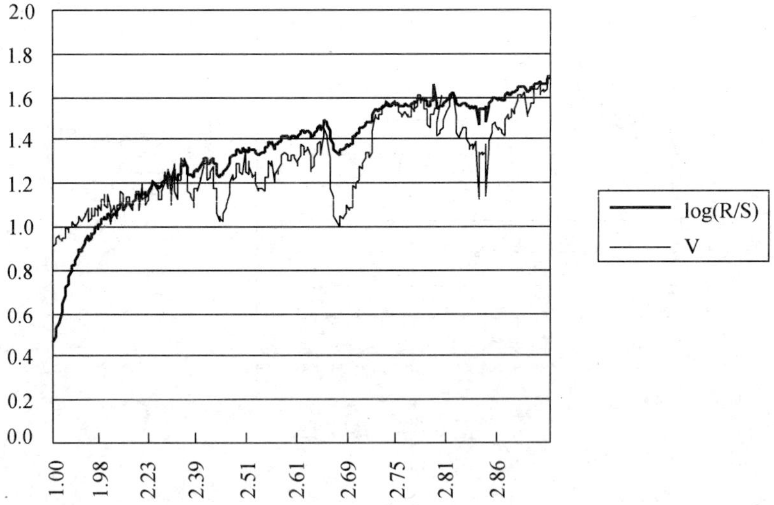

图 6-9　上证指数

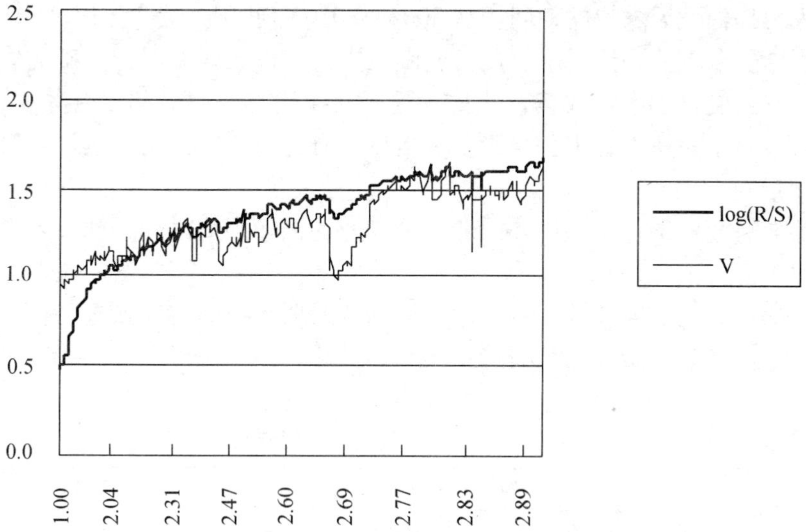

图 6-10　深证指数

从图 6-1 ~ 图 6-10 中粗略确定了突变点，从而判断了各序列长期记忆的效应是经过多长时间失去作用的，同时进一步计算了各指数的平均循环长度。

表 6-2　各指数突变点

股票指数	V_B	log（B）	B
上证	1.2965	2.4048	254
深证	1.3083	2.4082	256
工业	1.3791	2.4048	254
农业综合	1.8779	2.4969	314
种植业	1.6318	2.5514	356
渔业	1.7414	2.6454	442
畜牧业	1.4784	2.5717	373
林业	1.3796	2.4014	252
农副产品加工业	1.8220	2.4969	314
农药化肥	2.0436	2.5092	252

从表 6-2 可以得出，农业行业内多数子行业的循环周期相对于市场总体水平和工业行业来说较长，究其原因，笔者认为主要原因是与分析考察的样本期间有关，选取了 2002 年 1 月 1 日 ~2009 年 12 月 31 日为样本期间，在这段期间内，

是我国大力提倡发展农业的期间。从2004～2010年我国连续7年以“一号文件”的重视程度发展农业，给予了农业行业政策支持。以农业发展为基础的农业类上市公司自然会受益于惠农政策，并且我国近几年内惠农政策的出台紧密、连续，这样的政策对于农业类上市公司股票价格变动有着重要的作用（具体政策效应见本书第四章）。

在农业行业各子行业的循环周期中，渔业的循环周期最大，和市场总体的水平相差很大。

为了确保研究的准确性、科学性，根据各股票指数的突变点进行分段，分别求出第一阶段和第二阶段的赫斯特指数和相关度。

表6－3　各指数分段实证的回归结果

股票指数	突变前		突变后	
	H_1 值	关联度 C_1	H_2 值	关联度 C_2
上证	0.5947	0.1403	0.7656	0.4451
深证	0.5922	0.1363	0.7495	0.4132
工业	0.6083	0.1620	0.7662	0.4463
农业综合	0.6467	0.2255	0.5141	0.0197
种植业等	0.6283	0.1947	0.6146	0.1722
渔业	0.6125	0.1688	0.4287	－0.0941
畜牧业	0.6125	0.1688	0.7938	0.5027
林业	0.5967	0.1435	0.5286	0.0404
农副产品加工业	0.6358	0.2071	0.4159	－0.1100
农药化肥	0.6696	0.2651	0.3671	－0.1683

注：方程 $\log(R/S)_B = \log(U) + H \cdot \log(B)$。

从表6－3可以看出，按照突变点分段回归后，各指数用突变点前后不同的数据，回归后计算出的赫斯特指数有很大的差异。上证指数、深证指数和工业指数在变异点后计算出的赫斯特指数明显增大，而且趋势性显著增强。农业行业内，畜牧业用突变点后数据分析的赫斯特指数是所有样本里最大的，数值达到了0.7938，数据前后的相关度超过了50%。其他子行业在突变后，其赫斯特指数都显著减小（种植业变化不大）。从每日收益率样本数据的长期相关性来看，渔业、农副产品加工业和农药化肥业的C值都变为负值了。因此，可以判断从整体而言市场是存在非周期循环的，再次证实了市场信息的效应是有时间长度的，并且效应的影响是有限的，而不是无限的。而市场内各子行业同样也存在自己的非周期循环，其周期和市场总体有一定的差异。

由于行业的不同，股票价格的波动是政策、行业内部的监管、企业自身的经营管理等多方面因素的影响，导致子行业的非周期循环存在差异。从农业类上市公司总体考察，其在突变后，赫斯特指数趋于 0.5。说明其时间序列处于逐步稳定的状态。从各子行业来看，农药化肥业、农副产品加工业及渔业的赫斯特指数在 0.5 以下，根据赫斯特指数的特性：如果系统在前一期间变化趋势是向上，那么后一期间其向下的概率将较大，反过来也是一样；H 值越小，这种反向变化的趋势就越明显（彼得斯，1999）。说明农药化肥业、农副产品加工业及渔业的股票价格时间序列具有较强的易变性。

由于赫斯特指数越大表明股票价格序列走势越平稳，也就意味着该股票或股市风险就越小。因此，可以认为公司业绩好且发展相对稳定的股票赫斯特指数就相对要大，并且其风险也较小。从表 6－3 中，发现农业行业的各子行业的风险要高于市场的风险，且高于工业行业的风险，这与农业类上市公司本身依托农业发展的特性是分不开的。同时，从另一个角度也可以说明，虽然国家给予“三农”支持政策，但是其政策的效应是短期的。从长期来看，一个行业的上市公司要想在资本市场健康发展，必须靠自身提高经营水平、技术水平来消化行业风险。

二、基本结论

经过实证分析，可以认为我国股票市场是具有非线性特征的分形市场（王德河，2007），各指数序列的前后价格具有显著的相关性，具有循环和趋势双重特征，根据赫斯特指数判断，股票价格的波动在很大程度上受到历史信息的影响，在进行分段回归后发现，工业指数、上证指数、深证指数在突变点后回归出的赫斯特指数达到 0.7 多，具有显著的趋势性，而且可以认为由于行业的不同，其非周期循环是不一样的。

即使是同属于农业类上市公司，由于子行业的不同，其赫斯特指数是存在着很大差异的。畜牧业赫斯特指数在各行业中最大，说明其趋势性最强。

三、形成机理

从行业的角度来看，每个行业有每个行业的特征，不同的行业存在着季节性的差异，存在不同的行业制度、行业规定。不同行业受到自然气候的变化，其受到的影响程度不同。因为考察的是农业行业内各子行业的特征，各子行业存在差异是必然的。如畜牧业在冬季，其产品是销售旺季，在冬季利润是一年中最高的季节，畜牧业上市公司因为价格传递、信息、效应传递的作用其股票表现相对较好。而农药化肥业则会在春季是销售的旺季，公司季节收益表现突出，传递到股票市场，则该类上市公司的股票表现比较活跃。因此随着季节的变动，农业行业各子行业的股票价格波动要强于其他行业的波动程度。

从投资者角度来看，投资者因为各自的心理特征不同、对事物的认知水平存在差异及对历史信息掌握的准确度不同，因此对选择行业股票存在差异，尤其是对农业行业股，大家受传承观念的束缚，想当然的认为农业就是意味着靠天吃饭，风险大。而投资者普遍喜好低风险高收益的股票。这些因素都对农业行业的股票价格波动产生影响。

了解了各行业的指数特征，一方面，对证券投资会有一定的帮助，在投资决策过程中，可以运用该方法，首先寻找那些 Hurst 指数异乎寻常大的股票，然后研究其过去的走向形势，判断股票的基本形势是建仓还是出仓，对看涨的或没有经过高峰的股票进行投资（都国雄和宁宣熙，2008）；另一方面，对上市公司管理当局有一定的指导意义，管理者能够正确掌握公司在市场的运行状态，有助于管理层制定出科学合理的发展政策。

第七章　农业类上市公司股票价格特征表现的相关因素分析

前文中笔者对农业类上市公司股票价格的基本统计特征、同步性特征和季节性特征进行了分析研究，发现农业类上市公司股票价格表现出与市场总体存在共同的基本统计特征，也表现出农业行业的特征；从分形角度分析农业类上市公司股票价格序列存在长记忆特征，其赫斯特指数也表现出异于市场总体水平。由于资本市场上股票的价格特征在很大程度上和公司具体经济行为相互影响。一方面，由于股票市场价格上升，会引起财富效应，可能会导致企业很好的融通到资金，利于企业扩大规模；另一方面，企业盈利水平高，相应的经营风险、财务风险低会被投资者看好。同时，实体经济的发展、实体商品的价格与资本市场上相关企业的股票价格也是存在关联的。为了进一步探究农业类上市公司股票价格特征表现的内涵及相关影响因素，本章从农业类上市公司股票价格波动风险入手，研究农业类上市公司股票价格特征表现与相关因素；根据价格传递理论，以畜牧业上市公司为案例，研究实体经济中农产品价格与农业类上市公司股票价格的关系，进一步探讨农业类上市公司价格特征影响机理。

第一节　农业类上市公司股票价格波动风险及相关因素实证分析

对金融市场来说，风险通常指的是金融资产价格的变动，也就是说股票价格的波动就意味着其存在风险。股票价格的波动性表示股票价格变化在某一时期的变异程度。股票市场上股票价格波动是股票市场的常态，也是股票市场生命力存在的源泉之一。适度的股票价格波动有利于增加市场活跃程度，提高市场流动性，但剧烈或频繁的波动则会挫伤投资者的积极性，扭曲股票市场价格信号的资源配置功能，阻碍股票市场发展。从财务学的角度来说，风险和收益应该是对等的，高风险就意味着高收益。所以，对不同的风险水平，人们有不同的收益预期。一个市场的波动风险对这一市场的发展影响很大，同样，一个行业的波动、一只股票的波动对其发展也有着重大的影响。如何规避行业风险，尤其是对具有弱质性的农业这个产业来说，是一个永恒的话题。农业类上市公司是我国农业企业的领头羊，它们的发展引领着农业企业的发展。大家知道农业是人类的衣食之源、生存之本，而农业比其他行业在更大的程度上依赖于自然生态环境，环境资源即光、热、水、气等状况直接影响农业生产的持续稳定和农产品质量的优劣，因此农业发展的风险会比其他行业的风险更大。而且，我国农业发展中资金投入严重不足，科技投入不足，农业科技队伍不稳定和失散流失问题尤为严重。

如果一个行业的风险较高，则行业内个股的价格波动风险相对而言也会较高。站在投资者的立场看，每个投资者就会在既定的风险水平（方差）下寻求股票的收益（均值）最大化，或在既定的预期收益水平下追求风险的最小化。如果某类资产相对于其他资产风险高、收益少，那么持有该资产的投资者就会自动调整自己的头寸，因此，当市场达到均衡时，所有资产的风险与收益应该是成比例的。

农业类上市公司因为主营业务与农业紧密连接，固然受农业生产周期长，季节性和地域性强，商品化率较低，产品附加值低，资金投入量大、周转缓慢等影响。农业属于低效产业，其经营业绩受自然环境、消费取向等众多不可控因素的影响，投资回收期相对较长，抗风险能力也较弱。无论是政府、管理当局、社会投资者还是金融机构自然会想当然地认为农业类上市公司存在较高市场风险的制约，继而其经营风险较高盈利能力不强，经营业绩增长性不高，不具有高成长性及高获利性的特性。而作为上市公司股东们和投资者必然存在追逐利润的最大化的目标，由此，产生了农业弱质性和资本追逐利润本性之间的矛盾。

由此产生了一系列的问题：农业类上市公司股票价格波动是否显著大于我国资本市场的整体风险；农业类上市公司的股票价格波动的风险会受什么因素的影响；其影响因素和现有的研究结论是否存在差异；是否还有其他的因素对股票价格波动有显著的影响；这些因素又是如何影响股票价格波动风险的呢？本书试图回答上述问题，继而能为降低农业类上市公司的股票价格波动风险提供可靠的理论依据。最重要的是，笔者从行业板块的角度出发，研究我国农业类上市公司股票价格波动风险的多因素影响。

本节安排如下：根据已有的相关研究文献进行提出研究假设；介绍研究方案，包括样本选取、变量设定、描述性统计结果；建立模型及进行检验；对研究结论进行总结。

一、基本假设

关于股票价格的风险影响因素问题，国内外学者们从不同的角度进行了分析，得出了各自不同的结论。单只股票的价格波动风险会随着时间、股票规模大小、负债率和经营风险的变化而变化。在分析研究股票价格多因素影响时，国内外众多学者将样本分为价值类证券和成长类证券。一般而言，在定义价值类证券或成长类证券时，遵循行业传统，根据股票价格对所有股票的账面价值进行排位，然后根据市场价值再等分为两组。排在上半部分（股票价格对账面价值比率值高）的证券被定义为成长类证券名称，而下半部分定义为价值类证券。有研究发现股票存在价值效应，即对投资于股票价格与账面价值比率低的股票（价值类股票）的收益要好于股票价格与账面价值比率高的股票（成长类股票或热门股票）；然后进行分类组合，并且研究发现，在相同的账面价值与市场价值的比率组合中所带来的平均收益变化实际上与β估计值呈负相关关系，即小资本股票效应和价值效应在实证研究中表现出规律性特征。Fama 和 French（1992）研究发现，规模和净值市价比两个易于测度的变量可以解释与 BETA、财务杠杆、市盈率等变量相关的股票收益，BETA 与股票收益之间缺乏显著的相关性。有的研究认为，与规模和 B/P 有关的收益溢价（Return Premium）是风险的回报，这与 Merton（1973）提出的跨期资本资产定价模型（ICAPM）以及 Ross（1976）的套利定价理论（APT）一致。他们提出了一个三因素模型来解释预期股票收益的横截面变化。B/P 效应在我国市场也受到学者们的关注。朱宝宪和何治国（2002）对 A 股 1995～1997 年上市的 286 只股票进行了研究，他们将股票按照 B/P 比值构造组合，发现随着 B/P 比值的增大，组合平均收益率逐步上升。而且 B/P 比值对股票收益的解释力显然高于β。肖军和徐信忠（2004）采用类似的方法，以中国沪深 A 股股票市场为对象进行研究，也发现了 B/P 效应的存在。黄波、李湛和顾孟迪（2006）研究认为，公司规模因子与账面市值比因子属于公司特征风险因子，也能导致公司股票价格的波动。

因此，笔者设 P_{it} 为股票 i 在 t 时刻的每股价格，B_{it} 为股票 i 在 t 时刻的每股净资产，Risk 为股票 i 从 t 到 $t+\Delta t$ 时刻价格波动的标准差即该股票的价格波动风险替代变量，其中：

$$P_{it}=\frac{P_{it}}{B_{it}}\times B_{it} \tag{7-1}$$

因为股票的市净率的倒数 $=\frac{B_{it}}{P_{it}}$，所以，有 $P_{it}=$ 市净率 $\times B_{it}$ 即：

$$P_{it}=\frac{1}{B_{it}/P_{it}}\times B_{it} \tag{7-2}$$

假设1：在公司其他因素不变的情况下，B_{it}/P_{it}越大，股票的价格越稳定，其股票价格波动的风险也就越小。

市盈率效应的概念最先由Basu（1977）提出，即低市盈率的股票同股票平均收益相比，往往会获得更大的收益，同时还发现市盈率效应违背了市场有效的假设。其研究结论是，市盈率比率和平均收益存在明显的负相关。

从股票风险角度出发，设E_{it}为股票i在t时刻的每股收益，股票的市盈率 = $\frac{P_{it}}{E_{it}}$，同样得到：P_{it} = 市盈率 × E_{it}。

假设2：在公司其他因素不变的情况下，股票的市盈率越大，股票价格就越高，继而其价格波动的风险就越小。

Banz（1981）首次发现了股票收益与公司规模之间呈负相关，“规模溢价”这一切合实际金融直觉而又显而易见的结论引起了许多学者的关注。国内也有不少学者进行了规模溢价的研究：汪炜和周宇（2002）采用夏普测度计算了小规模股票资产的收益和风险，其样本为1997年1月1日~2001年12月31日，同时将其方法进行了改进，又因为我国股票市场的特殊之处，以流通市值为划分股票规模的标准，但这种改进并没有弱化我国股票市场规模溢价显著的特征。结果发现剔除风险因素后“小公司效应”仍然显著。张祥建等（2003）也得到了类似的结果。

根据已有的研究，借鉴其研究思路，分析股票价格波动风险和企业规模之间存在相关关系，即设$Size_i$为股票i的规模。

假设3：农业类上市公司的规模越大，其股票价格波动的风险越小。

斯蒂芬·罗斯（2003）的研究表明，当一个企业不改变业务范围时，其β系数（企业的风险）表现出相对稳定的状态。Chen和Zhang（2006）选取生产收益、资产投资、收益率变化、成长机会和折旧率等作为解释变量，实证模型解释了收益变量的20%。Clubb和Naffi（2007）以英国所有上市公司（金融企业除外）为样本，选择1980~2000年的账面价值作为数据，建立了一个以未来预期账面价值、ROE和现期账面价值作为解释变量的FOG线性模型来解释未来的股票收益。结果发现这三个变量在很大程度上解释了英国上市公司的股票收益。本节从农业行业角度研究，选取带有行业特性的会计信息指标即主营业务利润。

假设4：主营业务利润越大，说明其股票收益就越大，投资者就越看好该股票，价格就会随着利润的变动而波动，继而股票价格波动的风险就越大。

任何一个公司自身经营都在随着市场等因素的变化而不断变化，公司所处行业状况也在不断变化。企业产品系列的变化、技术的变迁、财务杠杆改变等都将导致公司的风险状况发生变化，从而有可能导致股票价格的波动。财务杠杆会加大财务风险，企业举债比重越大，公司受到外界的干扰就会越大，财务杠杆效应越强，财务风险就越大。

假设5：财务杠杆越大，股票价格波动的风险就越大。

上市公司上市的年限越长，说明该公司在资本市场应对风险的能力越强，同时，也能代表该公司的发展是具有一种趋于稳定的基本状态。

假设6：随着农业类上市公司其股票上市时间加长，其系统风险逐步趋于稳定，即风险会相对减小。

金融资产的共同特征是具有流动性、风险性和收益性，正因如此，吸引了众多投资者投资于股票等金融资产。而金融资产的流动性和风险性是对立的，流动性越大，风险性越小；反之，流动性越小，风险性越大。因为笔者从农业行业角度来分析研究农业类上市公司表现，选择主营收入现金含量作为替代变量衡量其流动性的状况。

假设7：主营收入现金含量越大，其流动性就越大，公司抗风险的能力就越大，即股票价格波动的风险就会越小。

二、研究设计

1. 样本

笔者选取的样本的标准如第三章所述，即符合条件的有70家农业类上市公司。

2. 变量选择

（1）因变量。农业类上市公司股票价格波动风险，笔者用农业类上市公司实际股票价格的日变动的标准差作为替代变量，即Risk也表示为农业类上市公司股票价格的总风险。

（2）自变量。因为风险根据其产生的原因可以分为系统性风险和非系统性风险。非系统性风险是企业特有的风险，主要是由企业自身经营和财务管理方面带来的风险。系统性风险是市场整体带来的风险，主要是由国家宏观经济形势的变动、国家经济政策的变化、税制改革、企业会计准则改革、世界能源状况和政治因素引起的。所以，笔者的自变量分为以下两部分：

第一部分：非系统性风险因素。

A. 规模（Size）　　以农业类上市公司的样本公司每年的总股本为替代变量

B. 账面/市值比（B/P）　B/P = 每股实业资本账面价值/每股市场价格

C. 财务杠杆（DFL）　DFL = 每股收益变动率/息税前利润变动率

D. 市盈率（P/E）　　　　P/E = 每股市场价格/每股收益

E. 上市年限（Age）　　　若，Age > 3，则，D = 1；若，Age < 3，则，D = 0

F. 主营业务利润（MR）　选取 2002 ~ 2009 年度各年的年利润额

G. 主营收入现金含量（MCc）

第二部分：系统性风险因素。

单项资产或资产组合受系统风险影响的程度，一般通过系统风险系数（β 系数）来衡量。β 系数的计算利用收益率的历史数据，采用线性回归的方法取得。

3. 变量的数据特征描述

（1）农业行业股票价格波动风险的分布特征。农业类上市公司股票价格波动风险指标反映的是农业板块内各公司股票价格波动的风险状况。从表 7 – 2 的列示结果来看，在样本期内该指标的最大值为 18.6156，最小值为 0.1665，均值为 1.7845，中位数为 1.1692。风险的最大值和最小值之间差异很大。但是从表7 – 1和图 7 – 1 可以看出数据在均值附近分布比较均匀。风险数值小于市场整体水平（假设市场的整体风险为 1）的频数占总样本观测值的 73%，由此可以判断农业类上市公司股票价格波动的风险并没有和预期的一样（通常认为，农业行业的风险要比非农业行业的风险大）。

表 7 – 1　农业类上市公司股票价格波动风险数值的区间分布

股票价格波动风险	均值	标准差	观测值
[0，2)	0.9573	0.4510	425
[2，4)	2.7191	0.5001	106
[4，6)	4.8342	0.6131	41
[6，8)	7.1763	0.5945	15
[8，10)	8.9510	0.6543	9
[10，12)	0.0000	0.0000	0
[12，14)	12.6819	0.8271	7
[14，16)	0.0000	0.0000	0
[16，18)	0.0000	0.0000	0
[18，20)	18.4158	0.2825	8
全样本	0.5943	0.2100	611

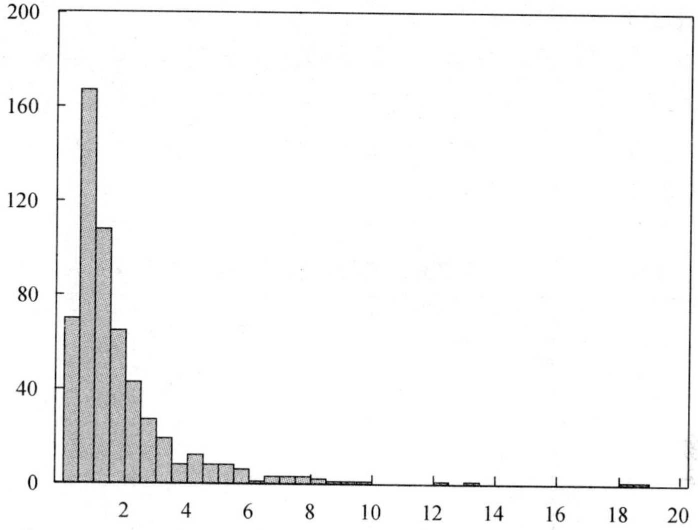

图 7－1 农业类上市公司股票价格波动风险数值的区间分布

（2）各变量的描述统计。从表 7－2 可以看出，农业类上市公司的股本规模、市盈率、主营业务利润等指标存在一定的差异。尤其是各指标的最大值和最小值之间悬殊甚大，说明笔者的观测值有异常值的存在。

表 7－2 相关变量的描述性统计结果

	股票价格波动风险	规模（万股）	账面/市值比	财务杠杆	市盈率	主营业务利润（元）	主营收入现金含量（倍）	系统风险
平均值	1.7845	271737	0.7083	0.0263	91.58	384116389	1.0833	0.4596
中位数	1.1692	91517	0.4439	0.0101	30.31	177768566	1.0870	0.3971
标准差	1.9588	532320	0.7298	0.1846	496.47	659385157	0.2094	0.5479
最小值	0.1665	2464	0.0017	0.0000	－6525	－303782357	0.0000	－1.6932
最大值	18.6156	7224948	7.2321	3.9967	7220	6839881134	3.2686	3.2907
观测数	611	611	611	611	611	611	611	611

4. 各变量之间的 PEARSON 相关系数

从表 7－3 中可以看出：农业类上市公司股票价格波动风险与公司规模、B/P、主营业务利润、主营收入现金含量在统计上都有显著的相关关系；各变量之间也存在相关关系。因此，这为后文进一步分析各变量与农业类上市公司股票价格波动风险之间的内在关系提供了实证支持。

表 7－3　各变量之间的 PEARSON 相关系数

相关关系 t 统计	股票价格 波动风险	规模	账面/ 市值比	财务 杠杆	市盈率	主营业务 利润（元）	主营收入现 金含量(倍)	系统 风险
股票价格 波动风险	1 —							
规模	0.5116 0.000	1.000 —						
账面/市值比	－0.2611 0.000	－0.2879 0.000	1.000 —					
财务杠杆	－0.0316 0.4549	－0.0249 0.5571	－0.0378 0.3715	1.000 —				
市盈率	－0.0132 0.7558	－0.0084 * 0.8420	－0.0821 0.0521	－0.0107 * 0.8001	1.000 —			
主营业务利润（元）	0.3627 0.000	0.5507 0.000	－0.1102 0.0090	－0.0319 0.4517	－0.0764 0.0708	1.000 —		
主营收入现金含量（倍）	－0.0761 0.0719	－0.0608 0.1505	0.0227 ** 0.5916	0.0066 * 0.8758	0.1131 0.0074	0.0077 0.8551	1.000 —	
系统风险	0.0560 0.1854	－0.0101 * 0.8110	－0.0764 0.0708	0.0231 ** 0.5846	0.0194 * 0.6473	0.0544 0.1991	－0.0268 ** 0.5273	1.000 —

注：* 表示 t 统计在 5% 水平下显著情况，** 表示 t 统计在 10% 水平下显著情况。

5. 系统性风险与农业类上市公司股票价格波动风险之间的关系

将所有的观测样本按 β 的升序等分为四组，每组 152 个观测值，来分析农业类上市公司股票价格波动风险的分布详细结果，见表 7－4。

表 7-4 系统性风险与农业类上市公司股票价格波动风险之间的关系

四等分组	β	股票价格波动风险
1~152	-0.1366	1.8324
153~304	0.2759	1.6534
305~456	0.5696	1.6934
457~611	1.1697	1.9588

从表 7-4 可以发现，当企业的系统性风险系数值 β 大于零时，随着 β 值的增大，股票价格波动的整体风险也随着增大，而当 β 值小于零时，则股票价格波动整体风险与系统性风险系数值呈反向关系。

6. 非系统性风险因素与农业类上市公司股票价格波动风险之间的关系

（1）B/P、主营业务利润分别与农业类上市公司股票价格波动风险之间的关系。按照前文中方法，笔者将所有的观测样本按 B/P 的升序等分为四组，每组 152 个观测值，来分析农业类上市公司股票价格波动风险的分布详细，结果见表 7-5；采用同样的方法，将所有观测样本按主营业务利润的升序等分为四组，结果见表 7-5。

表 7-5 B/P、主营业务利润分别与农业类上市公司股票价格波动风险之间的关系

四等分组	B/P	股票价格波动风险	主营业务利润	股票价格波动风险
1~152	0.1635	3.0933	35570324.89	1.2929
153~304	0.3350	2.0389	123608054.00	1.3082
305~456	0.6400	1.0032	267056913.20	1.5124
457~611	1.6949	1.0027	1111430265.00	3.0245

从表 7-5 可见，随着 B/P 的增加，股票价格波动的风险呈显著的下降趋势，随着主营业务利润的增加，股票价格波动风险却呈上升趋势。

（2）财务杠杆、规模分别与农业类上市公司股票价格波动风险之间的关系。和表 7-5 的分组方法相同，笔者分别按规模和财务杠杆的升序将所有的观测样本等分为四组，每组 152 个观测值。从表 7-6 可以发现，公司规模越大，股票价格波动的风险就越大；财务杠杆越大，股票价格波动的风险就越大，与相关的财务理论是一致的。

表 7－6　财务杠杆、规模分别与农业类上市公司股票价格波动风险之间的关系

四等分组	规模	股票价格波动风险	财务杠杆	股票价格波动风险
1～140	22129.17	0.9546	0.0037	1.6262
141～280	58216.1091	1.0376	0.0088	1.6734
281～420	186279.8180	1.7716	0.0116	2.0305
421～560	820322.3308	3.3743	0.0810	1.8080

（3）B/P、主营业务利润与农业类上市公司股票价格波动风险三者之间的关系。将所有观测样本按 B/P 的升序等分为 A1、A2、A3 和 A4 四组，每组 140 个观测值。然后，每组内按主营业务利润的升序等分为 B1、B2、B3 和 B4 四组，每组 35 个观测值，结果见表 7－7。控制了主营业务利润的影响后，随着 B/P 的增大，股票价格波动风险仍然表现出明显的递减趋势；但是，控制了 B/P 的影响之后，股票价格波动风险没有表现出规律性的变化。

表 7－7　B/P、主营业务利润与农业类上市公司股票价格波动风险三者之间的关系

	B1	B2	B3	B4
A1	3.1066	3.6811	2.0820	3.5031
A2	2.2033	1.8732	1.4012	2.6780
A3	0.9837	1.0961	0.9623	0.9706
A4	1.0236	0.9187	0.8952	1.1733

（4）财务杠杆、规模与农业类上市公司股票价格波动风险三者之间的关系。将所有观测样本按财务杠杆的升序等分为 M1、M2、M3 和 M4 四组，每组 152 个观测值。然后，每组内按规模的升序等分为 N1、N2、N3 和 N4 四组，每组 38 个观测值，结果见表 7－8。控制了规模的影响后，随着财务杠杆的增大，股票价格波动风险仍然表现出明显的递减趋势；控制了财务杠杆的影响之后，随着规模的增大，股票价格波动风险表现出明显的上升趋势。

表 7－8　财务杠杆、规模与农业类上市公司股票价格波动风险三者之间的关系

	N1	N2	N3	N4
M1	1.0709	1.0784	1.5646	2.7911
M2	0.9259	0.9303	1.5022	3.3350
M3	0.9106	1.0907	2.0395	4.0810
M4	0.9473	0.9923	2.0069	3.2854

三、模型设计与检验

1. 市盈率、B/P及系统性风险影响因素模型的检验结果

B/P表示的是企业资本账面价值B和市场价值P的比值；如果股票的B/P比值很低，说明市价相对账面资本高；反之，如果股票的B/P比值很高，说明市价相对账面资本低。Lakonishok（1994）针对不同B/P的股票与股票收益之间的关系进行了研究，发现市价相对账面资本高的股票的收益显著低于市价相对账面资本低的股票的收益，并且这种差异并非两类股票风险的差异造成的，因为市价相对账面资本高的股票的风险比市价相对账面资本低的股票的风险大，尤其在大盘下跌和经济衰退时，市价相对账面资本高的股票的相对业绩尤其差。同样将B/P作为农业类上市公司股票价格波动风险因素变量，模型检验结果显示，B/P和股票价格波动风险之间存在显著的负相关，即增长型的农业类股票价格波动风险比价值型的农业类股票价格波动风险要大。系统性风险与总风险是正相关关系，但是在统计意义上不显著。验证结果和假设1一致。

市盈率是反映上市公司获利能力的一个重要财务比率，一般认为，市盈率高，说明投资者对该公司的发展前景看好，愿意出较高的价格购买该公司股票。通过表7-9发现，市盈率和股票价格波动风险存在负相关，但统计检验结果不显著。

表7-9 市盈率、B/P及系统性风险影响因素模型的检验结果

变量名称	系数	标准误差	P值
市盈率	-0.0001	0.0002	0.3895
账面/市值比	-0.7012	0.1104	0.0000
系统性风险	0.1310	0.1461	0.3703
常数项	2.2324	0.1357	0.0000
R-squared	0.0707		
Adjusted R-squared	0.0657	Prob（F-statistic）	0.0000

注：方程为 $Risk = a + b_1 \times P/E + b_2 \times B/P + c\beta + \mu$。

2. 财务杠杆、主营业务利润及系统性风险影响因素模型的检验结果

财务杠杆是一个衡量企业财务风险的大小的指标，而企业的财务风险必然会影响着一个上市公司的股票价格波动的风险。笔者的模型检验结论是财务杠杆和股票价格波动风险存在反向的关系，在统计上是不显著的；主营业务利润和股票价格波动风险存在显著的正相关关系。

表 7－10 财务杠杆、主营业务利润影响及系统性风险因素模型的检验结果

变量名称	系数	标准误差	P值
财务杠杆	-0.2231	0.4193	0.5948
主营业务利润	1.07E-09	1.18E-10	0.0000
系统性风险	0.1317	0.1409	0.3504
常数项	1.3766	0.0903	0.0000
R-squared	0.1333		
Adjusted R-squared	0.1286	Prob（F-statistic）	0.0000

注：方程为 $Risk = a + b_1 \times DFL + b_2 \times MR + c\beta + \mu$。

3. 财务杠杆、主营业务利润和主营收入现金含量及系统性风险因素模型的检验结果

主营收入现金含量的大小，直接反映了企业主营收入现金收回的状况，也体现了企业的现金流入量的大小，企业现金持有量大也就意味着流动性大，其风险就会少。表7－11的回归结果显示，主营收入现金含量与股票价格波动风险存在显著的负相关，这就证实了的假设7。农业类上市公司的管理当局通过努力实现提高主营的现金收入比例可以降低股票价格波动的风险。

表 7－11 财务杠杆、主营业务利润和主营收入现金含量及系统性风险因素模型的检验结果

变量名称	系数	标准误差	P值
财务杠杆	-0.2169	0.4182	0.6043
主营业务利润	1.07E-09	1.17E-10	0.0000
主营收入现金含量	-0.7279	0.3684	0.0487
系统性风险	0.1241	0.1406	0.3779
常数项	2.1085	0.4153	0.0000
R-squared	0.1393		
Adjusted R-squared	0.1332	Prob（F-statistic）	0.0000

注：方程为 $Risk = a + b_1 \times DFL + b_2 \times MR + b_3 \times MCc + c\beta + \mu$。

4. 财务杠杆、主营业务利润、主营收入现金含量、上市年限及系统性风险因素模型的检验结果

逐步加入上市公司的上市年限的变量，通过回归结果发现，上市公司的上市年限能够影响股票价格波动的风险，上市年限超过3年，对股票价格波动的风险有一定的作用，但从统计角度衡量，关系不显著。检验结果否定了假设6。

表 7－12　财务杠杆、主营业务利润、主营收入现金含量、上市年限及系统性风险因素模型的检验结果

变量名称	系数	标准误差	P 值
财务杠杆	－0.1979	0.3860	0.6083
主营业务利润	3.37E－10	1.29E－10	0.0094
主营收入现金含量	－0.4538	0.3395	0.1819
上市年限	－0.0461	0.2070	0.8238
系统性风险	0.1911	0.1293	0.1399
常数项	1.6541	0.4258	0.0001
R-squared	0.2768		
Adjusted R-squared	0.2689	Prob（F-statistic）	0.0000

注：方程为 $Risk = a + b_1 \times DFL + b_2 \times MR + b_3 \times MCc + b_4 \times Size + D + c\beta + \mu$。

5. 多因素影响模型的检验结果

根据表 7－3，各因素变量之间不存在多重共线性，因此，将相关的多因素加入模型中进行检验，通过表 7－13 的回归结果，验证了 B/P、MR、MCc、SIZE 等因素和股票价格波动风险统计上存在显著的相关关系。但是，规模的大小和股票价格波动风险存在显著的正相关，这恰恰和假设 3 结论相反，也就是说企业的规模越大，股票价格波动的风险越大。而 P/E、DFL 和上市年限等因素并像假设的那样和股票价格波动风险存在显著的线性关系。

表 7－13　多因素影响模型的检验结果

变量名称	系数	标准误差	P 值
财务杠杆	－2.78E－05	0.0001	0.8467
主营业务利润	－0.3479	0.1017	0.0007
主营收入现金含量	－0.2658	0.3832	0.4882
财务杠杆	3.62E－10	1.29E－10	0.0052
主营业务利润	－0.4481	0.3390	0.1867
规模	1.50E－06	1.67E－07	0.0000
上市年限	－0.0964	0.2058	0.6395
系统性风险	0.1542	0.1287	0.2313
常数项	1.9906	0.4341	0.0000
R-squared	0.2919		
Adjusted R-squared	0.2816	Prob（F-statistic）	0.0000

注：方程为 $Risk = a + b_1 \times P/E + b_2 \times B/P + b_3 \times DFL + b_4 \times MR + b_5 \times MCc + b_6 \times Size + D + c\beta + \mu$。

本节将农业类上市公司日股票价格波动状况作为衡量其价格风险的指标，并且假设了影响农业类上市公司的价格风险因素有系统性风险（β）和公司的自身风险（非系统性风险）因素包括规模（Size）、账面/市值比（B/P）、财务杠杆（DFL）、市盈率（P/E）、上市年限（Age）、主营业务利润（MR）和主营收入现金含量（MCc）等指标。通过假设和实证检验的传统回归实证分析方法，研究得到如下结论：

（1）农业类上市公司的股票价格风险整体来说低于市场的平均水平，在选取的符合条件的样本公司中，其风险水平的异常值不多。农业类上市公司其发展虽然依托农业的发展，存在大于其他行业的行业风险，但是由于我国近几年来一直以强有力的政策支持农业的发展，使农业的发展有了很大的契机，农业类上市公司的发展也受到了政策的惠及，所以笔者实证认为农业类上市公司的发展处于健康稳定的状态。

（2）将农业类上市公司样本进行分类排序，发现随着 B/P 的增加，股票价格波动的风险呈显著的下降趋势，随着主营业务利润的增加，股票价格波动风险却呈上升趋势。公司规模越大，股票价格波动的风险就越大；财务杠杆越大，股票价格波动的风险就越大，和已有的财务理论是一致的。但是，通过相应的回归，财务杠杆和股票价格波动风险之间的统计关系不显著。财务杠杆风险的存在是由于企业存在债务融资的现象，从理论上说，债务越大，其杠杆系数就越大，相应的风险就越大。而农业类上市公司是我国资本市场的一个特殊主体，国家在政策上给予农业的贷款政策和贷款保障，使其债务风险转移给国家，笔者认为财务杠杆与股票价格波动风险之间的统计关系不显著的原因所在。

（3）分别通过逐渐增加因素变量进行分析，账面/市值比和农业类上市公司股票价格波动风险存在显著的负相关；主营业务利润和股票价格波动风险存在显著的正相关，这体现了风险和收益对等的原则；主营收入现金含量也直接影响着股票价格波动的风险。而市盈率、财务杠杆和上市年限等因素虽然对股票价格波动的风险有一定的影响，但并不像假设的那样和股票价格波动风险存在显著的线性关系。说明农业类上市公司由于其行业的特殊以及国家相应政策的实施使其股票价格波动风险存在异于整体市场的状况。

（4）农业类上市公司的管理当局，可以通过提高主营业务收入的现金回收，减少企业的呆账、坏账，提升企业的成长价值，充分利用国家给予的政策扶持契机等方法，从而稳定农业类上市公司在资本市场的健康成长，切实做到农业企业领头羊的作用。

第二节 农业类上市公司股票价格与相关农产品价格关系的实证分析

农业在国民经济中处于基础地位，它是决定国民经济发展的重要因素。农业的基础地位主要体现在：农业为人们的生活生存提供了衣食之源，解决的是人类吃饭的问题；农业为工业提供了主要原料；农业为工业和其他部门的发展提供了大量的剩余劳动力；农业还为发展工业和其他部门积累了大量的资本。正是由于农业在整个国民经济中的基础地位和重要作用，才决定了农业部门的产品即农产品的重要地位。农产品这个概念有狭义和广义之分。狭义的农产品仅指粮食；广义的农产品是指农业部门所生产出的产品，包括农业、林业、牧业、副业、渔业等所生产的产品。本书所研究的农产品是个广义的概念，所选数据以畜产品为案例。

各种农产品的价格波动是近年来中国产品市场的显著现象，和我国资本市场股票价格的波动息息相关。农产品的价格同其他行业的产品一样形成于商品市场，同样由市场需求和供给共同决定。而农业类上市公司是通过“公司 + 农户”等形式将我国传统农业纳入社会化、规模化的企业形式。因此，农业类上市公司的经营绩效、盈利水平、发展前景离不开实体农业的发展。农业类上市公司股票作为农业类的金融市场，近年来得到了迅速的发展，已成为实现农业产业化经营的重要形式，充分充当了链接农户与市场的重要纽带。现在面临的问题是：农业类金融市场和实体农产品之间是否存在信息传导？联动性如何？其价格的变动对农业类上市公司相关股票价格的波动是否有影响，影响有多大？这些问题的探索不仅对农业企业经营管理者、投资者以及政策领导者来说具有一定的理论意义及现实意义，而且对于防范金融风险及各金融市场改革等方面的政策制定，也极具参考意义。以价格传导的理论为基础，研究我国农产品价格变动与农业类上市公司股票价格波动是否存在关系，将通过理论分析和实证分析揭示两者之间的关系，以期能为农业类上市公司在资本市场稳定健康发展提供相应的建议。

价格传导从理论角度来说是信息的传导。信息传导研究包括分析经济变量之间的关系、揭示它们之间的转移规则与因果连接以及探测它们之间相互影响的程度（陈浪南和陈强，2006）。查阅相关信息传导的文献，不难发现很多文献就资本市场和宏观经济变量传导研究的很系统。Olivera（1970）、Garner（1989）与 Marquis 和 Cunningham（1990）是较早研究宏观经济变量间的信息传导的典型。他们研究认为，商品的价格可能是当前宏观经济状况的早期征兆。Hua（1998）

的结论是宏观影响因素导致价格变动的部分原因。程建华（2008）等主要研究宏观经济变量对价格水平的影响、上下游物价之间的传导机制以及经济变量变化的时滞关系，着重考察相关经济变量之间是否存在因果关系。结果显示，市场化较为完善的行业或领域，上下游价格传导机制畅通，而一些由政府控制或垄断的行业，价格传导发生阻塞，使得价格调节市场的供需矛盾、经济增长方式以及利润财富分配的功能大打折扣。Jegadeesh 和 Titman（1993）以资本市场为研究对象，研究发现不同行业部门间股票价格传导对收益的影响并不显著。Asness（2000）、Lee 和 Swaminathan（2000）、Grundy 和 Martin（2001）也认为，发达国家证券市场中行业效应一般不能解释股票价格行为。

也有学者研究认为，价格变动的内在机理除了存在滞后效应之外，价格传递的预期效应也同样存在，特别是面对物价上涨的理性预期下，这种效应更加突出（程建华等，2008）。但是从行业角度考察资本市场和实体商品价格的传递研究相对来说比较少。

农产品价格对我国相关产业的价格有一定的传递效应。农产品价格的变动、收益，关系到我国经济的发展速度，影响着广大的民生问题。很多文献讨论了不同环境状态下农产品价格传导机制和效果。有学者探讨了粮食价格的灵敏性、猪肉产业的价格效应、蔬菜价格的传递。美国学者 Gardner（1975）最早从理论角度研究了农产品价格传递问题。我国的辛贤和谭向勇（2000）最早研究了农产品价格传递问题，他们的研究发现，中国存在农产品放大效应。文章以我国饲草及畜产品价格、畜牧业上市公司股票价格为考察对象，研究其价格是否存在关联。

一、我国饲草及畜产品价格与畜牧业上市公司的现状与相关理论分析

研究价格序列的关联其理论基础源于价格传递机制。价格传递完整的定义是，在市场经济条件下，商品和服务的价格变动导致与之相关商品及服务的价格的变动机制，是价格作为杠杆作用的体现与作为上下游价格链条的传输过程；同时，在纵向关联的市场之间，某一环节的价格变化，会通过产业关联传递到其他环节，并导致整个产业链的福利再分配。理论上，农业生产是自然再生产、经济再生产的统一，由于农产品生产经营受到自然因素和市场因素的影响，必然会导致农产品在市场上表现出供给与需求的不稳定性，农产品的市场（经济学上通常将大宗农产品市场看成是比较接近完全竞争市场的，生猪市场正是一个这样的典型农产品市场）价格很容易产生波动，而价格波动带来的风险直接关系着和农业相关联产业的成本、收益等问题。饲草及畜产品作为重要的农产品，其价格变动与畜牧业企业的发展密切相关。

如果饲草及畜产品价格上升，则意味着该类生产者会扩大相应产品的种植和

饲养，而销售厂商则加大商品的销量，从而调节该类产品在各地区各市场的流动，调节商品的市场供给量与需求量，继而影响与之相关行业的产品价格。畜产品养殖阶段，饲草等产品的价格变动将引起活畜养殖成本的变动，初级养殖成本的变动，通过产业链层层传递到畜产品的深加工、销售等环节价格的变动。成本随着产品价格的变动而变动，必然会影响到相应企业的利润，畜牧业上市公司是与之关系最紧密的企业，该类产品价格的高低直接影响到畜牧业上市公司的生产成本和收益。上市公司又是公众企业，其利润高低，发展前景如何无不受到管理当局、社会各方面的投资者的关注。上市公司的收益的多少、企业发展的前景如何是资本市场投资者投资的参考标准，继而会影响到上市公司股票价格的波动。因此，饲草等价格的变动对畜牧业类上市公司股票价格波动的灵敏度也是不言而喻的。

可以把饲草及畜产品价格的走向视为畜牧业各相关产品价格涨跌的“风向标”，其价格传导是从上游产品价格波动开始继而通过产品的上下游关系最终影响下游产品的价格，从而完成价格传导的过程。上游产品的价格波动的主要原因是生产该产品成本的变动，即成本推动型的价格上涨。产品成本的上升，必然会影响到企业的利润空间。

笔者选择的样本，符合条件的畜牧业上市公司全国仅有 3 家。上市时间最长的是海南省的罗牛山，是以畜牧业为主的综合类企业，拥有海南省最大的“菜篮子工程”基地。生猪业务、教育业务和房地产业务一直是公司的主业，而生猪业务更占公司主营收入 65% 以上，成为公司业务的重中之重，公司是海口规模最大的生猪养殖龙头企业，市场占有率近 50%。2012 年猪肉价格的底部已经出现，肉价已稳步提升，这将改善公司下半年生猪养殖业的利润水平。

大江股份公司为中外合资的上市公司，是上海市“菜篮子工程”和“厨房工程”的定点单位。公司以资产联结为主要方式组建成企业集团，现有直属企业和关联企业 80 余家，是国内最大的农牧企业集团之一，是上海重要的饲料生产基地、良种繁育基地、食品加工基地和农副产品出口创汇基地。公司实行饲料生产、良种繁育、畜禽饲养、食品加工、内外销售一条龙连贯作业，从事的是将植物蛋白转化为动物蛋白的系统工程。

双汇发展是国内最大的肉类加工企业，目前已在各省、市建立了 300 多家连锁店，冷鲜肉进入全国数百家大型超市。控股股东双汇集团在我国肉类加工企业中第一个实现销售超百亿元，双汇集团也被农业部等八部委确定为“国家 151 户农业产业化重点龙头企业”。公司主要产品是高温肉（火腿肠类）、低温肉和鲜冻肉，公司的高温肉产能国内居第一位（宏源证券网，2010）。

在资本市场中如果处于某一产业链的不同阶段的企业，当该产品价格发生变化时，产品的上游企业与产品的下游企业的收益率有可能存在协整关系。因此，无论从理论上分析，还是从市场经济发展的现状以及我国畜牧业上市公司的主营业务上分析，都不难预期饲草及畜产品的价格与畜牧业上市公司股票价格之间有着紧密的关联。

二、实证检验

本节选取2001年1月~2008年12月的全国平均、上海、河南、海南等四组饲草及畜产品价格的月份数据，对我国畜牧业上市公司的月平均股票价格与饲草及畜产品价格之间的关系进行实证分析。根据研究的需要选取3家符合条件的畜牧业上市公司。由于畜牧业上市公司的数量较少，将3家上市公司股票价格月度算术平均价格作为研究的变量。文章的数据来自《中国畜牧业年鉴》、CCER数据库。

为了验证研究的可行性，首先检验了饲草价格变动序列、畜产品价格变动序列、畜牧业上市公司股票价格变动序列的相关关系，如表7－14所示。

表7－14结果所示，畜产品价格变动序列与畜牧业上市公司股票价格变动序列有着统计显著的相关关系，说明畜产品的价格变动对畜牧业上市公司股票价格是有影响的。而饲草价格变动序列与畜牧业上市公司股票价格变动序列之间的关系在统计上不显著。笔者认为饲草是畜牧业上市公司产出相关产品的原料，原料到产品再到利润从而传递到股票价格，无形中受到微观因素和宏观因素的影响，使其关系不显著，但也存在一定的关系。因此，下文笔者合并分析饲草与畜产品价格和上市公司股票价格之间的关系，运用JOHANSEN模型、误差修正模型和GRANGER因果检验进行研究。JOHANSEN模型可以识别市场之间是否存在长期协整关系；分析市场之间受到冲击后动态的调整过程及市场之间的作用机制，运用误差修正模型；分析确定饲草及畜产品价格和上市公司股票价格月平均价格之间的相互关系，通过格兰杰因果检验。

表7－14 各价格变动序列的相关关系

各价格变动序列相关关系	畜产品价格变动序列	饲草价格变动序列
饲草价格变动序列	0.37***	
畜牧业上市公司股票价格变动序列	0.21**	0.05

注：**、***分别表示在5%、1%水平下显著（下文所示相同）。

1. 单位根检验

时间序列的平稳性是进行时序分析时的先决条件，否则时间序列的不平稳会导致“伪回归”问题。因此，要对相关数据进行平稳性检验，即单位根检验。

我们利用样本序列数据，对各时间序列的原序列及其一阶差分序列进行 ADF（Augmented Dickey-Fuller）检验。ADF 模型为：

$$p_t = \alpha + \beta p_{t-1} + \gamma t + \sum_{i=1}^{n} \delta_i p_{t-i} + \varepsilon \qquad (7-3)$$

其中，$p_t = p_t - p_{t-1}$，$p_{t-i} = p_{t-i} - p_{t-i-1}$，$p_t$ 表示各价格序列，t 表示时间，n 表示滞后阶数，ε 表示白噪声。ADF 的原设为 β 为 0，即序列为非平稳的，备择假设为 β 不为 0，即序列为平稳。

依据 AIC 信息准则确定自回归阶数，其检验结果如表 7－15 所示。

表 7－15 饲草及畜产品价格的序列与畜牧业上市公司股票价格序列的单位根检验结果

模型	序列	最佳检验类型	T 值	P 值	结论
全国饲草等价格	P	(a，b，1)	−1.20	0.60	接受原假设，序列不平稳
	D (P)	(0，0，1)	−5.09***	0.00	拒绝原假设，不存在单位根，序列平稳
	DD (P)	(0，0，1)	−11.69***	0.00	拒绝原假设，不存在单位根，序列平稳
畜牧业上市公司股票价格	P	(0，0，1)	−0.78	0.37	接受原假设，序列不平稳
	D (P)	(0，0，0)	−13.89***	0.00	拒绝原假设，不存在单位根，序列平稳
	DD (P)	(0，0，0)	−22.82***	0.00	拒绝原假设，不存在单位根，序列平稳
海南省饲草等价格	P	(a，b，0)	−1.77	0.71	接受原假设，序列不平稳
	D (P)	(a，b，0)	−9.76***	0.00	拒绝原假设，不存在单位根，序列平稳
	DD (P)	(0，0，0)	−19.32***	0.00	拒绝原假设，不存在单位根，序列平稳
罗牛山股票价格	P	(0，0，0)	−1.89*	0.06	接受原假设，序列不平稳
	D (P)	(a，b，0)	−8.56***	0.00	拒绝原假设，不存在单位根，序列平稳
	DD (P)	(0，0，0)	−14.47***	0.00	拒绝原假设，不存在单位根，序列平稳
河南省饲草等价格	P	(a，b，1)	−1.93	0.63	接受原假设，序列不平稳
	D (P)	(a，b，0)	−6.41***	0.00	拒绝原假设，不存在单位根，序列平稳
	DD (P)	(0，0，0)	−13.26***	0.00	拒绝原假设，不存在单位根，序列平稳
双汇发展股票价格	P	(a，0，1)	−3.28**	0.02	拒绝原假设，不存在单位根，序列平稳
	D (P)	(a，b，0)	−4.98*	0.00	拒绝原假设，不存在单位根，序列平稳
	DD (P)	(0，0，0)	−8.71*	0.00	拒绝原假设，不存在单位根，序列平稳

续表

模型	序列	最佳检验类型	T值	P值	结论
上海市饲草等价格	P	(a, b, 0)	-1.91	0.64	接受原假设，序列不平稳
	D (P)	(0, 0, 0)	-10.55***	0.00	拒绝原假设，不存在单位根，序列平稳
	DD (P)	(0, 0, 0)	-18.91***	0.00	拒绝原假设，不存在单位根，序列平稳
大江股份股票价格	P	(0, 0, 0)	-2.15**	0.03	拒绝原假设，不存在单位根，序列平稳
	D (P)	(a, 0, 0)	-7.12***	0.00	拒绝原假设，不存在单位根，序列平稳
	DD (P)	(0, 0, 0)	-10.99***	0.00	拒绝原假设，不存在单位根，序列平稳

注：*、**、***分别表示在10%、5%、1%水平下显著；最佳检验类型（a, b, c），a表示有截距，b表示有趋势项，c表示滞后阶数。

由表7-15可知，单位根检验显示饲草及畜产品价格、畜牧业上市公司股票价格的序列除了双汇股份、大江股份的股票价格序列以外，其他序列在10%的显著水平下均为非平稳过程，而它们的一阶差分序列、二阶差分序列均在1%的显著水平下是平稳的。因此，饲草及畜产品价格序列、畜牧业上市公司股票价格序列的一阶差分序列、二阶差分序列均为一阶单整过程。笔者可以认为饲草及畜产品价格序列与畜牧业上市公司股票价格序列可能存在长期稳定的均衡关系，为了进一步验证，通过协整检验。

2. 协整关系检验

协整理论自1978年（Davison）提出以来，学术界对其进行了深入细致的研究和推广（Engle和Granger，1987）。协整关系表达的是两个或多个线性增长的经济量相互影响及自身演化的动态均衡关系。它与传统的以最小二乘法为基础的线性回归分析相比，在统计上更严格，更具逻辑性。根据研究的程序，建立VAR模型。设VAR模型为：

$$Y_t = A_1 Y_{t-1} + A_2 Y_{t-2} + \cdots + A_P Y_{t-P} + BX_t + \varepsilon_t \quad (t=1, 2, \cdots, T) \quad (7-4)$$

其中，Y_t是k维内生变量向量，X_t是d维外生变量向量，P是滞后阶数，T是样本个数。$k \times k$维矩阵A_1，A_2，…，A_P和$k \times d$维矩阵，B是要被估计的系数矩阵。ε_t是k维扰动向量，它们相互之间可以同期相关，但不可以与自己滞后值相关及不与等式右边的变量相关。判断标准为：根据分析出的系数矩阵中对应不同秩数的特征根，利用该特征值最大统计值统计量（Max）和迹统计量（Trace），把求出的统计量与临界值比较来判断是否存在长期协整关系。原假设为两个变量不存在协整关系，如果统计量的值大于临界值则拒绝虚假设，则存在协整关系。

就饲草及畜产品价格与畜牧业上市公司股票价格序列而言，笔者对全国饲草等价格与畜牧业上市公司股票价格、海南省饲草等价格与罗牛山股票价格、河南省饲草等价格与双汇发展股票价格、上海市饲草等价格与大江股份股票价格序列分别作协整关系检验。

表 7-16　饲草及畜产品价格、畜牧业上市公司股票价格的 Johansen 检验结果

项目	H零假设协整个数	特征根值	迹统计量		最大特征根检验		结论
			迹统计值	相伴概率	最大特征根统计量	相伴概率	
全国饲草等价格与畜牧业上市公司股票价格	None	0.1421	18.4351	0.0494	14.2488	0.1259	存在一个协整关系
	At most 1	0.0440	4.1863	0.0407	4.1863	0.0407	
海南省饲草等价格与罗牛山股票价格	None	0.1602	21.2184	0.0196	16.2396	0.0674	存在一个协整关系
	At most 1	0.0521	4.9788	0.0257	4.9788	0.0257	
河南省饲草等价格与双汇发展股票价格	None	0.1807	21.6006	0.0172	14.9469	0.1017	存在一个协整关系
	At most 1	0.0849	6.6537	0.0099	6.6537	0.0099	
上海饲草等价格与大江股份股票价格	None	0.1151	12.1548	0.2977	10.0225	0.3952	不存在协整关系
	At most 1	0.0257	2.1323	0.1442	2.1323	0.1442	

表 7-16 显示，在无协整关系的假设下，4 组时间序列中，前 3 组检验结果的迹统计量分别大于相应的临界值，原假设被拒绝；在至多存在一组协整向量的假设下，迹统计量分别大于临界值，表明在 5% 的显著性水平下，表 7-16 中前 3 组的饲草及畜产品价格、畜牧业上市公司股票价格序列存在长期均衡的协整关系。实证结果同时显示，上海饲草及畜产品价格与大江股份股票价格不存在长期均衡的协整关系，究其原因，笔者认为上海是中国的经济中心、金融中心、贸易中心和航运中心，作为一个特大型城市受全国价格总水平的影响较大。

由于各地区经济发展的不平衡和少数民族的饮食风俗习惯的不同，各地区的饲草及畜产品价格会有所差异，如果某区域的饲草及畜产品价格发生波动的话，会对其他地区的饲草及畜产品价格产生压力并最终带动该地区饲草及畜产品价格的波动。饲草及畜产品价格的波动会导致饲草及畜产品在不同地区之间的流动，使不同区域市场的饲草及畜产品的供给量与需求量发生变化，破坏区域市场饲草及畜产品的市场平衡。

3. 误差修正模型

笔者检验得出全国饲草等价格与畜牧业上市公司股票价格、海南省饲草等价格与罗牛山股票价格、河南省饲草等价格与双汇发展股票价格 3 组序列存在协整关系，因此建立误差修正模型（VECM）分析畜牧业上市公司股票价格与饲草等价格直接的短期关系。由于文章篇幅的限制笔者报告了分析结果中的第一组，结果如表 7－17 所示。

$$P_{上市公司t} = \alpha_0 + \sum_{k=1}^{2} \alpha_k P_{上市公司(t-k)} + \sum_{k=1}^{2} \beta_k P_{饲草等(t-k)} + \gamma \ell_{t-1} + \mu_t \qquad (7-5)$$

表 7－17　误差修正模型结果

全国饲草等价格与畜牧业上市公司股票价格方程			海南省饲草等价格与罗牛山股票价格方程			河南省饲草等价格与双汇发展股票价格方程		
变量	系数	t 值	变量	系数	t 值	变量	系数	t 值
$P_{饲草等(t-1)}$	−0.22	−2.12	$P_{饲草等(t-1)}$	−0.29	−2.42	$P_{饲草等(t-1)}$	−0.42	−3.30
$P_{饲草等(t-2)}$	−0.13	−1.27	$P_{饲草等(t-2)}$	−0.08	−0.81	$P_{饲草等(t-2)}$	−0.24	−2.01
$P_{上市公司(t-1)}$	−0.05	−2.04	$P_{上市公司(t-1)}$	−0.25	−2.82	$P_{上市公司(t-1)}$	−0.01	−0.70
$P_{上市公司(t-2)}$	−0.05	−2.29	$P_{上市公司(t-2)}$	−0.08	−1.15	$P_{上市公司(t-2)}$	0.01	0.75
$vecm_{t-1}$	−0.09	−2.67	$vecm_{t-1}$	−0.51	−4.30	$vecm_{t-1}$	0.03	0.85
C	0.00	−0.04	C	0.00	−0.08	C	−0.01	−0.30

误差修正模型中的差分项反映了短期波动的影响，误差修正项 $vecm_{t-1}$ 的系数的大小，反映了对偏离长期均衡的调整力度。从表 7－17 中看，当价格的短期波动偏离长期走势时，会以相应的力度回到总的走势状态中，根据数值判断，其调整速度较慢。这个结果符合了 Balke 和 Fomby 的研究，即对应市场冲击的价格调整因为固定成本的存在，阻挡了价格回归长期均衡状态，但是，如果离均衡状态的偏离度超过一定数值时，市场会积极进行价格调整。

4. Granger 因果关系检验

饲草及畜产品价格、畜牧业上市公司股票价格之间协整关系的成立表明，尽管两类资产的价格是非平稳的，即短时间内二者的走势可能会呈现偏离均衡的状态，但长期而言，我国饲草等价格与畜牧业上市公司股票价格之间的走势趋于均衡。为进一步探索两类市场价格变动之间的短期互动关系，需对其进行短期的Granger因果检验。因果关系（Causal Relationship）检验是由Granger于1969年提出，其主要的思想是变量之间是否存在Granger因果关系可以通过检验VAR模型以Y（或X）为被解释变量的方程中是否可以把X（或Y）的全部滞后变量剔除掉而完成。在检验中，如果F统计量大于相应显著性水平下的临界值，则拒绝原假设，得到结论X（或Y）对Y（或X）存在Granger因果关系。

由于Granger因果关系检验对滞后阶数较敏感，且最优滞后期不宜过小亦不宜过大，过小不能全面有效地反映变量间的相互影响，而过大则会导致自由度减小，影响参数估计量的有效性。因此，为了获得最佳的滞后阶数，在此依据AIC信息准则进行判断，最后选取滞后2为最佳滞后期。饲草及畜产品价格、畜牧业上市公司股票价格之间的因果关系检验部分结果，如表7－18所示。

表7－18 饲草及畜产品价格与畜牧业上市公司股票价格的因果关系检验部分结果

原假设	F统计值	P值
畜牧业上市公司股票价格不是全国饲草等价格的格兰杰原因	1.0033	0.3708
全国饲草等价格不是畜牧业上市公司股票价格的格兰杰原因	4.2678	0.0170
罗牛山股票价格不是海南省饲草等价格的格兰杰原因	1.9618	0.1466
海南省饲草等价格不是罗牛山股票价格的格兰杰原因	2.2434	0.1121
双汇发展股票价格不是河南省饲草等价格的格兰杰原因	6.9552	0.0017
河南省饲草等价格不是双汇发展股票价格的格兰杰原因	1.2982	0.2793
大江股份股票价格不是上海饲草等价格的格兰杰原因	0.6660	0.5166
上海饲草等价格不是大江股份股票价格的格兰杰原因	0.2585	0.7728

Granger因果关系检验结果显示，原假设全国饲草等价格不是畜牧业上市公司股票价格的Granger原因、双汇发展股票价格不是河南省饲草等价格的Granger原因被拒绝，其他的原假设均被接受。说明短期内畜牧业上市公司股票价格不能影响饲草及畜产品价格，但是就全国整体来看，全国饲草等价格却是畜牧业上市公司股票价格的Granger原因。从区域角度考察，海南省饲草等价格是罗牛山股票价格的Granger原因，在统计意思上是不显著；双汇发展股票价格是河南省饲草等价格的Granger原因；大江股份股票价格和上海饲草等价格Granger因果关系

不显著，二者短期内价格的引导关系不明显。但此结论并不意味着饲草及畜产品价格与畜牧业上市公司股票价格不存在关联性。由于市场价格的波动与市场接受并传导信息的速度直接相关，而市场间信息的传导不仅存在于一阶矩的价格变动之间，市场高阶矩之间的关系，即作为度量波动率的方差（二阶矩）也是信息传导的来源。

本书对我国部分地区的饲草及畜产品价格、畜牧业上市公司股票价格序列进行单位根和协整检验结果显示，我国饲草及畜产品价格序列与畜牧业上市公司股票价格序列存在长期均衡关系，同时研究发现二者之间的关系受到所在区域的影响，即畜牧业上市公司所在地的饲草及畜产品价格同当地畜牧业上市公司股票价格存在长期均衡关系，但是上海除外。Granger 因果关系检验结果也表明我国饲草及畜产品价格是畜牧业上市公司股票价格的 Granger 原因，也就是说，我国饲草及畜产品的价格变动是导致相应畜牧业上市公司股票价格波动的一个原因。但反过来，畜牧业上市公司的股票价格对全国饲草及畜产品的价格影响却很弱，即饲草及畜产品价格序列与畜牧业上市公司股票价格序列之间的关系是单向的。

从区域角度分析结果显示，饲草及畜产品价格序列与畜牧业上市公司股票价格序列之间的关联从短期来看较弱；Granger 因果检验双汇发展股票价格变动对河南省的饲草及畜产品价格有显著的影响，出现这样的结果，说明实体农产品和上市公司的关联与当地经济发展、地方政府政策引导是分不开的。

因此，可以预见，随着国家对农业科技投入的不断加大，相关产业技术的不断进步，来自农产品价格对相关产业的影响会逐渐降低。畜牧业上市公司股票价格的波动风险可以通过技术革新、管理科学等方法将饲草及畜产品价格的波动风险逐步消化，从而使畜牧业上市公司在资本市场上健康发展。

第三节　股票价格与农业上市公司盈利水平的关系的实证分析

资本市场的相关理论表明，股票的价格既受市场环境变化和产业特征变化的影响，还受到上市公司自身诸多因素的影响。国内外学者对其相关研究在理论和方法都各有建树。我们知道，商品的价格是价值的表现，价格围绕价值上下波动。从理论上说，上市公司股票的价格也是企业价值的体现，而一个企业的价值和其盈利水平、企业文化、企业商誉等诸多因素紧密相连。因此，探究股票价格和企业盈利水平之间关系如何，成了学者们关注的一个课题。本书从农业行业的角度出发，旨在研究农业上市公司股票价格的变动对其公司的盈利水平是否有影响以及是如何影响企业的盈利水平；为农业上市公司在资本市场健康发展提供了有力的帮助。

关于上市公司的盈利水平与其股票价格之间的关系，目前已有的研究中并没有达成一致的意见。有学者（Michelle Clayma，1987；Fama 和 Freneh，1988）研究西方成熟的资本市场中发现上市公司的业绩与其股票价格是负相关的；同样，也有学者（李礼和洪源，2005）发现西方资本市场中，上市公司的业绩与股票的价格是正相关的，且随着时间的延长相关财务指标与股票价格逐步趋同（Bemard 和 Stober，2007）。固然，不同的方法、不同的样本量，尤其是西方国家会计信息的计量口径的差异使不同的学者在研究结果上存在一定的差异。

Charles、Chen 和 Su（2002）、郭旭芬（2004）、Chen 和 Zhang（2006）以我国资本市场为研究对象，结果发现，虽然中国资本市场尚不成熟，但公司的业绩和股票价格还是有一定的相关性。在对我国资本市场的研究中，也有文献表明，股票价格与公司的财务信息没有统计相关性。晏艳阳和胡俊（2006）以上海综合指数、深圳成分指数、净资产收益率和每股收益作为变量指标，对股票价格与上市公司业绩两者之间的变动关系进行了研究，发现股票价格并不反映上市公司的业绩。在相关研究方法的运用上，国内的学者也在不断的改进。谢晓霞（2007）在对年报披露信息进行分析的基础上，运用灰关联分析方法，分析了上市公司年报披露信息对股价的影响。苏平贵和金雯（2009）提出了一个反映股票市场价格随公司盈利的变动而变动的随机关系模型。

虽然，以我国资本市场为研究对象的文献中，学者们的结论也相差甚远，但是，我国上市公司股票价格偏离公司业绩，股票价格发现机制不健全，证券市场难以发挥对经营者的评价和激励、约束机制的现实是存在的。因此，多数学者得出了股票价格不能客观地反映和体现公司业绩的结论。

尽管我国资本市场存在从理论角度难以解释的异象，但是我国证券市场的机制发展逐步完善和成熟的事实是不能否认的，并且，在我国经济发展的进程中发挥着不可忽视的作用，被誉为国民经济的晴雨表。农业上市公司是资本市场的一个重要组成部分。我国农业上市公司从 1992 年上市就被定位为农业企业的典范。因为这些企业能够通过证券市场融通农业发展所需资金，带动农产品市场、解决农产品销路、帮助部分农民就业、提高农民收入、传播新技术从而提高农民的整体素质、参与并提供农村部分公共物品建设。在资本市场中，农业上市公司也不断地享受了国家的大力扶持。2004～2010 年连续 7 年我国以中央“一号文件”的形式推出以“三农”为主题的惠农政策。农业上市公司已实现了通过资本市场的运作，成为龙头企业中的龙头，它们在带动本地区农业经济的发展及增加农民收入上发挥了重要作用。在政府扶持的特殊背景下，农业上市公司作为股票市场上的一个特殊群体是否存在着有异于其他行业板块的特征？笔者从研究农业上市公司盈利水平与股票价格关系入手，用实证的方法分析其股票价格的特征。

一、研究方法与数据

1. 变量选择

笔者根据股票的定价理论，借鉴会计盈余折现模型，选取净资产收益率（ROE）作为衡量农业上市公司盈利水平（Y）的指标。净资产收益率，是企业一定时期内的净利润同平均净资产的比率，反映投资与报酬的关系，是评价企业资本经营效益的核心指标。对于股票价格变量，本书选取的是样本股票的每年未复权收盘价平均数的自然对数。

宗旨是研究农业上市公司盈利水平受到哪些因素的影响，依据财务理论中经典的杜邦财务分析体系：

$$净资产收益率=\frac{净利润}{营业收入}\times\frac{营业收入}{资产平均总额}\times\frac{负债总额}{资产总额} \tag{7-6}$$

因此，以资产负债率作为企业资本结构的代理变量。资产负债率又称负债比率，指企业负债总额对资产总额的比率，它表明企业资产总额中，债权人提供资金所占的比重，以及企业资产对债权人权益的保障程度。选取流通股比例作为企业股本结构的代理变量，流通股比例指企业流通股在总股本所占的比率。选取每股收益反映公司获利能力的大小，即反映企业普通股股东持有每一股份所能享有企业利润或承担企业亏损，该指标是分析上市公司获利能力的一个综合性较强的财务指标。

分析研究农业行业特征对农业上市公司盈利水平的影响程度也是本节研究的一个目的之一，故笔者选择了农业上市公司主营业务收入增长率来分析农业行业特征对公司盈利的影响。

2. 样本选取与数据来源

笔者选取的样本同前文。按照前文样本选取原则，在农业类上市公司中（截至2009年12月31日）选取符合条件的70家上市公司，样本区间为2002年1月4日~2009年12月31日，共有3360个观测样本。所有数据来源于雅虎财经网。

3. 研究方法及模型

（1）模型选择。到目前为止，关于上市公司业绩与股票价格相关性的理论与实证研究在国内外已有很多成果。本书从行业板块的角度研究，即以农业上市公司为研究对象，而我国涉农类上市公司整体数量不多，涉及了样本太小的问题，所以要解决样本数量较小的问题采用了综列数据回归模型，在一定程度上很好地弥补了这方面的不足。面板模型（Panel Data）又被称为混合数据、时间序列/横截面数据的联合等，它综合了时间序列和横截面两个维度上的信息，能更好地识别和度量单纯的时间序列和单纯的横截面数据所不能发现的影响因素。同时，从模型的效果方面来说，面板模型扩大了样本容量，能够提供更加有价值的数据，变量之间增加了多变性和减少了共线性，并且提高了自由度和有效性。

本书选用的面板模型为：

$$Yit = \alpha it + Xit\beta it + \varepsilon it \tag{7-7}$$

其中，i 为农业类上市公司个体，t = 1，2，…，T 为每个公司的观测期；Yit 为农业类上市公司盈利水平变量；Xit 和 βit 分别为对应于 i = 1，2，…，N 的截面公司的解释变量 k 维向量和 k 维参数；εit 为均值为零的白噪声序列。

（2）模型形式设定。模型（1）描述了时间序列/截面数据模型的三种情形：变系数模型单方差、变截距模型的单方程和无个体影响的不变系数模型的单方程。

其中，最后一种情形假设在个体成员上既无个体影响也没有结构变化，即对于各个体成员方程，α 和 β 均相同。对于该模型，将各个体成员的时间序列数据堆积在一起作为样本数据，利用普通最小二乘法便可求出参数 α 和 β 的一致有效估计，也称联合回归模型（高铁梅，2008）。变系数模型，也称无约束模型，即在允许个体影响由变化的截距项 αi 来说明的同时还允许 βi 依个体成员的不同而变化，用以说明个体成员之间的结构变化。变截距模型，也称个体均值修正回归模型，该模型假设在个体成员上存在个体影响而无结构变化，并且个体影响可以用截距项的差别来说明。

不同模型形式其估计结果有很大差异，如果模型形式设定不正确，估计结果将与所要模拟的经济现实偏离甚远，因此在建立面板模型前需对模型形式的设定进行检验，即检验样本数据符合哪种时间序列/截面数据模型形式，进而避免模型设定的偏差，改进参数估计的有效性。常用的检验是协方差分析检验，即以下两个假设：

H0：β1 = β2 = β3 = … = βN 即假设在横截面上个体影响不同，但不存在变化的经济结构。

H1：α1 = α2 = α3 = … = αN

β1 = β2 = β3 = … = βN 即假设在横截面上无个体影响、无结构变化，则普通最小二乘法估计给出了 α 和 β 的一致有效估计。相当于将多个时期的截面数据放在一起作为样本数据。

构造两个 F 统计量来完成的，在假设 H0 和 H1 下的 F 统计量分别为：

$$F1 = \frac{(S_2 - S_1) / [(N-1)k]}{S_1 / [NT - N(k+1)]} F[(N-1)k, N(T-k-1)] \tag{7-8}$$

$$F2=\frac{(S_3-S_1)/[(N-1)(k+1)]}{S_1/[NT-N(k+1)]}F[(N-1)(k+1),N(T-k-1)] \tag{7-9}$$

如果接受假设 H1，即可以认为样本数据符合不变系数模型，就不必要进行进一步检验；如果拒绝 H1，则需进一步检验假设 H0，如接受假设 H0，则可以认为样本数据符合模型变截距模型，如果拒绝 H0 则可以认为样本数据符合变系数模型。

其中，S_1、S_2、S_3 分别表示变系数模型、变截距模型和不变系数模型进行估计时的残差平方和，N 表示农业上市公司样本公司的个数，T 表示样本数据的时期数，k 表示所选作为解释变量的指标个数。

将所取样本数据分别代入变系数模型、变截距模型和不变系数模型三个模型，得出相应的残差平方和为：$S_1=16.6326$，$S_2=89.4436$，$S_3=147.8859$，检验结果如表 7－19 所示。

表 7－19　面板模型设定形式的检验

F 检验值	自由度	临界值（1% 显著性水平）	临界值（5% 显著性水平）
F1＝1.7761	（345，140）	1.407	1.272
F2＝2.6687	（414，140）	1.397	1.266

由表 7－19 可以看出，在 1% 和 5% 的显著性水平上，F1 统计量的值和 F2 统计量的值都大于检验的临界值，所以可以认为样本数据符合变系数模型。

在变系数模型中，个体影响表现为模型中被忽略的反映个体差异的变量影响，又分为固定影响和随即影响两种情况。对于固定效应模型（Fixed Effects Model）还是随机效应模型（Random Effects Model）的选择，经验表明，当 N 较大而 T 较小时，两种方法的估计值会有显著的差异（高铁梅，2008）。如果能确定样本中个体或截面单元不是从一个较大的样本中随机取出的选择固定效应模型；如果样本中的横截面单元被看作随机抽取，选择随即效应模型。鉴于本书研究的 70 家样本公司是按一定的标准选取的公司，而不是从总体随机抽取的样本，个体成员之间的差异，可以被看作回归系数的参数变动。因此按照经验方法可以直接选取固定效应模型进行分析。通过豪斯曼（Hausman，1978）检验来判断模型类型的方法，其结果也支持固定效益模型，本书在这里就不再列示检验的结果。

该模型的特点在于，同时考虑了横截面数据和时间序列，消除了横截面的偏差，着重于以固定截距代表每个横截面单元的不同特征。

为了反映个体之间的差异性，更为深入地研究 70 家农业上市公司和所属子行业的股票价格对企业盈利水平的敏感度差异，建立了以股票价格 LN（P）为截面特定系数变量的固定效应变系数模型：

$$Yit = c + \alpha i + \beta iLN\ (P)\ it + \gamma iLVit + \delta iCSPit + \lambda iEPSit + \upsilon iMRLit + \varepsilon it$$

$$(i = 1, 2, \cdots, 70;\ t = 1, 2, \cdots, 8) \qquad (7-10)$$

其中，c 为各截面成员的公共截距项；αi 为各截面成员特有的截距项；βi 为农业上市公司的股票价格对企业盈利水平的敏感系数；γi 为农业上市公司资本结构对企业盈利水平的敏感系数；δi 为农业上市公司的股权结构对企业盈利水平的敏感系数；λi 为农业上市公司的公司获利能力对企业盈利水平的敏感系数；υi 为各农业上市公司的农业行业特征对企业盈利水平的敏感系数；εit 为随机误差项。

二、实证分析

1. 数据的统计描述

（1）各变量的描述性统计分析。图 7－2 反映了各变量平均值 2002～2009 年的变化走势情况。

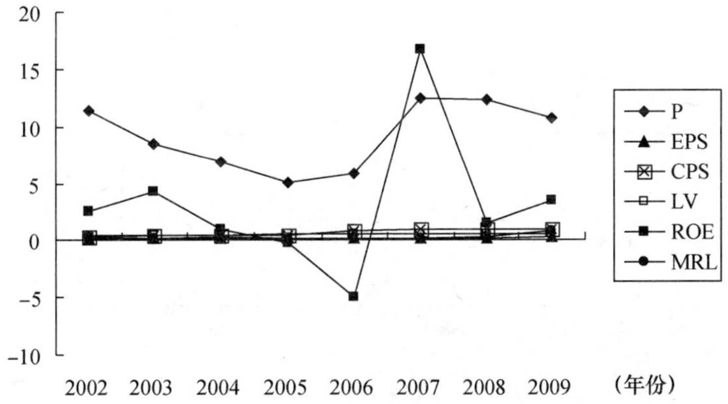

图 7－2　各指标年平均值变化趋势

表 7－20 是 2002～2009 年农业上市公司相关变量描述性统计结果。

从表 7－20 和图 7－2 可以看出：①农业上市公司的股票价格（P）2002～2006 年处于下降的趋势，2007 年出现异常值，2008 年、2009 年缓慢回落。②农业上市公司各指标的中位数和平均值没有显著的差异，说明变量分布比较对称，符合统计分布。③农业上市公司的净资产收益率（ROE）在 2002 年和 2003 年是有所上升的，而 2004～2006 年是明显下降的，但在 2007 年又处于异常上升的趋势，

2008 年又突然回落，在 2009 年又缓慢上升，可以认为，样本期内，所选取的农业类上市公司其获利水平很不稳定，但其走势和相应公司的股票价格是一致的。④资产负债率（LV）从 2002 ~ 2009 年整个研究时期来看，变化差异不大，只有小幅的稳定上升。且从指标在值来分析，我国的农业类上市公司的资产负债率比较适中。⑤流通股比例（CSP）在 2005 年以前变化不是很大，2005 ~ 2009 年有较大幅度的上升，说明随着股权分置改革的逐步实施，农业类上市公司的股权结构处于比较合理的水平。

（2）各变量指标相关性分析，如表 7 - 21 所示。

表 7 - 20　相关变量描述性统计结果

变量名称	变量符号	最小值	最大值	中位数	平均值	标准差
净资产收益率（%）	ROE	-758.1600	947.0000	5.1000	3.0430	54.9982
股票价格（元）	P	0.6895	4.4302	2.0207	2.0387	0.5606
资产负债率（%）	LV	6.4638	97.3069	50.8961	50.0031	15.1861
流通股比例（%）	CSP	3.8100	100.0000	59.5150	67.9299	31.8321
每股收益（元）	EPS	-2.1111	9.2800	0.1297	0.1905	0.5905
主营利润增长率（%）	MRL	-91.2951	5862.1470	15.0713	31.1754	254.7708

表 7 - 21　各变量指标相关性分析

Correlation Probability	P	CSP	EPS	LV	MRL	ROE
P	1.0000 —					
CSP	0.0252 0.8358	1.0000 —				
EPS	0.7134 0.0000	0.0177 0.8843	1.0000 —			
LV	-0.0836 0.4916	0.0808 0.5062	-0.1697 0.1602	1.0000 —		
MRL	-0.0485 0.6900	-0.0681 0.5756	-0.0960 0.4290	0.2871 0.0160	1.0000 —	
ROE	0.5990 0.0000	0.1428 0.2383	0.7545 0.0000	-0.2422 0.0434	0.0489 0.6877	1.0000 —

我们检验了截面各指标的相关性。检验结果显示，多数指标之间存在高度的相关性。根据已有的经验，用似不相关回归法（SUR）进行估计。似不相关回归法是考虑到方程的误差项存在异方差即截面异方差和同期相关的条件下，估计多个方程的系统的参数。而笔者构造的模型是横截面单元多且时期较短的模型估计，因此，采用个体成员截面加权最小二乘法。其估计过程为：首先利用第一阶段的普通最小二乘估计获得截面异方差的协方差矩阵的估计，然后在第二阶段获得相应的广义最小二乘估计。另外，根据宏源证券提供的资料，把农业类上市公司按主营情况具体细分为畜牧业、林业、渔业、农业综合、农副产品加工业和农药化肥业等六个子行业。

2. 回归结果与分析

回归结果，如表 7－22 所示。

表 7－22 面板数据模型回归结果

上市公司股票名称	αi	βi	
		系数值	t 统计
林业类			
永安林业	3.4214	－1.1493	－1.4120
景谷林业	1.9230	－0.5301	－2.3123
吉林森工	0.6757	0.2212	1.1381
渔业类			
ST 昌鱼	－4.4100	－7.1743	－2.9338
大湖股份	－0.8470	－9.4214	－4.1602
开创国际	8.3679	3.2821	19.4678
中水渔业	0.230556	－0.4612	－0.7274
畜牧业类			
罗牛山	1.3372	－0.4435	－0.2302
大江股份	－18.9625	22.3306	0.9448
农业综合类			
ST 九发	－16.9189	－24.5502	－2.6746
北大荒	6.1796	－1.6497	－3.2564
ST 香梨	－3.8783	－0.6343	－0.3716
新疆天业	2.5707	－5.2243	－1.5709
新农开发	2.1235	0.3733	1.5777
亚盛集团	2.3207	0.6721	2.2338

续表

上市公司 股票名称	αi	βi	
		系数值	t 统计
农产品	1.5082	2.3455	5.7058
中牧股份	4.8839	-1.9081	-11.1358
ST 中农	-2.2942	4.4634	13.7307
丰乐种业	1.0579	-1.5240	-3.1398
顺鑫农业	0.9568	-1.1342	-9.4898
隆平高科	-0.6293	0.5182	0.7966
丰原生化	2.0367	1.0709	1.1212
农副产品加工类			
新中基	2.6769	6.5498	25.2067
万向德农	5.1921	0.9921	1.6535
ST 伊利	-1.6647	19.6776	1.0751
安琪酵母	1.5467	6.7774	6.1287
光明乳业	4.8305	-4.7307	-2.4026
维维股份	2.7710	16.7592	1.9540
恒顺醋业	3.7698	-0.6946	-2.6189
哈高科	1.4512	0.0080	0.0819
莲花味精	1.9346	0.0101	0.1073
华资实业	0.4744	-3.8259	-8.1206
上海梅林	2.0517	0.0375	1.3267
中粮屯河	-23.1788	-25.6819	-2.5506
ST 甘化	-3.7113	5.5891	5.1167
ST 南方	-5.0705	15.2499	2.7706
贵糖股份	3.6560	0.1883	0.9491
新希望	-24.9368	4.1532	8.0893
双汇发展	2.3803	7.2213	1.6312
南宁糖业	3.3593	0.7624	0.3450
正虹科技	-3.1109	-5.2517	-4.6319
金健米业	-3.7620	-1.8249	-0.4077
荣华实业	-1.2541	-5.1526	-6.9759
农药化肥类			
泸天化	3.2489	-1.8280	-4.9832
河池化工	-3.7122	-2.4651	-1.4720
辽通化工	2.9144	-9.1294	-19.4298

续表

上市公司股票名称	αi	βi	
		系数值	t 统计
川化股份	1.4879	-0.2601	-2.2056
湖北宜化	3.4212	-1.8467	-0.5102
红太阳	4.6671	0.4287	0.9554
沙隆达 A	3.0723	0.0673	0.1014
四川美丰	1.1389	2.3337	1.5375
盐湖钾肥	9.6069	-13.6182	-5.4034
鲁西化工	4.3519	2.8245	2.5293
云天化	-0.7948	-3.3617	-1.2952
巨化股份	3.5560	-1.4546	-4.0326
升华拜克	1.9904	0.2264	0.7160
昌九生化	-0.7452	-0.1107	-0.7029
青岛碱业	2.7004	-0.0946	-0.3415
沧州大化	3.1303	-1.7594	-3.0485
延长化建	-2.5623	1750.2340	2.2644
江山股份	4.9687	-0.1633	-0.0852
华鲁恒升	1.6542	-0.0038	-0.0017
扬农化工	-2.4566	-5.8179	-2.9531
华阳科技	0.9533	-1.2154	-1.7715
新安股份	-9.7261	-4.2282	-2.2164
ST 鲁北	0.3549	-1.4424	-14.0299
湖南海利	-2.3623	-1.0347	-24.3425
钱江生化	2.3046	-5.7839	-4.6371
威远生化	3.9537	-4.4967	-2.6529
大成股份	1.8247	-1.4413	-6.4018
共同截距 c	1.9992	t 统计量 = 2.3645（0.0184）	
γ	-0.0683	t 统计量 = -3.4524（0.0006）	
δ	0.0164	t 统计量 = 3.2492（0.0012）	
λ	24.0376	t 统计量 = 33.9335（0.0000）	
υ	0.0170	t 统计量 = 3.5810（0.0004）	
调整可决系数 R2		0.8600	
DW 值		2.0927	
F 统计量		47.3769（0.0000）	

注：t 统计量后面括号内的值是 t 检验的相伴概率，F 统计量后面括号内的值是 F 检验的相伴概率。

从表7－22所列示的数据，得知模型整体拟合效果较好。调整的可决系数达85.99%，个股股票价格对农业上市公司盈利水平的敏感系数βi有59家通过了t检验（在5%的显著水平下），具体数值由于篇幅所限未列入表中。DW值为2.0927，当样本容量为560（NT＝70×8）、解释变量个数为5时，查D－W检验的临界值表可得在1%的显著性水平上dL的值，因为dU＜d＜4－dU，所以不存在一阶序列相关。

模型（7－5）的估计结果显示：①农业上市公司资本结构和企业盈利水平在1%的置信水平上存在显著性的负相关关系，即农业上市公司增加负债将会降低公司的盈利水平。②流通股比例与企业盈利水平显著正相关。③农业上市公司每股收益与企业盈利水平高度正相关。④农业上市公司主营业务收入增长率与企业盈利水平显著正相关。

变系数模型只说明了各截面变量前面的系数不是完全相同，由表7－22的检验结果看，模型（7－5）中农业上市公司股票价格系数似乎存在差异，为了进一步了解农业上市公司各子行业股票价格对企业盈利水平年变量敏感系数之间的关系情况，列示了不同子行业股票价格对企业盈利水平的平均敏感系数、农业类上市公司各子行业股票价格的平均历史波动率情况，如表7－23所示。

表7－23　农业类上市公司各子行业股票价格的平均敏感系数与平均历史波动率

农业类中的子行业	平均敏感系数	股票价格的平均历史波动率
林业	－0.4861	0.0010
渔业	－3.4437	0.0011
畜牧业	10.9435	0.0011
农业综合	－2.0909	0.0009
农副产品	1.7530	0.0010
农药化肥	62.7614	0.0011

注：表中的平均历史波动率是用各子行业股票年度对数收益率的平均标准误差作为替代变量。

由表7－23看出，农业上市公司中不同子行业的股票价格对公司盈利水平的影响力度存在很大的差异，其中，畜牧业与农药化肥的股票价格对企业的盈利水平影响度非常大。各行业的各年股票价格的平均历史波动率不存在明显差异。经计算，行业平均敏感系数与企业股票价格历史波动率的相关系数为0.4710，根据相伴概率0.1729大于0.0100，则可以判断二者在1%置信水平上不存在线性相关关系。

本节根据已有的研究方法，建立了以股票价格、资本结构、股权结构、获利能力和农业行业特征等为自变量，以净资产收益率为因变量的面板模型，采用固定效应变系数模型的广义加权最小二乘法，对模型进行检验。经过实证分析得出以下结论：

（1）农业类各上市公司股票的价格与企业盈利水平在5%的置信水平下有84%的公司存在显著的相关。尤其把农业类上市公司按具体子行业分析得出，畜牧业与农药化肥行业其股票的价格对企业盈利水平的影响更大。同时，从文中列示的图表里也可以发现企业的净资产收益率的走势与相应公司股票价格的走势是一致的。即，企业的净资产收益率上升其股票价格也是上升的，净资产收益率下降其股票价格也是下降的。

（2）资本结构与企业盈利水平在1%的置信水平上存在显著性的负相关关系，即负债的增加将降低公司的盈利水平，该结论与国外成熟资本市场的相关研究结论相悖。这样的现象与我国资本市场的发展不成熟有很大的关联，并且和农业类上市公司投资效应水平也分不开。

（3）流通股比例与企业盈利水平正相关，这个结论说明农业类上市公司的流通股股东已逐步成为公司有效的监督者，这也证明了我国进行股权分置改革是明智之举，同时，也可以说明我国的股票市场，从农业行业的角度来看已逐步成熟。

（4）农业类各上市公司的每股收益与企业盈利水平在1%的置信水平下显著正相关，说明企业股票的收益直接影响着企业的盈利水平。

（5）农业类各上市公司的行业特征与企业盈利水平在1%的置信水平下显著正相关，说明行业特征也是影响企业盈利水平的关键因素，主营业务收入的增加有利于提高企业的盈利水平。因此，农业类上市公司的管理当局应该从提高生产技术水平从而提高生产效率，达到提高主营业务收入的目的。

总之，农业类上市公司要充分发挥龙头的作用，可以从提升企业自身生产效率、盈利水平、管理水平等多方面入手，进而提升企业的价值，实现在资本市场健康有效的发展。

本章小结

本章从农业类上市公司的股票价格波动的风险因素几个方面研究了农业类上市公司股票价格特征的影响因素，同时又分析了资本市场与实体经济的价格传递效应，具体研究结论如下：

（1）虽然，农业行业是世界公认的高风险、低收益的行业，但又是基础产业，关系着国计民生。本章通过实证研究发现：农业类上市公司的股票价格风险整体来说却低于市场的平均水平；账面/市值比、主营业务利润、主营收入现金含量等因素和股票价格波动风险存在显著的相关关系。而市盈率、财务杠杆和上市年限等因素虽然对股票价格波动的风险有一定的影响，但并不像假设的那样和股票价格波动风险存在显著的线性关系。

（2）以价格传递理论为基础，用 VAR 模型验证了我国部分地区饲草及畜产品价格与畜牧业上市公司股票价格之间的关系。结果表明，二者之间存在长期均衡关系；通过 Granger 因果关系检验，显示全国平均饲草及畜产品价格是畜牧业上市公司股票价格的 Granger 原因。

（3）股票价格与公司盈利关系一直是国内外学者关注的问题，本章采用面板数据模型，以农业上市公司为研究对象进行分析研究股票价格对其盈利水平的影响。研究结果表明，股票价格和农业上市公司的盈利水平在 5% 的置信水平下，有 84% 的公司存在显著性的相关关系；农业上市公司的资本结构、股权结构以及农业行业特征对公司的盈利水平的影响在统计意义上都是在 1% 的置信水平下高度显著的。畜牧业和农药化肥业股票价格对上市公司盈利的影响尤其显著，其他子行业在股票价格对盈利水平的敏感度上不存在显著的差异。

第八章　总结及政策建议

本章根据前文的研究进行总结概况，并根据研究发现，提出相应的政策建议。

第一节　研究结论

对农业类上市公司股票价格基本统计特征及与市场总体水平、工业行业指数之间的关系、股票价格的同步性特征（农业政策的效应表现）、股票价格的非对称性特征及股票价格的信息含量的测度、分形结构、季节性特征、与相关经济变量的关系有了一个比较深入的认识。其主要研究结论如下：

（1）农业类上市公司股票价格收益率的基本统计特征与市场总体水平一致，在基本统计特征上未表现出特殊的行业特征，该结论与已有的相关研究结论相反。笔者认为，主要原因在于选取的样本范围存在差异及样本期间不一致也是结论不一致的原因所在。在进行股票价格聚集性检验时，运用 Garch（1，1）检验发现，农业类子行业中畜牧业股票价格收益率受前一日收益率的影响要高于市场的整体水平。

通过协整和 Granger 因果关系检验发现，市场总体水平对每个行业的股票价格走势都有着很大的影响，其影响程度在统计上是显著的。

（2）农业类上市公司同步性特征显著。运用事件研究的方法，在以 2007 年、2008 年和 2009 年中央发布“一号文件”为事件窗口进行分析时发现，无论将农业类上市公司怎样细分组，都验证了农业类上市公司对“一号文件”的惠农政策产生短期效应，表现的程度高于工业类上市公司，该检验既验证了农业政策专指，同时再次证明我国股票市场存在同涨同跌的同步性特征，只不过由于存在行业差异，表现的程度不同。

（3）农业类上市公司股票价格存在非对称性特征。选取了农业类上市公司中5家上市公司作为样本公司，以2009年5月共18个交易日，850多个数据点的5分钟股票价格收益率的高频数据为对象，分别用经典的TARCH模型、EGARCH模型进行分析，发现高频数据表现出股票价格存在非对称性特征，但是5家公司也表现出了差异，即通过EGARCH模型分析检验发现，景谷林业、农产品的β值为负，且$0>\beta>-1$，但是统计上不显著，说明景谷林业、农产品存在非对称性特征，而罗牛山、顺鑫农业的β值显著为正。所有5家公司的α_1值均在1%的水平下显著为正，但是其数值都在0.2左右，说明样本公司股票GARCH效应明显，但是波动持续的时间不长。

（4）农业类上市公司股票价格存在季节性特征。文章运用最小二乘法和GARCH模型分析其股票价格变动是否存在异于其他行业的季节效应。结论显示：我国农业类上市公司股票价格收益率存在冬季、夏季效应；考察其月份效应，发现存在异于其他行业的2月、6月及10月效应；表现出了农业行业固有的特点，即受自然气候、农时规律的影响很大，其股票价格表现了显著的季节效应。

（5）农业类上市公司股票价格存在分形特征。根据分析市场假说，采用R/S分形法，分别对我国股票市场的上证综指、深证指数、工业指数、农业类上市公司平均日收益率、畜牧业、林业、渔业、种植业等、农药化肥、农副产品加工等10个时间序列进行分析，采用整体考察与分段分析的方法，计算了各时间序列的赫斯特指数及各时间序列的非周期循环期及相关度。经过实证分析，可以认为我国股票市场是具有非线性特征的分形市场，在跨时间尺度的事件之间有着相关性，具有循环和趋势双重特征（王德河，2007），根据赫斯特指数判断，股票价格的波动在很大程度上受到历史信息的影响，在进行分段回归后发现，工业指数、上证指数、深证指数在突变点后回归出的赫斯特指数达到0.7多，具有显著的趋势性，而且可以认为由于行业的不同，其非周期循环是不一样的。即使是同属于农业类上市公司，由于子行业的不同，其赫斯特指数是存在很大差异的。畜牧业赫斯特指数在各行业中最大，说明其趋势性最强。

（6）农业类上市公司股票价格所表现的不同于市场整体水平的原因是多方面的，一方面源于行业特征，另一方面源于公司自身的特征。

从农业类上市公司股票价格波动的风险因素几个方面研究了农业类上市公司股票价格特征的影响因素，同时又分析了资本市场与实体经济的价格传递效应，具体研究结论如下：

（1）虽然农业行业是世界公认的高风险、低收益的行业，但又是基础产业，关系着国计民生。通过实证研究发现：农业类上市公司的股票价格风险整体来说却低于市场的平均水平；账面/市值比、主营业务利润、主营收入现金含量等因素和股票价格波动风险存在显著的相关关系。而市盈率、财务杠杆和上市年限等因素虽然对股票价格波动的风险有一定的影响，但并不像笔者假设的那样和股票价格波动风险存在显著的线性关系。

（2）以价格传递理论为基础，用 VAR 模型验证了我国部分地区饲草及畜产品价格与畜牧业上市公司股票价格之间的关系。结果表明，二者之间存在长期均衡关系；通过 Granger 因果关系检验，显示全国平均饲草及畜产品价格是畜牧业上市公司股票价格的 Granger 原因。

第二节 政策建议

基于以上研究结论和思考，笔者从政府宏观调控角度、农业类上市公司管理者角度以及投资者规避风险角度提出如下相关的对策与建议：

一、从政府宏观调控角度的建议

（1）应该从提高上市公司信息披露的准确性、真实性、及时性入手，切实保证监管调控的力度和作用，尤其是投资者对农业行业存在传统认识的误区，政府要想使农业类上市公司在农业企业中起到龙头作用，必须正确的引导农业类上市公司在资本市场健康的发展。

（2）我国农业类上市公司无论在绝对数量还是相对数量上都相对较小，而农业类上市公司已经证实在经济发展中起到了无足轻重的作用，具有高技术水平的装备是我国实现农业现代化的必备的硬件，提高农业生产率是发展农业的有效途径，而这些都需要大量的资金，农业类上市公司能够有效通过资本市场募集资金以解决融资难的问题。因此，政府应该鼓励更多的符合上市条件的农业企业上市。

（3）由于验证了农业利好政策对农业类上市公司股票价格能够产生短期效应，说明政策的扶持是有利于把投资者的投资方向投向农业行业，这样对稳定农业类上市公司在资本市场的发展有一定的作用，所以，政府应进一步加大对农业类上市公司的支持力度，除后期给予优惠政策（如税收和补贴）外，在发展前期的新产品研发方面和节能环保方面对农业类上市公司要加大支持的力度，为农业类上市公司的可持续发展构建一个宽松的环境。

（4）研究发现农业类上市公司的股票价格与相关农产品价格及上市公司所处的地域环境存在很大的关联。所以，政府应通过调控引导农业类上市公司科学有效地利用当地优势资源，提高企业效益；通过合理调控农产品的产、供、销，以达到稳定农产品价格的目的，从而有效减少农业类上市公司股票价格的异常波动。

（5）加强监管的深度，保证国家的支持起到应有的作用。加强对农业类上市公司的监督和管理，还有利于农业类上市公司沿着正确的方向发展，使农业类上市公司在一开始经营时就有较为远见的眼光，立足于科技，其基本面才会不断改善，才会保持较高的成长性。

二、从农业类上市公司管理者角度的建议

（1）应该从管理水平入手提升企业价值，拥有长远发展战略眼光。一个上市企业如果具有了良好发展理念，企业价值是不会任由股票价格扭曲，其股票价格也不会超常波动的，即来自于公司特有的风险就会减少，应对市场总体风险的能力就会相对加强。研究发现农业类上市公司的盈利水平与股票交易率呈负相关，所以，为了减少农业类上市公司股票价格的波动，应该注重提高企业的盈利水平和获利能力，从自身降低风险。

（2）因为我国农业类上市公司受规模、资金、风险等因素所限，研发的力度有很大的提升空间，所以企业应从科技兴农等方面入手，加大企业研发的力度，有效提高农业企业的生产效益率，使农业类上市公司在资本市场上成为被投资者认可的企业，而不是一个弱质企业。

（3）农业类上市公司同其他行业的上市公司一样，在信息的冲击下股票价格会大幅波动。研究发现，在信息不对称的情况下，农业类上市公司股票价格对信息的反应存在非对称性特征，如果市场上存在一个信息冲击时，企业股票价格就会发生波动，由于信息的不对称性，内幕知情者就可以从中获得投机收益。为了有效避免这种原因造成的股票价格波动，企业应在信息产生尽可能迅速准确地将信息发布出去，使投资者对其产生信任，有利于吸引长期投资者。

（4）农业类上市公司股票价格表现的季节性特征，突出了农业类上市公司和种植业的种植、渔业、畜牧业等自身的农时规律紧密相关，所以，农业类上市公司应该根据企业自身受自然规律影响的程度，采取科学有效的方法规避季节更替带来的弊端，同时发挥其季节更替带来的优势。

（5）农产品价格与农业类上市公司的股票价格紧密相关，农产品价格波动的风险会传递到农业类上市公司的股票价格，这样无形中就会增大农业类上市公司在资本市场的风险。农业类上市公司应该密切关注农产品价格变化和农产品的产、供、销，根据农产品的季节性特点合理安排农产品材料和产成品的库存以达到降低成本提高企业利润的目的，从而有效降低股票价格的风险。

三、从投资者规避风险角度的建议

（1）在观念上，资本市场的投资者应该摒弃以前传统的观念，认为农业类

上市公司是资本市场的弱质行业。经过研究实证，农业类上市公司本身已经向着健康良好的状态发展，尤其是国家给予了惠农政策的支持，使农业类上市公司在近年来表现比较活跃，可以考虑长期持有。因为，农业是国民经济的基础行业，所以国家对农业类上市公司的支持是长期的、有效的，再者农业类上市公司通过提升自身的价值和有效发挥国家给予的政策优势，必定会朝着健康方向发展，投资回报的效益应是可观的。

（2）投资者在投资策略上，一方面，参考农业类上市公司股票价格表现出的季节性特征，根据具体农业行业子行业的不同，理性分析所处子行业的生产、销售和农时特征选择农业类股票进行投资；另一方面，由于研究发现农产品的价格波动会传递到相关农业类上市公司的股票价格上，投资者可以根据农产品的价格变动适时的选择购买或抛售农业股，可以从中获取收益。

第三节 研究展望

本书从不同方面和角度对农业类上市公司股票价格的特征进行了较系统的分析研究，获得了一些有意义的结论。然而，由于笔者能力学识所限，认为有待进一步改进和研究问题如下：

（1）农业类上市公司综合指数收益率的计算及处理可以探讨更科学的方法。

书中为了简化计算，将上海证券交易所和深圳证券交易所符合文章中样本标准的公司的股票价格及收益率进行简单加权计算；农业类上市公司股票价格的高频数据已经可得，但是由于数据的庞大，书中随机选取了5家公司进行分析，并且只用了5分钟交易数据进行分析。在研究方法上，数据的处理和分析上有很大的改进空间。

（2）分析了农业类上市公司股票价格波动的风险因素，下一步研究可以考虑与其他行业进行比较分析。

（3）书中选取了样本期间为2002~2009年，在这8年，我国资本市场经历了很大的变动，从熊市到牛市，再到熊市。每个阶段的市场环境是不同的，对农业类上市公司的影响也是不同的，在具体分析中，尤其对农业类上市公司各子行业的分析中，可以考虑将总体时间进行分段研究，能够更科学地挖掘农业类上市公司股票价格的特征。

参考文献

［1］陈梦根，曹凤岐．中国证券市场价格冲击传导效应分析．管理世界，2005（10）：24－33.

［2］陈梦根，毛小元．股价信息含量与市场交易活跃程度．金融研究，2007（3）：125－139.

［3］陈浪南，陈强．我国货币、价格、真实部门之间的信息传导研究．管理世界，2006（3）：15－20.

［4］陈千里，周少甫．上证指数收益的波动性研究．数量经济技术研究，2002（6）：122－125.

［5］陈小悦，陈晓，顾斌．中国股市弱式效率的实证研究．会计研究，1997（9）：13－17.

［6］陈信元，张田余，陈冬华．预期股票收益的横截面多因素分析：来自中国证券市场的经验证据．金融研究，2001（6）：22－35.

［7］程建华，黄德龙，杨晓光．我国物价变动的影响因素及其传导机制的实证研究．统计研究，2008（1）：30－34.

［8］崔振南，张慎峰，吴育华．上证综合指数的 R/S 分析．数量经济技术研究，2000（10）：104－107.

［9］都国雄，宁宣熙．上海证券市场的多重分型特性分析．系统工程理论与实践，2007（10）：40－47.

［10］范龙振，王海涛．上海股票市场行业与地区效应分析．系统工程学报，2003（4）：123－127.

［11］范英，魏一鸣．基于 R/S 分析的中国股票市场分型特征研究．系统工程，2004（11）：46－51.

［12］奉立城．中国股票市场的"周内效应"．经济研究，2000（11）：50－57.

［13］奉立城．中国股票市场的"月份效应"和"月初效应"．管理科学，

2003（2）：41－48.

［14］封建强．股价行为理论与实证分析．北京：经济科学出版社，2004.

［15］高铁梅．计量经济分析方法与建模：Eviews 应用及实例．北京：清华大学出版社，2006.

［16］葛永波．企业融资偏好与融资结构特征的背离：基于农业类上市公司的实证研究．农业技术经济，2007（5）：31－37.

［17］郭鹏飞，杨朝军．公司业绩与股价收益基于行业特征的实证分析．证券市场导报，2003（7）：74－76.

［18］黄晓波，冯浩．农业类上市公司股权结构与公司绩效实证分析．中国农村经济，2006（10）：67－71.

［19］黄波，李湛，顾孟迪．基于风险偏好资产定价模型的公司特质风险研究．管理世界，2006（11）：119－127.

［20］何诚颖，程兴华．基于中国证券市场的有效性研究：以高 B/M 类上市公司为例．管理世界，2005（11）：145－151.

［21］何凤平，郑少锋，霍学喜．基于时序立体数据表的农业类上市公司成长性综合评价．商业研究，2008（7）：75－77.

［22］何晓光，朱永军．中国 A 股市场收益波动的非对称性研究．数理统计与管理，2007（1）：164－171.

［23］何兴强，李涛．不同市场态势下股票市场的非对称反应：基于中国上证股市的实证分析．金融研究，2007（8）：131－140.

［24］何宜庆，曹慧红，侯建荣．我国沪深两市股指收益率的 EGARCH 效应分析．统计与决策，2005（8）：90－91.

［25］胡永宏．农业类上市公司股价波动研究．北京林业大学，2008.

［26］鞠英利．我国股市季节性变动实证研究．经济问题探索，2007（1）：143－148.

［27］金德环，王俊，李鹏，李胜利．上市公司信息披露与个股异常波动相关性研究．财经研究，2002（7）：19－25.

［28］劳兰珺，邵玉敏．中国股票市场行业收益率序列动态聚类分析．财经研究，2004（11）：75－82.

［29］李炳坤．发展现代农业与龙头企业的历史责任．农业经济问题，2006（9）：4－8.

［30］李秉龙，薛兴利．农业经济学．北京：中国农业大学出版社，2003.

［31］李锐．中国股票市场的月份效应．数量经济技术经济研究，2003（7）：126－130.

[32] 林乐芬．中国农业类上市公司绩效的实证分析．中国农村观察，2004（6）：66－70.

[33] 林水山．证券市场分型结构的比较研究．浙江大学硕士学位论文，2005．

[34] 林万龙，张莉琴．农业产业化龙头企业政府财税补贴政策效率：基于农业类上市公司的案例研究．中国农村经济，2004（10）：33－40.

[35] 刘金全，崔畅．中国沪深股市收益率和波动性的实证分析．经济学（季刊），2002（7）：885－897.

[36] 刘勇．中国股价行为金融计量研究．东北财经大学博士学位论文，2003.

[37] 刘志新．运用马尔可夫链对上海股市有效性的检验．系统工程，2000（1）：29－33.

[38] 楼小飞，周林，施红俊．中国股市投资组合收益分布的实证研究．同济大学学报：自然科学版，2005（3）：414－417.

[39] 陆磊，刘思峰．节日效应在中国股票市场的表现．数理统计与管理，2008（7）：712－720.

[40] 罗忠洲，谢之辰．我国股市的财富效应：基于省际面板数据的实证分析．中国金融学术研究网，2011－04－14.

[41] 吕继宏，赵振全．中国股票市场的波动、政策干预与市场效应//刘树成，等．中国资本市场前沿理论研究文集．北京：社会科学文献出版社，2000.

[42] 孟庆斌，周爱民，汪孟海．中国股市价格泡沫检验．金融研究，2008（8）：105－117.

[43] 彭文平，肖继辉．股市政策与股市波动．经济管理，2002（6）：60－65.

[44] 屈文洲．股票市场微观特征中国现状与国际比较．金融研究，2006（5）：23－32.

[45] 曲永刚，张金水．中国股票市场价格波动特征分析．清华大学学报：哲学社会科学版，2003（3）：30－34.

[46] 祈斌，黄明，陈卓思．机构投资者与市场波动性．金融研究，2006（9）：54－64.

[47] 佘坚，陈晓红．股本规模、波动性和小盘股效应：来自沪深股市的实证研究．系统工程，2005（11）：18－22.

[48] 沈晓明，谭再刚，朝晖．补贴政策对农业类上市公司的影响与调整．中国农村经济，2002（6）：20－23.

[49] 史代敏．中国股票市场波动与效率研究．成都：西南财经大学出版

社，2003.

［50］史永东．中国证券市场股票收益持久性的经验分析．世界经济，2000（11）：29－33.

［51］宋颂兴，金伟根．上海股市市场有效性实证研究．经济学家，1995（4）：107－128.

［52］宋玉臣．我国股票市场运行与政府行为的相关性及评价．经济纵横，2007（10）：44－46.

［53］孙培源，施东晖．基于CAPM的中国股市“羊群行为”研究：兼与宋军、吴冲锋先生商榷．经济研究，2002（2）：64－70.

［54］史美景．随机效应方差分量模型及应用．山西财经大学学报，2002（2）：99－101.

［55］汤新华．政策扶持对农业类上市公司业绩的影响．福建农林大学学报：哲学社会科学版，2003（6）：33－35.

［56］唐璐．中国股票市场行业指数波动特性研究．西南交通大学硕士学位论文，2008．

［57］王德河．股票价格时间序列分型特征的实证研究．审计与经济研究，2007（11）：71－76.

［58］汪炜，周宇．中国股市规模效应和时间效应的实证分析：以上海股票市场为例．经济研究，2002（10）：16－30.

［59］王玉春，花贵如．中国农业类上市公司可持续增长实证分析．中国农村经济，2006（10）：43－49.

［60］王如丰．不同股市行情下的星期效应研究：基于沪深股市的实证检验．上海金融学院学报，2009（1）：32－38.

［61］王秀清，钱小平．1981～2000年中国农产品价格上涨的波及效应．中国农村经济，2004（2）：12－15.

［62］王明涛．基于R/S法分析中国股票市场的非线性特征．预测，2002（3）：42－45.

［63］吴世农．我国证券市场效率的分析．经济研究，1996（4）：13－19.

［64］吴毅芳，彭丹．我国股票市场价格波动的非对称性及其国际比较．中南大学学报：社会科学版，2007（10）：568－573.

［65］吴振信，许宁．货币政策对股指影响的GARCH－M效应研究．经济问题，2006（8）：65－66.

［66］吴文锋，吴冲锋，朱云．异常波动与资产定价模型．预测，2000（5）：56－59.

[67] 肖军，徐信忠．中国股市价值反转投资策略有效性实证研究．经济研究，2004（3）：55－64.

[68] 辛焕平，和丕禅，娄权．农业类上市公司治理结构与信息披露：基于农业产业化视角的实证研究．中国农村经济，2006（10）：50－57.

[69] 辛贤，谭向勇．农产品价格的放大效应研究．中国农村观察，2000（1）：52－57.

[70] 徐国栋，田祥新，林丙红．中国股市季节效应实证分析．内蒙古财经学院学报，2004（1）：45－48.

[71] 徐晓光，黄国辉．我国股价波动的政策干预效应：基于 ARCH 类修正模型的实证分析．当代经济研究，2007（4）：67－70.

[72] 徐朝旭．论龙头企业在市场农业发展中的作用：以福建省厦门中盛粮油企业有限公司为例．农业经济问题，2003（8）：41－43.

[73] 许彪，赵晨光，刘晓利，侯丽薇．我国农业类上市公司发展现状及对策分析．吉林农业大学学报，2000（22）：117－120.

[74] 许均华，李启亚．宏观政策对我国股市影响的实证研究．经济研究，2001（9）：12－21.

[75] 许伟河．基于市场反应、内幕交易、流通股结构的股权分置改革实证研究．对外经济贸易大学博士学位论文，2007.

[76] 闫华红．农业类上市公司投资决策质量分析．北京：经济科学出版社，2004.

[77] 杨朝军，蔡明超，洪泳．上海股票市场弱式有效性实证分析．上海交通大学学报，1998（3）：65－69.

[78] 杨朝军，孙培源，施东晖．微观结构、市场深度与非对称信息：对上海股市日内流动性模式的一个解释．世界经济，2002（11）：53－58.

[79] 杨淑娥，王勇，白革萍．深圳股市股利分配效应的实证研究．统计与信息论坛，2000（5）：68－73.

[80] 杨小燕，王建稳．股票收益率的行业效应分析．北方工业大学学报，2008（9）：75－83.

[81] 尹中立．我国农业类上市公司资本效率分析．中国农村经济，2004（10）：41－55.

[82] 游家兴．中国证券市场股价波动同步性研究：基于 R^2 的研究视角．厦门大学博士学位论文，2007.

[83] 俞乔．市场有效性、周期异常与股价波动．经济研究，1994（9）：43－50.

[84] 张兵．证券市场波动不对称性的动态研究．管理学报，2006（5）：

366－370.

［85］张福，赵华，赵媛媛．中美股市协整关系的实证分析．统计与决策，2004（2）：93－94.

［86］张连怀，董杰，王继权．农业类上市公司：证券市场支持农业产业化经营的重要载体．乡镇经济，2004（4）：14－15.

［87］张雷．中国股票市场日内波动率的分行业差异研究：以高频数据为样本．北京市财贸管理干部学院学报，2004（3）：42－44.

［88］张继袖．我国上市公司盈利能力行业特征的实证研究．管理科学，2004（6）：39－44.

［89］张晟义．国家级农业产业化重点龙头企业供应链实践的现状及改善思路．中国农业科技导报，2004（4）：54－61.

［90］张世英，许启发，周红．金融时间序列分析．北京：清华大学出版社，2008.

［91］张维，黄兴．沪深股市的R/S实证分析．系统工程，2001（1）：1－5.

［92］张晓峒．Eviews使用指南与案例．北京：机械工业出版社，2007.

［93］张祥建，谷伟，郭岚．上海股票市场“规模效应”的实证研究及原因探析．大连理工大学学报：社会科学版，2003（12）：24－28.

［94］张宗新等．证券市场低效率的根源：制度缺陷．经济研究参考，2002（8）：

［95］张亦春，郑振龙．金融市场学．北京：高等教育出版社，2004.

［96］郑方镳，吴超鹏，吴世农．股票成交量与收益率序列相关性研究：来自中国股市的实证证据．金融研究，2007（3）：140－150.

［97］周爱民，张友兰．沪、深、港股市有效性的检验比较．河北省科学院学报，2001（5）：68－71.

［98］庄新田，庄新路，田莹．Hurst指数及股市的分型结构．东北大学学报自然科学版，2003（9）：862－865.

［99］朱宝宪，何治国．β值和账面/市值比与股票收益关系的实证研究．金融研究，2002（4）：71－79.

［100］朱红军，何贤，杰陶林．中国的证券分析师能够提高资本市场的效率吗：基于股价同步性和股价信息含量的经验证据．金融研究，2007（2）：110－120.

［101］Aggarwal R，Rao R P，Hiraki T. Regularities in Tokyo Stock Exchange Security Returns：P/E，Size，and Seasonal Influences. Journal of Financial Research，1990（3）：249－263.

[102] Andersen T G, Bollersle T, Diebold F X , Ebens H. The Disrtibution of Stock Return Volatility. NBER Working Paper, 2000. No. 7933.

[103] Angela B, Roger B , Patricia F. Changing UK Stock Market Sector and Sub - sector Volatilities, 1968 - 2000. Managerial Finance, 2002, 28 (8): 26 - 43.

[104] Asness C, Jacques F, Robert K , John L. Style Timing: Value Versus Growth [J] . Journal of Portfolio Management, 2000 (26): 50 - 60.

[105] Aydogan K , Booth G G. Are there Long cycles in Common Stock Returns? Southern Econ J, 1988 (55): 141 - 149.

[105] Bakke N S, Fomby T B. Threshold Cointegration. International Economics Review, 1997, 38 (3): 627 - 645.

[107] Ball R , Brown P. An Empirical Evaluation of Accounting Income Numbers. Journal of Accounting Research, 1968 (3): 159 - 178.

[108] Banz R W. The Relationship Between Return and Market Value of Common Stocks. Journal of Financial Economics, 1981 (9): 3 - 18.

[109] Basu B. Investment Performance of Common Stocks in Relation to Their Price - Earnings Ratos: A test of the Efficient Market Hypothesis. The Journal of Finance, 1977, 32 (3): 663 - 682.

[110] Black F. Studies of Stock Price Volatility Changes. Proceedings of the 1976 Meetings of the American Tatistical Association, Business and Economics Statistics Section (American Statistical Association, Washington, DC): 1976: 177 - 181.

[111] Black F, Jensen M C, Scholes M. The Capital Asset Pricing Model: Some Empirical Tests. Studies in the Theory of Capital Markets, 1972 (81): 79 - 121.

[112] Bollerslev T, Chou R Y , Kroner K F. ARCH Modeling in Finance: A Review of the Theory and Empirical Evidence. Journal of Econometrics, 1992, 52 (1): 5 - 59.

[113] Campbell J Y. Consumption Based Asset Pricing. NBER Working Paper, 2002.

[114] Campbell J Y , Shiller R J. Stock Prices, Earnings, and Expected Dividends. Journal of Finance, 1988 (7): 661 - 676.

[115] Campbell J Y , Shiller R J. Valuation Ratios and the Long run Stock Market Outlook: An Update. NBER Working Paper, 2001: 8221.

[116] Chan K C , Chen N. Structural and Return Characteristics of Small and Large Firms. Journal of Finance, 1991 (46): 1467 - 1484.

[117] Chen Q, Goldstein I , Jiang W. Price Informativeness and Investment Sen-

sitivity to Stock Price. The Review of Financial Studies, 2005, 3 (20): 619 -650.

[118] Chen N F, Roll R , Ross S A. Economic Forces and the Market. The Journal of Business, 1986, 59 (3): 383 -403.

[119] Cheung Y W , Ng L K. Stock Price Dynamics and Firm Size: An Empirieal Investigation. Journal of Finance, 1992 (47): 1985 - 1997.

[120] Clubb C , Naffi M. The Usefulness of Book - to - Market and ROE Expectations for Explaining UK Stock Returns. Journal of Business Finance & Accounting, 2007 (34): 1 -32.

[121] Durnev A, Morck R , Yeung B. Value Enhancing Capital Budgeting and Firm - specific Stock Return Variation. Journal of Finance, 2004 (59): 65 - 105.

[122] Durnev A, Morck R, Yeung B , Zarowin P. Does Greater Firm - Specific Return Variation Mean More or Less Informed Stock Pricing? Journal of Accounting Research, 2003, 41 (5): 797 -836.

[123] Fama E F. The Behavior of Stock - Market Prices. The Journal of Business, 1965, 38 (1): 34 -105.

[124] Fama E. Efficient Capital Market: A Review of Theory and Empirical Work. Journal of Finance, 1991 (25): 383 -417.

[125] Fama E , French K. Dividend Yields and Expected Stock Returns. Journal of Financial Economics, 1988 (22): 3 -25.

[126] Fama E F , French K R. Permanent and Temporary Components of Stock Prices. Journal of Political Economy, 1988 (11): 246 -2731.

[127] Fama E F, Fisher L, Jensen M, et al. The Adjustment of Stock Prices to New Inofmration. International Eocnomic Review, 1969 (10): 1 -21.

[128] Fama E F , French K R. The Cross - section of Expected Returns. Journal of Finance, 1992, 47 (2): 427 -465.

[129] French K R , Roll R. Stock Return Variances: The Arrival of Information and the Reaction of Traders. Journal of Financial Economics, 1986 (17): 5 -26.

[130] Fornari F , Mele A. Weak Convergence and Distributional Assumpions for the Asymmetric Power ARCH Model. University of Paris X, Mimeo, 1994.

[131] Ferreira M A , Gama P M. Have World, Country and Industry Risks Changed over Time? An Investigation of the Volatility of Developed Stock Markets, 2005, 40 (1): 195 -222.

[132] Garner A C. Commodity Prices: Policy Target or Information Variable? Journal of Money Credit and Banking, 1989 (21): 508 -514.

[133] Grundy B D, Martin J S. Understanding the Nature of the Risks and the Source of the Rewards to Momentum Investing. Review of Financial Studies, 2001 (1): 29 -78.

[134] Grossman S J , Stiglitz J. On the Impossibility of Informationally Efficient Markets. American Economic Review, 1980 (70): 393 -408.

[135] Gultekin M N , Gultekin N B. Stock market Seasonality: International Evidence Journal of Financial Economics, 1983 (4): 469 -481.

[136] Harris L. A transaction Data study of Weekly and Intradaily Patterns in stock Returns. Journal of Financial Economics, 1986 (16): 99 -117.

[137] Hirshleifer D , Shumway T. Good Day Sunshine: Stock Returns and the Weather. The Journal of Finance, 2003 (6): 1009 -1031.

[138] Hovakimian A, Opler T, Titman S. The Debt - equity Choice. Journal of Financial and Quantitative Analysis, 2001 (36): 1 -24.

[139] http://www. hysec. com/hyzq, 2010 -10.

[140] Hua P. On Primary Commodity Prices: The Impact of Macroeconomic Monetary Shocks. Journal of Policy Modeling, 1998, 20 (6): 767 -790.

[141] Jegadeesh N , Titman S. Returns to Buying Winners and Selling Losers: Implications for Stock Market Efficiency. The Journal of Finance, 1993, 48 (1): 65 -91.

[142] Jin L, Myers S C. R^2 Around the World: New Theory and New Tests. Journal of Financial Economics , 2006. (79): 257 -292.

[143] Jones C. A Century of Stock Market Liquidity and Trading Costs. Working Paper. Columbia, University, 2000.

[144] Keim D , Madhavan A. The Up Stairs Market for Block Transactions: Analysis and Measurement of Price Effects. Review of Financial Studies, 1996, 9 (1): 1 -36.

[145] Kearney C , Poti V. Have European StocksbecomeMore Volatile? An Empirical Investigation of Idiosyncratic and Market Risk in the Euro Area. European Financial Management, 2008, 14 (3): 419 -444.

[146] Keim D B , Stambaugh R F. Predicting Returns in the Stock and Bond Markets. Journal of Financial Economics, 1986 (12): 357 -390.

[147] Kilman Shin, 陈维政, 胡豪, Sukmawati Sukamulja. 亚洲股市中的一月效应：韩国、东京、雅加达、上海和标准普尔500. 中国金融学, 2003, 1(2).

[148] Kirbas - Kasman S , Kasman A. Volatility in the TURKISH STOCK MAR-

KET：An Industry – level Analysis. Ege Academic Review，2002（2）：27 –40.

［149］Koutmos G. Asymmetric Volatility and Risk Retum Trade of in Foreign Stock Markets. Journal of Multinational Financial Management，1992（2）：27 –43.

［150］Koutmos G，Booth G G. Asymmetric Volatility Transmission in International Stock markets. Journal of International Moneyand Finance，1995（14）：747 –762.

［151］Koutmos G. Modeling the Dynamic Interdependence of Majoreuropean stock markets. Journal of Business Finance and Accounting，1996，（23）：975 –988.

［152］Lakonishok J，Shleifer A，Vishny R W. Contrarian Investment，Extrapolation，and Risk. The Journal of Finance，1994，49（5）：1541 –1578.

［153］Lee C M C，Swaminathan B. Price Momentum and Trading Volume. Journal of Finance，2000，55（5）：2017 –2069.

［154］Li K R，Morck R，Yang F，Yeung B. Firm – specific Variation and Openness in Emerging Markets. The Review of Economics and Statistics，2004（86）：658 –669.

［155］Lintner J. Finance and Capital Markets. Economic Research：Retrospect and Prospect，New York：National Bureau of Economic Research，1972：1 –53.

［156］Livingston M. Industry Movements of Conunon Stoeks. Joumal of Finance，1977，32（3）：861 –874.

［157］Ljung G M，Box G E P. On a Measure of Lack of Fit in Time Series Models. Biometrika，1978，65（8）：297 –303.

［158］Lo A W. Long – term Memory in Stock Market Prices. Econometrica，1991，59（5）：1279 –1314.

［159］Lo A W，Mackinlay A C. Stock Market Prices do not Follow Random Wallks：Evidence from a Simple Specification Test. The Review of Financial Studies，1988（1）：41 –66.

［160］Lo A，Mackinlay A. A Non Random Walk down Wall Street. New Jersey：Princeton University Press，1999.

［161］Montier J. 行为金融—洞察非理性心理和市场．赵英军，译．北京：中国人民大学出版社，2007.

［162］Morck R，Yeung B，Yu W. The Information Content of Stock Markets：Why do Emerging Markets Have Synchronous Stock Price Movements. Journal of Financial Economics，2000（58）：215 –260.

［163］O' Hara M. Liquidity and Price Discovery. Journal of Finance，2003，58（4）：1335 –1364.

［164］ Olivera J H G. On Passive Money. Journal of Political Economy, 1970 (78): 805 –814.

［165］ Peters E E. Chaos and Order in the Capital Market. Second Edition. New York, 1991.

［166］ Peters E E. Fractal Market Analysis: Applying Chaos Theory to Investment and Economics. New York, John Wiley & Sons, Inc. 1994.

［167］ Poon S , Tsylor S J. Stock Returns and Volatility: An Empirical Study of the U. K. Stock Market. Journal of Banking and Finance, 1992 (16): 37 –59.

［168］ Poter J M , Summer L H. Mean Reversion in Stock Prices: Evidence and Implication. Journal of Applied Economices, 1988 (18): 23 –46.

［169］ Poterba J , Summers L. Mean Reversionin Stock Prices: Evidence and Implications. Journal of Financial Economics, 1988 (22): 27 –59.

［170］ Rabemananjara R , Zakolin J M. Threshold ARCH Models and Asymmetries in Volatility. Journal of APPlied Econometries, 1993 (8): 31 –49.

［171］ Rahman S, Lee C F , Aug K P. Intraday Return Volatility Process: Evidence From Nasdaq Stocks. Review of Quantitative Finance and Accounting, 2002 (19): 155 –180.

［172］ Roll R. R^2. Journal of Finance, 1988 (43): 541 –566.

［173］ Ross S A, Westerfield R , Jaffe J F. 公司理财．吴世农，沈艺峰，译．北京：机械工业出版社，2003.

［174］ Rozeff M S , Kinney W. Capital Market Seasonality: The Case of Stock Returns. Journal of Financial Economics, 1976 (4): 379 –402.

［175］ Rubinstein M. Rational Markets: Yes or No? the Affirmative Case. Financial Analysts Journal, 2001 (6): 15 –29.

［176］ Saunders E M J. Stock Prices and Wall Street Weather. The American Economic Review, 1993 (83) 1337 –1345.

［177］ Samueslon P. Proof that Properly Anticipated Prices Fluctuate Randomly. Industrial Management, Review, 1965 (6): 41 –49.

［178］ Santis D G , Imrohorglu S. Stock Returns and Volatility in Emerging Financial Markets ［J］. Journal of International Money and Finance, 1997 (16) 561 –579.

［179］ Scholes M. The Market for Securities: Substitution Versus Price Pressure and the Effects of Information on Share Prices. Journal of Business, 1972 (45): 179 –211.

［180］ Sharpe W F. Capital Asset Prices: A Theory of Market Equilibrium Under

Conditions of Risk. The Journal of Finance, 1964 (9): 425 -442.

[181] Shiller R. Stock Prices and Social Dynamics. Economic Activity, 1984 (2), Brookings Papers: 457 - 510.

[182] Tsay R S. 金融时间序列分析. 潘家柱, 译. 北京: 机械工业出版社, 2006.

[183] Wood R A. Market Microstructure Research Databases: History and Projections. Journal of Business & Economic Statitics, 2000 (18): 40 -145.

[184] Wurgler J. Financial Markets and the Allocation of Capital. Journal of Financial Economics, 2000 (58): 187 -214.

[185] Yuli Su, Yewmun Yip, Rickie W. Wong, The Impact of Government Intervention on Stock Returns Evidence from Hong Kong. International Review of Economics and Finance, 2002 (11): 277 -297.

附　录

我国农业类上市公司简表

序号	证券代码	股票名称	行业或主营业务	地域	上市时间	是否龙头	上市交易所	证券类别	股本（万股）
1	600180	ST 九发	农业	山东	1998－07－03	是	上海	上海 A 股	25099.00
2	600598	北大荒	农业	黑龙江	2002－03－29	否	上海	中小企业板	171447.81
3	600538	北海国发	渔业深加工	广西	2003－01－14	否	上海	中小企业板	27921.59
4	600230	沧州大化	生产和销售化肥	河北	2000－04－06	否	上海	上海 A 股	25933.16
5	600228	昌九生化	化工、化肥、环保及生化产品的生产与销售	江西	1999－01－19	否	上海	上海 A 股	24132.00
6	600275	ST 昌鱼	渔业	湖北	2000－08－10	否	上海	上海 A 股	50883.71
7	600227	赤天化	尿素的生产和销售	贵州	2000－02－21	否	上海	上海 A 股	36909.55
8	600882	大成股份	化学农药	山东	1995－12－06	否	上海	上海 A 股	21372.64
9	600257	大湖股份	渔业水产品养殖及销售	湖南	2000－06－12	是	上海	上海 A 股	42705.00
10	000576	ST 甘化	制糖业	广东	1994－09－07	否	深圳	深圳 A 股	32286.13
11	600095	哈高科	粮食及饲料加工业	黑龙江	1997－07－08	否	上海	上海 A 股	36126.36
12	600354	敦煌种业	农作物制种和棉花收购加工业务	甘肃	2004－01－15	是	上海	上海 A 股	18596.64
13	600965	福成五丰	畜牧业	河北	2004－07－13	是	上海	上海 A 股	27940.32
14	600251	冠农股份	农业	新疆	2003－06－09	是	上海	上海 A 股	36210.00
15	600962	国投中鲁	浓缩果蔬汁、饮料的生产、销售；农副产品的加工	北京	2004－06－22	是	上海	上海 A 股	20170.00
16	600467	好当家	海洋渔业	山东	2004－04－05	否	上海	上海 A 股	63360.00
17	600695	大江股份	家禽饲养业	上海	1993－11－22	否	上海	上海 A 股	67630.57

续表

序号	证券代码	股票名称	行业或主营业务	地域	上市时间	是否龙头	上市交易所	证券类别	股本（万股）
18	600731	湖南海利	农药	湖南	1996－08－02	否	上海	上海A股	25631.41
19	600242	ST华龙	海洋捕捞、海洋开发养殖、农业开发与种植	广东	2000－12－07	否	上海	上海A股	17402.98
20	600426	华鲁恒升	尿素、甲醇、三甲胺及DMF的生产和销售	山东	2002－06－20	否	上海	上海A股	49575.00
21	600532	华阳科技	农药及农药中间体的研究	山东	2002－10－31	否	上海	上海A股	15210.00
22	600189	吉林森工	木材产品、板材产品、林化产品	吉林	1998－10－07	否	上海	上海A股	31050.00
23	600389	江山股份	化学农药	江苏	2001－01－10	否	上海	上海A股	19800.00
24	600097	开创国际	淡水渔业	上海	1997－06－19	否	上海	上海A股	20259.78
25	600423	柳化股份	化工和化肥产品的生产和销售	广西	2003－07－17	否	上海	上海A股	26623.16
26	600470	六国化工	化学肥料（含复混肥料）、磷石膏生产	安徽	2004－03－05	否	上海	上海A股	22600.00
27	600727	ST鲁北	磷酸二铵	山东	1996－07－02	否	上海	上海A股	35098.66
28	600796	钱江生化	生物农药、生物兽药的制造	浙江	1997－04－08	否	上海	上海A股	27400.19
29	600229	青岛碱业	化肥、农药	山东	2000－03－09	否	上海	上海A股	39578.62
30	600226	升华拜克	化学农药制造业	浙江	1999－11－16	否	上海	上海A股	27036.61
31	600438	通威股份	粮食及饲料加工业	四川	2004－03－02	否	上海	上海A股	68752.00
32	600371	万象德农	包装种子；化肥零售；农产品及其精深加工	黑龙江	2002－09－16	否	上海	上海A股	15500.00
33	600803	威远生化	农副土特产品的批发、零售；磷酸、甲胺磷、除草剂、水胺硫磷、吡虫啉乳油、吡虫啉原药	河北	1994－01－03	否	上海	上海A股	23644.33
34	600506	ST香梨	水果的种植、加工和销售，种子、苗木的繁育	新疆	2001－12－26	是	上海	上海A股	14770.69

续表

序号	证券代码	股票名称	行业或主营业务	地域	上市时间	是否龙头	上市交易所	证券类别	股本（万股）
35	600596	新安股份	化学农药制造业	浙江	2001－09－06	否	上海	上海A股	30872.02
36	600075	新疆天业	畜产品、干鲜果品的销售。农业种植、畜牧养殖、农业水土开发	新疆	1997－06－17	否	上海	上海A股	43859.19
37	600359	新农开发	农业	新疆	1999－04－29	否	上海	上海A股	32100.00
38	600540	新赛股份	农业	新疆	2004－01－07	是	上海	上海A股	23285.26
39	600975	新五丰	畜牧业	湖南	2004－06－09	是	上海	上海A股	18027.69
40	600108	亚盛集团	农业	甘肃	1997－08－18	是	上海	上海A股	144119.06
41	600248	延长化建	化工石油工程施工	陕西	2000－06－22	否	上海	上海A股	30427.80
42	600486	扬农化工	拟除虫菊酯农药的生产、销售	江苏	2002－04－25	否	上海	上海A股	11700.00
43	600096	云天化	化学肥料制造业	云南	1997－07－08	否	上海	上海A股	59012.12
44	600195	中牧股份	粮食及饲料加工业	北京	1999－01－07	是	上海	上海A股	39000.00
45	600313	ST中农	农业	北京	2001－01－19	否	上海	上海A股	30420.00
46	600265	景谷林业	林业	云南	2000－08－25	否	深圳	上海A股	12980.00
47	600160	巨化股份	化肥、农药的生产与销售	浙江	1998－06－26	否	深圳	上海A股	55680.00
48	000713	丰乐种业	农业	安徽	1997－04－22	否	深圳	深圳A股	22500.00
49	000953	河池化工	化学肥料制造业	广西	1999－12－02	否	深圳	深圳A股	103341.24
50	000525	红太阳	化学农药制造业	江苏	1993－10－28	否	深圳	深圳A股	28023.88
51	000422	湖北宜化	化学肥料制造业	湖北	1996－08－15	否	深圳	深圳A股	54237.80
52	002018	华星化工	化学农药制造业	安徽	2004－07－13	否	深圳	中小企业板	24488.09
53	000059	辽通化工	化学肥料制造业	辽宁	1997－01－30	否	深圳	深圳A股	120050.63
54	000998	隆平高科	农业	湖南	2000－12－11	是	深圳	深圳A股	27720.00
55	000912	泸天化	化学肥料制造业	四川	1999－06－03	否	深圳	深圳A股	58500.00
56	000830	鲁西化工	化学肥料制造业	山东	1998－08－07	否	深圳	深圳A股	104623.34
57	000735	罗牛山	畜牧业	海南	1997－06－11	是	深圳	深圳A股	88013.20
58	000061	农产品	农产品批发市场	广东	1997－01－10	是	深圳	深圳A股	76850.78
59	000553	沙隆达A	农药化工产品的生产和销售	湖北	1993－12－03	否	深圳	深圳A股	59392.32
60	000034	ST深泰	食用动物养殖及相应的肉类加工、饲料生产和销售；果树种植	广东	1994－05－09	否	深圳	深圳A股	35797.35

续表

序号	证券代码	股票名称	行业或主营业务	地域	上市时间	是否龙头	上市交易所	证券类别	股本（万股）
61	000860	顺鑫农业	农业	北京	1998-11-04	是	深圳	深圳A股	43854.00
62	000731	四川美丰	化学肥料制造业	四川	1997-06-17	否	深圳	深圳A股	49984.00
63	000972	新中基	食品加工业	新疆	2000-09-26	是	深圳	深圳A股	41906.87
64	000792	盐湖钾肥	化学肥料制造业	青海	1997-09-04	否	深圳	深圳A股	76755.00
65	000663	永安林业	林业	福建	1996-12-06	否	深圳	深圳A股	20276.02
66	200992	中鲁B股	渔业	山东	2000-07-24	否	深圳	深圳B股	26607.13
67	000798	中水渔业	渔业	北京	1998-02-12	否	深圳	深圳A股	31945.50
68	000592	中福实业	林业	福建	1996-03-27	否	深圳	深圳A股	57905.16
69	002274	华昌化工	为农业生产等精细化工行业提供产品	江苏	2008-09-25	否	深圳	中小企业板	20113.32
70	002258	利尔化学	化学农药制造业	四川	2008-07-08	否	深圳	中小企业板	20244.40
71	002200	绿大地	绿化苗木种植及销售	云南	2007-12-21	否	深圳	中小企业板	15108.71
72	002234	民和股份	家禽饲养业	山东	2008-05-16	否	深圳	中小企业板	10750.00
73	002215	诺普信	农药制剂产品的研发、生产、销售及植保技术服务	广东	2008-02-18	否	深圳	中小企业板	20280.00
74	002259	升达林业	生产与销售以及林木种植业务	四川	2008-07-16	否	深圳	中小企业板	21500.00
75	002113	天润发展	化学肥料制造业	湖南	2007-02-08	否	深圳	中小企业板	11840.00
76	002069	獐子岛	渔业	辽宁	2006-09-28	否	深圳	中小企业板	22620.00
77	002086	东方海洋	海洋渔业	山东	2006-11-28	否	深圳	中小企业板	24385.00
78	600191	华资实业	制糖业	内蒙古	1998-12-10	是	上海	上海A股	48493.20
79	600429	三元股份	乳制品制造业	北京	2003-09-15	是	上海	上海A股	63500.00
80	002143	高金食品	食品加工业、种猪繁育；生猪屠宰	四川	2007-07-20	否	深圳	中小企业板	16050.00
81	600300	维维股份	乳制品制造业	江苏	2000-06-30	是	上海	上海A股	167200.00
82	600887	ST伊利	乳制品制造业	内蒙古	1996-03-12	是	上海	上海A股	79932.28
83	000716	ST南方	对食品、管道燃气、物流、房地产、物业管理、航空服务项目的投资等	广西	1997-04-18	否	深圳	深圳A股	17825.95
84	000895	双汇发展	屠宰及肉类蛋类加工业	河南	1998-12-10	是	深圳	深圳A股	60599.49

续表

序号	证券代码	股票名称	行业或主营业务	地域	上市时间	是否龙头	上市交易所	证券类别	股本（万股）
85	600298	安琪酵母	酵母及深加工产品、生物制品、豆制品、奶制品、调味品、粮食制品的生产、销售	湖北	2000－08－18	否	上海	上海A股	27140.00
86	600073	上海梅林	罐头食品制造业	上海	1997－07－04	否	上海	上海A股	35640.00
87	002216	三全食品	速冻汤圆、水饺、粽子、面点等速冻食品及常温食品的生产、销售	河南	2008－02－20	否	深圳	中小企业板	18700.00
88	600186	莲花味精	氨基酸、饲料的生产及销售	河南	1998－08－25	是	上海	上海A股	106202.43
89	000155	川化股份	化学肥料制造业	四川	2000－09－26	否	深圳	深圳A股	47000.00
90	000930	丰原生化	饲料、酵母产品及酵母抽提物和酶制剂产品、复混肥料、有机肥料生产、销售	安徽	1999－07－12	是	深圳	深圳A股	96441.11
91	600305	恒顺醋业	食醋、酱油、酱菜、复合调味料、调味剂、副食品、粮油制品	江苏	2001－02－06	是	上海	上海A股	12715.00
92	600737	中粮屯河	食品加工业	新疆	1996－07－31	是	上海	上海A股	100560.42
93	600597	光明乳业	乳制品制造业	上海	2002－08－28	是	上海	上海A股	104189.26
94	600537	海通集团	果蔬加工	浙江	2003－01－23	否	上海	上海A股	23003.40
95	000833	贵糖股份	制糖业	广西	1998－11－11	是	深圳	深圳A股	29606.79
96	000911	南宁糖业	制糖业	广西	1999－05－27	否	深圳	深圳A股	28664.00
97	002041	登海种业	种植业	山东	2005－04－18	否	深圳	中小企业板	17600.00
98	000702	正虹科技	粮食及饲料加工业	湖南	1997－03－18	是	深圳	深圳A股	26663.00
99	000876	新希望	粮食及饲料加工业	四川	1998－03－11	是	深圳	深圳A股	75670.00
100	600127	金健米业	粮食及饲料加工业	湖南	1998－05－06	是	上海	上海A股	54446.00
101	600311	荣华实业	粮食及饲料加工业	甘肃	2001－06－26	是	上海	上海A股	66560.00
102	600543	莫高股份	酒精及饮料酒制造业	甘肃	2004－03－24	是	上海	上海A股	32112.00

后　记

本书是在我的博士论文的基础上修改完成的，定稿之际，思绪万千，感激之情油然而生。本书的选题和构思、研究方法和论著的修改、定稿都离不开卢新生教授的悉心指导。卢老师知识渊博，为人和蔼可亲。在学术上，卢老师一丝不苟，治学严谨，他善于引导我自己发现问题、解决问题，他的严格要求对我来说既是一种压力，也是一种动力，使我获益匪浅。在写作过程中，卢老师提供了大量的有价值的资料并给予了许多宝贵的意见。在此，我要衷心地感谢卢老师！

我要感谢西北农林科技大学经管学院的其他老师和同学。在博士研究生的学习和生活中，他们都曾给过我不少的帮助。他们是郑少锋教授、霍学喜教授、罗建朝教授、李世平教授、王礼力教授、姚顺波教授、朱玉春教授、孔荣教授、王征兵教授、陆迁教授、王青教授、李录堂教授、王军智老师、白晓红老师。感谢同门师妹和师弟的帮助，尤其是师妹寇明婷博士，在学习期间从生活和学习上给予了很多的帮助。在搜集数据方面，宁艳丽师姐给我提供了很大的帮助。感谢蒋兴红师姐、郭群成博士、苗珊珊博士、罗文春博士、邵飞博士、周文丽博士、闫惠惠博士、郭志勤博士、王玉龙博士、李志慧博士给予的帮助。在此，我对他们的热情帮助表示崇高的敬意和衷心的感谢。

同时，还要感谢西北农林科技大学申利琴老师给予我的帮助；感谢石河子大学同事付青叶老师、徐敏老师、马乃毅老师、王永静老师和毛军老师给予的帮助；感谢新疆生产建设兵团农六师勘测设计院米伟雄工程师在本书数据处理过程中给予的帮助！

最后，还要特别感谢全力支持我学习的家人。父母虽然是一字不识的文盲，但在我彷徨和困惑时一直不断地鼓励和支持；公婆虽然都有病在身，但是为了保障我的学习时间，主动承担了照顾孩子的任务；我的丈夫丁铭先生在生活和学习上给予我无微不至的关怀和照顾。

借此机会，感谢所有曾经帮助我的人，感谢你们的关心和鼓励！

孙志红

2012 年 8 月于五家渠